上海民航职业技术学院民航特有专业“十三五”规划教材

民航服务礼仪

洪　沁　主　编

郝姚丹　副主编

中国民航出版社

图书在版编目（CIP）数据

民航服务礼仪 / 洪沁主编. —北京：中国民航出版社，2018.8（2023.5 重印）
ISBN 978-7-5128-0588-0

Ⅰ. ①民… Ⅱ. ①洪… Ⅲ. ①民用航空 - 乘务人员 - 礼仪 - 高等职业教育 - 教材 Ⅳ. ① F560.9

中国版本图书馆 CIP 数据核字（2018）第 176349 号

民航服务礼仪
洪 沁 主编

责任编辑	陈 晨
出　　版	中国民航出版社（010）64279457
地　　址	北京市朝阳区光熙门北里甲 31 号楼（100028）
排　　版	中国民航出版社录排室
印　　刷	北京金吉士印刷有限责任公司
发　　行	中国民航出版社（010）64297307 64290477
开　　本	787 × 1092 1/16
印　　张	12.25
字　　数	314 千字
版 印 次	2018 年 8 月第 1 版 2023 年 5 月第 5 次印刷
书　　号	ISBN 978-7-5128-0588-0
定　　价	39.90 元

官方微博 http://weibo.com/phcaac
淘宝网店 https://shop142257812.taobao.com
电子邮箱 phcaac@sina.com

Preface 总　序

为适应我国民航运输业的跨越式发展，深入落实民航局《关于推进民航科技创新发展的意见》和冯正霖局长 2018 年 6 月在民航科技创新高端对话会上的讲话精神，上海民航职业技术学院以民航“十三五”规划纲要为指导，深化教育领域综合改革，以提高教育质量为中心，优化专业结构，强化综合素质，走内涵强校、质量立校的发展道路。

教材建设是教学资源库建设和教学改革的重要组成部分，是深化教学改革、提高教学质量的重要保证，是教学与实践相结合的具体体现，反映最新生产、科研的教学成果。为适应上海民航职业技术学院高等职业技术教育教学需要，更好地开展教学工作，加强专业学科建设，进一步发挥民航特色专业的教学优势与发展特色，打造特色课程、精品课程，学院在“加强领导、深化改革、做好规划、提高质量、优化配套”的方针下有序推进教材建设，策划出版了这套上海民航职业技术学院民航特有专业“十三五”规划教材。

中国民航处于快速发展阶段，不断面临着新情况、新形势，这对民航运输、空防安全和服务管理水平提出了新的挑战，同时也促使民航院校的专业设置更加细化。现有的民航教材大多数涉及的是传统模式的操作规范，对网络、信息化等新型模式涉及较少。还有一些领域甚至还处于起步阶段，缺乏针对性的教材，难以构建完整的学科理论体系。同时，为了适应快节奏、多样化的操作规范，还需要有半工具化的教材，以任务引领的方式，通过场景演练，使学习专业知识的过程变得有趣、有用。

随着上海民航职业技术学院与中职院校开展中高职贯通课程合作的不断深入，对于教材内容的实用性也提出了新的要求。中职院校的课程中已经开始涉及一些基础的专业理论，同时，结合各机场、航空公司等单位的用人现状，更应该把服务整合理念融入民航专业教材中，增强专业教学的实用性，引导学生向实践型高技能人才靠拢。

本套教材一共 11 本，主要涉及民航运输、机务维修、空中乘务、航空港管理等专业。本套教材把提高质量作为教材建设的核心，主要特色体现在：

（1）专业性强。教材紧贴行业特色，遵循“必需、够用”，“理论联系实际”的原则，展示课程建设与相关专业发展的最新成果，体现现代教育思想和行业、区域特色以及学院的特点。

（2）强化“校企融合”，突出案例教学的作用。汇编来自行业内教学、企业的典型案例，以工作项目为导向，用工作任务进行驱动，以行动体系为框架，以典型案例情境为引导，重点体现对学生能力的培养，提高教材的实用性和广泛性。

（3）体现信息化教学的技术手段。重视与传统文本教材相配套的辅助教学教材建设，积极开发多媒体立体化教材，加快教学资源库建设。

教材的编写者中既有具有较强专业影响力的资深教师，也有对教学改革认识深刻、精力充沛、观念新颖的年轻教师。他们坚持在教学一线，同时又能主动到行业工作一线调研，对教学、行业现状有着深入的了解，积累了丰富的专业知识，其中多位老师的学术水平、教学成果得到了行业的高度评价。

教学改革促进教材建设，反过来，教材建设又将大力推进教学改革。本套教材的出版将大大提升上海民航职业技术学院的教学资源，促进传统专业的改进和新设专业的发展，对改变教师的授课方式、培养适应新时代的民航人才具有重要的意义。

在本套教材的编写过程中，中国民用航空局对学院教学资源库建设提供了大力支持，所有编写者辛勤工作，上海浦东国际机场、上海虹桥国际机场、中国东方航空公司、中国国际航空公司、中国南方航空公司、吉祥航空、春秋航空等企业为调研工作提供了方便，中国民航出版社为教材的顺利出版做了大量工作，在此表示衷心的感谢！教材编写中难免有美中不足的地方，欢迎大家批评指正！

上海民航职业技术学院民航特有专业
“十三五”规划教材编写指导委员会
2018 年 7 月

Foreword 前　言

在民用航空领域发展迅猛、竞争日益激烈的今天，航空企业对于人才的渴求无比迫切，民航作为服务行业的标杆，也愈来愈受公众瞩目。公众对于航空企业的评价，很大程度上是对其所接触的民航服务人员的评价，民航一线员工的礼仪形象和言行举止对乘客的服务体验影响至深。民航服务人员的礼仪观念决定了他们服务技能的掌握程度与发挥效果，因此，从行业的角度来说，礼仪是民航服务人员的必修课。

高职院校民航服务相关专业，如航空乘务、空港管理、航空运输、航空商务等，在课程体系设计中，民航服务礼仪都是其专业基础课，目标在于引导学生树立正确的礼仪观念，纠正弥补他们在礼仪方面的缺失，为后续专业课程的学习打下基础。本教材总纲设计考虑到与其他专业课程的衔接和课程体系的完整性，除了民航服务礼仪的主干内容，还加入了常识性的社交礼仪、商务礼仪和餐饮礼仪，另外，作为民航服务人员，还必须掌握一定的客源知识，包括宗教礼仪和中外习俗。教材中有丰富的案例资料，便于学员理解掌握，还有练习思考的模块，增加了礼仪学习的可操作性，使礼仪的展现从理论延伸到应用。

十八年的礼仪教学使我对这门课程有了深入的了解，深感于社会风尚中礼仪的重要地位，也忧心于年轻人对礼仪的轻视忽视，因此，对中华民族优良礼仪传统的继承和发扬，是贯穿本教材的主旨。礼仪教学中一直有两种倾向，即重理论轻实践与重实践轻理论，而理论和实践的剥离是礼仪学习的误区，两者的结合与融汇才能真正有助于学生掌握和运用礼仪。通过本课程的学习，可以让专业培养更符合服务需求，让年轻人热爱礼仪、乐于实践礼仪，让服务技能中蕴含丰富的内涵文化，也希望这本教材能为礼仪的传播和复兴做出小小的贡献。

本教材由洪沁主编，郝姚丹任副主编。第一、二、三、四、六、七、九章由洪沁编写，第五、八、十章由郝姚丹编写。本书的编写参考和选用了大量案例，部分内容节选自网络，在此向相关作者表示最诚挚的谢意。在本书的编写过程中，周燕萍老师给予了倾力指导，哈昀老师和学生们通力协作完成了部分图片的拍摄，还有许多领导、同事和朋友们给予了大量关心与帮助，在此一并表示感谢。

由于时间仓促，疏漏和不足之处在所难免，谨恳请行业专家、各院校教师们不吝赐教。

洪　沁

2018 年 6 月

Contents 目　录

第一章　礼仪概述

学习目的：

“不学礼，无以立。”学习礼仪，首先从了解礼仪开始。通过本章的学习，使学员了解礼的起源和发展，掌握礼仪的原则和特征，区别中国传统礼仪、西方礼仪、国际公共礼仪的不同发展范畴，以适应中国新时期的蓬勃发展，树立正确的礼仪观，复兴中国优良的传统礼仪。

第一节　礼的起源与发展

一、礼的起源

1. 祭祀起源说

“礼”的起源非常久远。《说文解字》所谓“礼，履也，所以事神致福也”。在原始社会，为表示对天地、神灵、祖宗的敬畏而举行的祭祈仪式是古代礼仪的萌芽，因此有了“礼立于敬而源于祭”的说法。

2. 源自家庭关系的明确

在尧舜的时代，就对家庭成员之间的关系做了明确规定：父义、母慈、兄友、弟恭、子孝。意为父母要抚养、关爱、教育孩子；成人要赡养、照顾父母；兄弟姐妹之间要关爱。如此便通过礼仪，对家庭成员的言行举止进行了规范。

3. 源自社会沟通的需要

在社会活动中，人类形成了最初级、最原始的礼仪。这种相互的呼应与模仿逐步形成一种习俗，便成了最初的礼仪。

4. 源自区别等级的需要

随着社会的发展，生产与分工越来越细，就出现了领导者和被领导者，就出现了对强者的敬畏。当大家聚会坐在一起时，就有了一定的座次，通过不断增加新的内容，就不断增加新的礼仪，为等级差别的维系提供了更多方便和条件。

中华民族的历史掀开第一页的时候，礼仪就伴随着人的活动而产生了。从礼仪的产生和发展来考察，礼仪是人类社会生活发展的需要，是人类社会关系的一种必然要求和必然反映。这一点，也可以从中国历史发展过程中礼仪规范的形成和变迁中得到进一步证明。

二、“三礼”

礼仪制度的演变发展，经历了漫长而又曲折的历程，真正比较完备、系统的是西周的礼制。相传在三千多年前的殷周之际，周公制礼作乐，就提出了礼治的纲领。其后经过孔子和七十子后学，以及孟子、荀子等人的提倡和完善，礼乐文明成为儒家文化的核心。由儒家学者整理成书的礼学专著“三礼”——《周礼》、《仪礼》、《礼记》，记录、保存了许多周代的礼仪。在汉以后的两千多年中，它们一直是国家制定礼仪制度的经典著作，因此被称为“礼经”，先后被列入官学，不仅成为古代文人必读的经典，而且成为历代王朝制礼的基础，对于中国文化和历史影响深远。

1.《周礼》

《周礼》是一部古代官制典籍，传说为周公所作，在汉代称《周官》，又叫《周官经》。西汉末期的刘歆开始称其为《周礼》。

《周礼》层级分明、职能完备，带有某种儒家理想色彩，历代建置六部皆循《周礼》，以官制的职掌联系各种制度，目的在于富国强兵，充实府库，为治理统一的大国提供设计蓝图。

2.《仪礼》

《仪礼》原来就叫《礼》，汉朝人称为《士礼》，到了晋代才称《仪礼》，《仪礼》为儒家十三经之一，记载着周代的各种礼仪，其中以记载士大夫的礼仪为主。

在宗教意识不甚发达的古代中国，祭祀等原始宗教仪式并未像其他一些民族那样发展成为正式的宗教，而是很快转化为礼仪、制度的形式来约束世道人心。共有一百多卷的《仪礼》便是一部详细的礼仪制度章程，曾有“礼仪三百，威仪三千”的记载，它告诉人们在何种场合下应该穿何种衣服，站或坐在哪个方向或位置、次序，每一步该如何去做等等。

《仪礼》作为一部上古经典，内容也比较可靠，而且涉及面广，犹如一幅古代社会生活的长卷，是研究古代社会生活的重要史料之一。它所记的仪节制度，对后世的影响是十分深远的。

3.《礼记》

《仪礼》中主要记载周代诸礼的“礼法”，受体例限制，几乎不涉及仪式背后的“礼义”，而不了解礼义，仪式就成了毫无价值的虚礼。所以，七十子后学在习礼的过程中，撰写了大量阐发经义的论文，总称之为“记”，属于《仪礼》的附庸。西汉礼学家戴圣的四十九篇本，习称《小戴礼记》，由于郑玄为之作了出色的注而畅行于世，后人称之为“《礼记》”。

《礼记》章法谨严，映带生姿，文辞婉转，前后呼应，语言整饬而多变，体现了先秦儒家的哲学思想、政治思想、美学思想，是研究先秦社会的重要资料，是一部儒家思想的资料汇编。

现在，要研究探讨古代主要适用于贵族的礼制，“三礼”仍然是最重要的文献。虽然对它们的思想倾向评价不同，相关论述中有不少只是出于后世儒家的理想，但它们在文化史上还是有一定参考价值和影响的。“三礼”的出现标志着礼仪的发展进入成熟阶段。

三、中国传统礼仪的发展

1. 古代礼仪

“礼”本源于祭祀，在漫长而逐渐进化的人类活动中出现的原始宗教仪式即为礼仪的萌芽时期，至公元前 22 世纪，原始礼仪渐具雏形，人们从对神灵的敬畏，到开始注意尊卑有序、男女有别。仰韶文化时期的遗址及有关资料表明，当时人们的座次安排显示，长辈坐上席，晚辈坐下席，男子坐左边，女子坐右边等礼仪日趋明确。

公元前 21 世纪直到西周，古人尊神鬼、尊君王、尊亲长，形成一整套合乎尊卑等级身份的基本行为准则，西周的礼仪制度就是奴隶制的等级名分制度。“礼”，就是每个人只能做与自己身份相符的事，也就是绝对地“顺从”，与我们今天通常说的“礼”的含义有很大的不同。第一部礼仪专著《周礼》即是周朝典章制度的总合。

春秋时期是礼仪的发展和变革时期，诸子发展和革新了礼仪理论。孔子曰：不学礼，无以立。对礼的认知和推崇使得孔子成为中国第一位礼仪专家。在春秋中后期，生产力的发展导致在经济基础、上层建筑领域出现了与周礼要求不相融的局面，孔子感叹“礼崩乐坏”，而极力推行周礼，日常的一举一动都讲究礼，身体力行贵族生活的各种礼节仪式——《仪礼》。孔子不仅注重礼的表面形式，更注重内涵，孔子的这一思想奠定了中国未来文化的发展方向。

孟子认为人性本善，人性本来有“仁义礼智”这四种品质道德，将外在的社会规范转化为内在的自觉意识。而荀子更侧重礼的外在性，主张“隆礼”、“重法”，提倡礼法并重。荀子更为强调的是“礼”对人的外在约束性，通过“礼”的约束来使人的欲望处于一个合理的范围，以免无限追求各自欲望的满足而造成社会秩序的混乱。

诸子的礼仪主张，构筑了中国传统礼仪的基本框架，对古代中国礼仪的发展产生了重要而深远的影响，奠定了古代礼仪文化的基础。

秦、汉、唐、宋、明是礼仪的强化时期。《礼记》曰“德辉动于内”、“礼发诸外”，强调礼和修身相结合，这是礼的最高境界，以修身为基础的礼仪为诸多礼法行为注入了灵魂。

西汉董仲舒提出的三纲原理和五常之道，与南宋理学家朱熹发展的“天理说”，是中国儒家伦理文化中的重要思想，重视主观意志力量，注重气节、品德，自我节制、发奋立志，倡导家国并举、忠孝相通，强调人的社会责任和历史使命等，但它也因禁锢思想，是皇权专制主义的根基等而饱受诟病。

商周时期，以《仪礼》为代表的程式化、规范化的王侯贵族祭祖礼仪业已正式形成，但直到宋代朱熹《家礼》的出现，才开启了祭祖礼仪世俗化的新篇章，即庶民家族祭祀祖先的祭礼开始出现。家祭礼仪模式的产生，是宋代剧烈社会变迁中儒家思想复兴的表现，也是解决庶民家族礼仪发展需求的方法。

在秦、汉、唐、宋、明不断的朝代更替中，在诸多学者大家的阐述推动下，从王公贵族到庶民百姓，遍及君臣、家庭、交友诸方面的礼仪学说与实践形成规模，忠孝节义、礼义廉耻成为中国传统道德准则，中国传统礼仪发展至鼎盛时期。

古代社会的礼仪到了清代后期开始衰落。清朝初期，逐渐接受了汉族的礼制，并且使其复杂化，导致一些礼仪显得虚浮、烦琐。《大清会典》规定，清代的品官相见礼，当品级低者向品级高者行拜礼时，动辄一跪三叩，重则三跪九叩。但到清代后期，清王朝政权腐败，民不聊生，古代礼仪盛极而衰。同时伴随着西学东渐，一些西方礼仪传入中国，也加速了古代礼仪的急速衰落。

2. 现代礼仪

1911 年末，清王朝土崩瓦解，孙中山创立民国，破旧立新，用民权代替君权，用自由、平等取代宗法等级制；普及教育，废除祭孔读经；改易陋俗，剪辫子、禁缠足等，从而正式拉开现代礼仪的帷幕。

礼仪小故事

艺祖（宋太祖）继位之一日，宰执范质等犹坐，艺祖曰：“吾目昏，可自持文书来看。”质等起，进呈罢，欲复位，已密令中使去其坐矣，遂为故事。

——邵博《邵氏闻见后录》

汉制，皇帝为丞相起（立）；晋、六朝及唐，君臣皆坐；唯宋（群臣）乃立，元乃跪，后世从之。

——康有为《拟免跪拜诏》

1912 年初的一天，有位 80 多岁的萧姓盐商，从扬州来南京求见临时大总统孙中山。孙笑着起立和他握手。老先生却放下手杖，欲行三跪九叩大礼。孙连忙将他拉住，请他坐下说：“现在已是民国，不再行这一套了。”并亲切地和他交谈：“总统是国民的公仆，是为全体国民服务的。”老先生问：“总统若是离职呢？”孙说：“总统离职后，就和百姓无异了。”临走时，老先生高兴地说：“今天我总算见到民主了！”

——吴剑杰《中国近代思潮及其演进》

3. 当代礼仪

1949 年 10 月 1 日中华人民共和国成立，中国的礼仪建设从此进入一个崭新的历史时期。建国初期的礼仪革新阶段，摒弃了昔日束缚人们的“神权天命”、“愚忠愚孝”以及严重束缚妇女的“三从四德”等封建礼教，将中国当代礼仪推向革新阶段。党的十一届三中全会的召开，使中国的礼仪建设进入新的全面复兴时期。从推行文明礼貌用语到积极树立行业新风，从制定市民文明公约到创建全国文明城市，讲文明、重礼貌蔚然成风，具有优良文化传统的中华民族又掀起了精神文明建设的新高潮。

第二节　“礼”“仪”释义

中国的礼仪，始于周，经过几千年不断发展变化，逐渐形成体系。古代的“礼”和“仪”，实际是两个不同的概念。“礼”是文明、制度、自然法则、准则、交往方式和一种社会意识观念，“礼”是中华民族的一种思维方式，一种行为准则；“仪”是“礼”的具体表现形式，它是依据“礼”的规定和内容，形成的一套系统而完整的程序。

一、“礼”的释义

在我国古代典籍中，有关“礼”的内容十分丰富，几乎涵盖了我国传统文化的方方面面。因此，可以说中国传统文化就是礼仪文化。具体来说，“礼”的含义大致包括以下内容。

1.“礼”是文明的标志

人类自诞生起就开始了对文明和美的追求。礼是人们步入文明社会的“通行证”，是一个国家、一个民族战胜野蛮和落后、摆脱愚昧和无知，走向开化、进步与文明的标志。

2.“礼”是自然法则在人类社会的体现

儒家认为礼是天道在人类社会的运用，儒家在礼的设计上，处处依仿自然，使之处处与天道相符，由此取得形而上的根据。

3.“礼”是安邦定国之根本

“礼”是我国特有的文化现象，是中国古代社会政治、经济、文化世代相承的主要形态。历代圣君贤臣都将礼作为励精图治的主要手段。“礼”起着维护社会秩序的作用，是安邦定国之根本。

4.“礼”是国家典制

《周礼》设计出一套理想官制，隋唐以后，这套制度成为古代中国历朝的官制模式，处处包含等级制度，所以也是处处为礼。

5.“礼”是社会行为准则

儒家认为人的活动，应该符合于“德”，要体现仁、义、文、行、忠、信的要求，为此，根据德的行为要求，制定为一套规范，也称之为礼。儒家将伦理道德归纳为一系列准则，认为是社会活动中最合理的原则。

6.“礼”指仪典、仪式

中国古代有五礼之说，即吉礼、凶礼、军礼、宾礼、嘉礼。民俗界认为礼仪包括生、冠、婚、丧4种人生礼仪。在民间，家家户户都要举行的婚礼、丧礼、寿礼，以及为了招待客人而举行的宴饮，也同样有一定的规模、规格和程序，约定俗成，主要表现为外在的行为规范，历来也都称之为“礼”。在这里，“礼”与“仪”很难区分，“礼”就是“仪”。

7.“礼”是对人的尊敬和礼貌

礼仪，实际上是由一系列的、具体的、表现礼貌的礼节组成。“礼”表示人们在交往中相互表示敬重和友好，其本质是尊敬人。

8.“礼”通“理”

在待人接物的礼节上，礼仪是人与人之间相互的稍许压抑自我，迎合对方，明事理、辨是非的行为。每个能明事理、辨是非的人都是礼仪端正的人。

9.“礼”指礼物

远古时期的祭祀活动中，人们除了用规范的动作、虔诚的态度向神表示崇敬和敬畏外，还将自己最有价值、最能体现对神敬意的物品（即牛、羊等牺牲品）奉献于神灵。也许从那时起，“礼”的含义中就开始有物质的成分，礼可以以物的形式出现，即礼物。

著名史学大师钱穆先生认为中国的核心思想就是“礼”，礼是中国传统文化的核心。著名礼学家钱玄先生也说，“礼”的范围之广，与今日“文化”之概念相比，或有过之而无不及。

二、“仪”的释义

“仪”在古代，其内容也十分丰富，很多时候都同“礼”相近，但与“礼”相比，内容更为具体。概括来说有以下几种理解。

1.“仪”指法度、准则

《说文解字》中：“仪，度也。度，法制也。”《管子》云：“法度者，万民之仪表也。”《淮南子》云：“设仪立度，可以为法则。”《史记》云：“普施明法，经纬天下，永为仪则。”这里“仪”同“礼”，是指国家政治生活中的制度、法律、规则。

墨子强调“立仪”，就是确立法度、准则，若无合理的、公认的标准，讨论问题、拟定名目必然散漫无着落。

2.“仪”指仪式、仪典、仪礼

《仪礼》是中国古籍中最重要的礼仪专著之一，这里的“仪”就有仪式、仪典、仪礼的意思，是为了强调它记载仪式规范的这一侧面。

3.“仪”指礼节、规矩

《晋书·祖逖传》云：“逖性放荡，不修仪检。”这里“仪”的意思是指个人在行为举止方面的表现。

4.“仪”指容貌、举止

《诗经》云：“令仪令色，小心翼翼”、“威仪棣棣”《毛传》云：“君子，望之俨然可畏，礼容俯仰，各有威仪耳。”《宋史》云：“承信身长八尺，美仪表，善持论，且多艺能。”这里说的，都是容止仪表、体态风度等方面。

综上所述，礼仪在我国作为道德规范和准则，内容十分庞杂，尽管它在历史的演进过程中发生过一些变化或改进，但它始终对中华传统文化和民族生活产生着深刻影响。

一般来说，礼仪包含三个要素：服饰器物、行为表情和语言。在新的历史时期，我们对礼仪的关注，不能仅仅停留在这些要素的外在表象，有必要比较完整、客观地了解礼仪的真正内涵，深入到礼仪的本质，给礼仪以比较系统的、全方位的诠释，将礼仪的社会功能提升到一个重要地位。

第三节　礼仪的原则与特征

从礼仪的起源和发展历程可见，礼仪是一种规矩，是一种行为准则，约束着人们生活的方方面面。深入研究礼仪，可以总结出礼仪丰富的特性特征，贯彻实施这些礼仪，还需要注意礼仪的多重原则，并用这些原则来指导日常礼仪的落实。

一、礼仪的特征

1. 民族性、传承性

不同的民族生活方式不同、知识体系不同、文化环境不同，对社会交往的要求自然也不尽相同，对礼仪的规范也是千差万别；每个民族都在自己独特的语言环境、共同的生活地域以及统一的生活习俗的基础上，形成了适应自己风俗习惯的一套礼仪，因此不同民族就形成了不同的礼仪。礼仪是一个国家、民族传统文化的重要组成部分。每一个民族的礼仪文化，都是在本民族固有传统文化的基础上，通过不断吸收其他民族的礼仪文化而发展起来的。

我国的五千年文化形成了具有中华民族特色的礼仪文化。作为世界四大文明古国之一，我国享有“礼仪之邦”的称誉。礼仪通过一代代人的继承发扬，已经扎根到每个人身上，融入每个人的思维方式之中。礼仪是历史的产物，一个时代有一个时代的礼仪，反映着那个时代历史发展的面貌。礼仪的发展从未中断，一直代代相传。

2. 规范性、发展性

礼仪是一种规范。礼仪规范就是人们在社会交往实践中所形成的一定礼仪关系，通过某种风俗习惯和传统的方式固定下来，通过一定社会的思想家们集中概括出来，见之于人们的生活实践，形成人们普遍遵循的行为准则。这种行为准则，不断地支配或控制着人们的交往行为。规范性是礼仪的一个极为重要的特性。任何人想要在公共场合表现得有礼貌修养，就必须遵守这些礼仪规范，若随心所欲地不按常理出牌，会令交往对象难以接受。

规范的礼仪形式也不是一成不变的，它会随着时代的发展而变化。任何时代的礼仪，都体现着时代的要求、社会的发展与历史的进步，因此，众多社交活动的新特点、新问题的出现，都要求礼仪随着时代的进步而有所更新，以符合新的时代特性。

3. 多样性、差异性

礼仪与每一个人都有着密切的联系，它涉及不同的生活、学习和工作领域。同时，不同的个人，在其生活、学习和工作的特定领域里又有特定的礼仪要求。因此，不管是在内容上，还是在形式上，礼仪都是丰富多样的。

多种多样的礼仪在具体运用中，会因现实条件的不同而呈现出差异性。这主要表现在：同一礼仪形式常常会因时间、地点、场合、对象的不同而表现出差异。“百里不同风，千里不同俗”，不同的文化背景，产生不同的礼仪文化，不同的地域文化决定着礼仪的内容和形式。比如同样是打招呼，在不同地区、不同民族的运用形式也不同；同样是握手，男女之间力度就应不同，新老朋友之间亦有差别。

4. 普遍性、可操作性

古今中外，从个人到国家，礼仪无时不在，无处不在。礼仪贯穿整个人类的始终，遍及社会的各个领域，渗透到各个社会关系中，只要有人和人的关系存在，就会有作为人的行为准则和规范的礼仪的存在。在生活中，许多礼仪是不以人的意志为转移的，它的存在本身具有很强的普遍性，无时无刻不约束着人们的行为规范，反映着人们对真善美的追求愿望。礼仪的普遍性，决定了礼仪是一把在群体社会中取得成功的金钥匙。

礼仪不该是纸上谈兵、空洞无物、不着边际、故弄玄虚、生编硬造。“礼者，敬人也。”待人的敬意，应当怎样表现，不应当怎么样表现，礼仪都有切实可行、行之有效的具体操作方法。礼仪规范以人为本，重在实践，人人可学，习之易行，行之有效。实用可行、便于操作，是礼仪的一大特征。

二、礼仪的原则

1. 诚实守信原则

诚实守信是为人之本，是中华民族的传统美德。诚信是每个人心中的美德，是一种品质。诚实是指忠诚老实，言行一致，表里如一；守信是指说话、办事讲信用，能认真履行诺言，说到做到，守信是诚实的一种表现，诚信是一个人自尊、自重、自爱的表现。就个人而言，诚信是高尚的人格力量；就企业而言，诚信是宝贵的无形资产；就社会而言，诚信是正常的生产生活秩序；就国家而言，诚信是良好的国际形象。表象性的礼仪行为应该以诚信为基石，不做虚假的表面功夫，只有发自内心的举动才能打动他人，营造和谐的人际社会。

2. 平等互尊原则

平等原则是现代礼仪的基础，是现代礼仪有别于以往礼仪的最主要原则。在现代理念中，人格没有高低贵贱之分，都是平等的，但是在社会生活中，人们往往用长幼之分、男女之别来规范每个人的受尊重程度。在交往中，往往要讲究礼宾次序，确定礼宾次序的主要依据是职务或社会地位的高低。这种礼宾次序带有某种强制性，不同的人因此而得到不同的礼宾待遇，但这并不意味着尊卑贵贱，而是现代社会正常交往秩序的表现，反映了各级人员的社会身份和角色规范。

礼仪的平等原则在社会交往中还表现为双向对等性，即在不同地区、不同组织的交往中，双方人员在职务身份和社会地位上要相近，业务性质要相似，以此来表示对对方的尊重。双方的交往还应当是一种尊重互换、情感互动的过程，在礼节上要有来有往、相互对等。

古人云："敬人者，人恒敬之。"我们在接受服务员尊敬的同时，也要尊重服务员的劳动，对服务员谦和有礼。我们要尊重交往对象，以礼相待，对任何交往对象都应该一视同仁，只有相互尊重，人与人之间的关系才会融洽和谐。与人交往时，热情的态度，意味着对别人的隆重接纳，会给人留下受欢迎、受重视、受尊重的感觉，而这本来就是礼仪的初衷和要旨；与人交往时，要给他人留有面子，所谓面子，即自尊心，失去自尊，对一个人来说是一件非常痛苦、难以容忍的事情，伤害别人的自尊是严重失礼的行为；与人交往时，允许他人表达思想、表现自己，每个人都有表达自己思想、表现自身的愿望，丰富的个性色彩和多元思想的共存，是现代社会区别于传统社会的一个基本特征，因此，互尊原则，要求尊重他人的思想观点和个性。

3. 遵守从俗原则

遵守原则是对行为主体提出的基本要求，更是人格素质的基本体现。在社会交往中，每一位参与者都必须自觉、自愿地遵守礼仪，用礼仪去规范自己在交往活动中的言行举止。遵守礼仪规范，才能赢得他人的尊重，确保交际活动达到预期的目标。

从俗原则就是指交往各方都应尊重相互之间的风俗、习惯，了解并尊重各自的禁忌，由于国情、民族、文化背景的不同，必须坚持入乡随俗，与绝大多数人的习惯做法保持一致，切勿目中无人，自以为是，如果不注意禁忌，就会在交际中引起障碍和麻烦。

在新的时代，每个人都向往着新的发展和更美好的生活，这有益于更文明的环境。近年来中国经济的腾飞使中国的物质文明有了长足的进步，与此同时，精神文明的建设绝不能停留于一句空话，讲究礼仪的行为是文明行为，是促进精神文明发展的重要力量，而在公共场合，人们的行为举止最能体现其文明素养。随着社会进步，公共生活领域不断扩大，人们相互交往日益频繁，社会公德在维护公众利益、公共秩序，保持社会稳定方面的作用更加突出，成为人们个人道德修养和社会文明程度的重要表现。要大力倡导以文明礼貌、助人为乐、爱护公物、保护环境、遵纪守法为主要内容的社会公德。

社会公德虽然不具有法律的强制力，但通过家族、邻里、亲朋的舆论监督，往往迫使人们遵守它，它在人们生活中具有一种无形的力量。礼仪具有与社会公德不相违背的特征，生活中不遵守社会公德的现象就是不讲究礼仪的行为，会被大众所厌恶、批评。

4. 宽容自律原则

宽容就是心胸宽广。能设身处地为别人着想，能原谅别人过失，也是一种美德，被作为现代人的一种礼仪素养。俗话说"金无足赤，人无完人"，现实生活中的人，没有十全十美的。表现在礼仪方面，有些人擅长于礼仪交际，说话办事滴水不漏；有些人则不熟悉礼仪知识，形似粗俗，对此应给予理解、体谅，对他人不求全责备，同时也能虚心接受他人对自己的批评意见，只要不是出于恶意，就应以宽容大度的姿态对待，有则改之，无则加勉。

自律，指在没有人现场监督的情况下，通过自己要求自己，变被动为主动，自觉地遵循法度，拿它来约束自己的一言一行。自律并不是让一大堆规章制度来层层地束缚自己，而是用自律的行动创造一种井然的秩序来为个人的学习生活争取更大的自由。学习、应用礼仪，最重要的就是要自我要求，自我约束，自我对照，自我反省，自我检查。自律就是自我约束，按照礼仪规范严格要求自己，知道自己该做什么，不该做什么。在社会交往过程中，在心中树立起一种内心的道德信念和行为修养准则，以此来约束自己的行为，实现自我教育，摆正自信的天平。

宽容待人，严以律己，是真正领悟礼仪、运用礼仪的一面镜子，对照着它，你可以发现自己的品质是真诚、高尚还是丑陋、粗俗。

礼仪小故事

2018 年俄罗斯世界杯足球赛的 1/8 决赛，比利时 3 ： 2 淘汰了日本队，日本队的世界杯就此结束。赛后报道中，让人吃惊的是日本球迷，球队输了球，很多球迷带着眼泪开始捡垃圾，每个人都把自己的垃圾收拾得干干净净，有些垃圾纸屑比较小，很多球迷弯下腰一个一个捡起来，再难过也丝毫没有影响他们收拾场地的速度。同样让人刮目相看的是，日本队输球之后，留下的是一个彻底打扫过、干净如新的球员更衣室，还留下了俄语写的感谢纸条，让俄方工作人员大为感动。

5. 适宜适度原则

在众多的礼仪内容中，应该考虑到礼仪的时代发展，考虑礼仪的差异背景，选择实施合适的礼仪形式。古礼中不合时宜的礼节应该废弃，与当时当地的习俗相协调的礼仪方式才会被大众接受。

适度的原则是交往中把握分寸，根据具体情况、具体情境而行使相应的礼仪，如在与人交往时，既要彬彬有礼，又不能低三下四；既要热情大方，又不能轻浮谄谀；要自尊不要自负，要坦诚但不能粗鲁。在社会交往中，我们用具体的礼仪方式来表达对他人的尊敬，其程度分寸的把握、对敬意的接受反馈至关重要，若尊重不够则显得主体傲慢淡漠，若尊重过头则显得卑颜奴性，恰如其分的礼仪表达才能有理想的效果。

第四节　当代礼仪的复兴

一、西方礼仪的发展

西方礼仪受以希伯来文化为中心和起源的宗教文化的深远影响，以古希腊、罗马之西方文化为源头。西方的文明史，同样在很大程度上表现着人类对礼仪追求及其演进的历史。人类为了维持与发展血缘亲情以外的各种人际关系，避免“格斗”或“战争”，逐步形成了各种与“格斗”、“战争”有关的动态礼仪。如为了表示自己手里没有武器，让对方感觉到自己没有恶意而创造了举手礼，后来演进为握手；为了表示自己的友好与尊重，愿在对方面前“丢盔卸甲”，于是创造了脱帽礼等。

文艺复兴以后，西方礼仪的简单化、自由化、多样化趋势逐渐明朗。宗教改革、礼节简化、服装更简洁、用餐更随意，从繁复的宫廷礼仪一直到适应社会平等关系的比较简单的礼仪规则。西方礼仪思想发展经历了古希腊罗马时代、中世纪神学统治时代、近现代资产阶级时代，在其经济等物质性的决定因素影响下，在同各个国家的历史、不同民族的道德、社会秩序、风俗等因素交互作用中，礼仪文明思想具有较大的共性及兼容性，在更大的范围、更久远的层面上影响整个社会及历史，影响人们的行为方式及交际方式。

二、国际公共礼仪的形成

历史发展到今天，传统的礼仪文化不但没有随着市场经济发展和科技现代化而被抛弃，反而更加多姿多彩，国家有国家的礼制，民族有民族独特的礼仪习俗，各行各业都有自己的礼仪规范程式，部分礼仪呈现国际化统一的趋势，国际上也形成了各国共同遵守的礼仪惯例。

尊老爱幼、礼貌待客、遵时守约等符合大多数人礼仪取向的基本礼仪，是全球各民族人民所共同遵守的准则。随着国际交往的日益密切，多种文化的交流碰撞使得不同的礼仪也随之不断地相互影响、相互渗透、相互取长补短，使本国的礼仪更趋国际化。在国际交往中以讲究文明、互相尊重为原则而形成的现代国际礼仪，已成为被广泛认可和通用的礼仪规范和准则。

随着国际间交流的加强，在政务、商务、服务、社交等多领域，逐步形成了共性的礼仪规范，也就是人们参与国际交往所要遵守的惯例，是约定俗成的做法。

三、中国当代礼仪的复兴

1. 礼仪的民族特征必须保留

古往今来，真正灭绝于种族屠杀的民族并不多，而灭亡于固有文化消失的民族却是不胜枚举。中华文明是世界四大古文明中，唯一没有发生过文化中断的文明。在未来的世纪中，中华文明能否自立于世界民族之林，基本前提之一，就是能否在吸收先进的外来文化基础上，建立起强势的本位文化，这无疑是具有战略意义的大事。礼乐文化是中华传统文化的核心，能否将它的精华发扬光大，对于本位文化的兴衰至关重要。

中国的礼仪文化不仅对中华民族有着巨大的作用，而且也带给世界深远的影响。比如，中国传统礼仪文化在韩国、日本保存颇多，并继续在社会生活中发挥积极作用，而令人汗颜的是，在中国本土，它的流失速度却是非常惊人。在人际交往中，懂得使用表示敬意的雅语和举止的人已经日渐稀少。作为民间最普遍、最隆重的婚礼和生日礼仪等庆典，正越来越失去民族特性，急剧地西化。作为民族文化表征的礼仪、节日一旦全部西化，就表明本位文化已经被国民抛弃，它的消亡也就不会太远了。不同礼仪文化的撞击，要看哪一种更具生命力，炎黄子孙、有识之士，当致力于礼仪民族特征的保留，身体力行本民族的礼仪文化。

2. 传统礼仪的扬和弃

中国的传统礼仪，一方面存在着与现实生活相冲突的思想因素，另一方面也有与时代精神相一致的思想因素。虽然由于当时特定的历史条件及制度的限制，有一定的局限性，但基本内涵在今天仍有着较强的现实意义。历史经验证明，中国的现代化建设既要超越传统文化，又要继承文化传统。在摈弃历代统治阶级礼制糟粕的同时，必须肯定并继承在几千年的人类文明史中人们创立的优良传统礼仪。

中国的礼仪文化以其平和、中正的特征，对人们产生了深远的影响。但是任何一个民族的文化都不可能是万世一贯的，而只能与时俱进，弃其糟粕，取其精华。优秀文化的因子，往往历久弥新，长久地存活在历史的长河中，持续地影响着民族的精神和面貌。

在中国改革开放、经济发展的大背景下，我们应以更加开阔的视野来审视我们的传统文化，中国的许多传统礼仪，是儒家精心研究的结晶，有许多思想至今没有过时。对于这一宝贵的历史文化遗产，我们应该保持应有的尊重，并以科学的态度加以总结，为建设社会主义精神文明所用。

3. 国际礼仪的融合

世界上任何事物都是发展变化的，礼仪虽然有较强的相对独立性和稳定性，但它也毫不例外地随着时代的发展而发展变化。社会交往的扩大，各国民族的礼仪文化都会互相渗透，多种礼仪的融合，势必会产生新的礼仪模式。在社交和礼仪活动中，我们既要注意各民族、国家、区域文化的共同共通之处，又应十分注意谨慎地处理相互间的文化差异。既要保持自尊，又要尊人，科学恰当地处理礼仪活动中不同文化的碰撞问题，把地域差别作为交流、互补的条件。

西方礼仪文化引入中国，使中华礼仪在保持传统民族特色的基础上，发生了更简洁、更实用的变化。近现代西方礼仪中的自由、平等、自尊等人性文化，是诸种现实关系矛盾运动的必然产物和最充分的体现。“洋为中用”，借鉴西方礼仪文明思想发展的优秀成果，融入“礼仪之邦”之精华，对于礼仪文明、道德文明的发展具有重要的现实意义。

4. 现代礼仪观的重建

现代礼仪观是古今中外优质礼仪的结合。今礼之中有古义，古礼也可以今用，中西亦可结合，我们应取传统文化之精华，同时兼收并蓄世界各民族的优秀礼仪，不守旧、不崇洋，理性规范我们的举止、行为、语言，来提高全民族的礼仪素质，使我国以“礼仪之邦”的形象屹立于世间。

现代礼仪观是发自内心的自觉遵守。礼仪是人类文明进步的重要标志之一，是一个国家、民族文化的重要组成部分，始终以某种精神的约束力支配着每个人的行为。礼仪作为人的行为准则，在制约人们日常行为的同时，也保障着和谐社会的必要秩序，作为群体社会的一员，我们享受井然有序，也承担自由限制。只有内心甘愿接受规则的约束，发自内心地敬畏礼仪规则，才能真正发挥礼仪的社会功能。

现代礼仪观是利己利人的共赢思维。礼仪通过规范来方便他人而自律、尊重他人而自谦，由此营造的和谐环境最终自己也受益。社会经济在发展，各行各业的文明礼仪意识在加强，尤其是服务行业，应认真思考定位。人类社会终将进入一个人人讲信修睦、彼此谦敬礼让的文明时代，创造共赢的礼仪社会。

礼仪小资料

“父亲节”与“爸爸节”

近年来，美国的“父亲节”成为中国人热衷的节日，各种关于“父亲节” 的文章纷纷登场，为了“要有仪式感”而举行各种庆祝，商家也借机炒作，提高其影响力。又有多少人知道，其实早在1945年，中国就有了父亲节，而且更具有深厚的文化内涵和历史意义。

中国的父亲节是每年公历8月8日，又称为“八八节”，谐音“爸爸节”，在1945年就由国家正式宣布设立，我国是世界上最早正式设立父亲节的国家。中国父亲节具有如下文化意义：

1. 纪念文化的意义：1945年8月8日，全民抗战胜利的曙光已经悄然来临，上海的有志之士为了纪念在战争中为国捐躯的爸爸们，特地提出父亲节的构想。于是上海文人发起了庆祝父亲节的活动，市民立即响应举行庆祝活动。战争胜利后，上海市各界名流绅士，联名请上海市政府转呈中央政府，定“爸爸”谐音的8月8日为父亲节，被正式确定。

2. 文字文化的意义：八月八日的两个“八”字重叠在一起，经过变形就成了“父”字，文字发音的谐音“爸爸”，既有创意又顺口，简单好记又响亮。

3. 中华孝文化意义：上下五千年的中华孝文化一直弥漫、浸淫在中华大地，孝之思想、理念、实践，无处不在、无时不有。8月8日与中国悠久传统的敬老节日“99”重阳节也遥相呼应。

无论怎样的现代化，留在我们心灵深处的传统文化不能被抹去。像“养不教，父之过”、“父爱如山”、“父之美德，子之遗产”等传统思想，要让这些文化精髓深入到我们的灵魂里。就如古人所造的“父”字，象形解释即为父亲之角色定位：肩披蓑衣、迈开双腿奔波做事的人。我们需要好好思考如何展示文化自信，传承敬老传统，让中国自身的文化传承走进我们的生活，并充满生机地走向未来，令我们的传统节日文化更加丰富多彩、意蕴深厚。

第二章　民航服务礼仪的基本原则

学习目的：

民航服务礼仪，是礼仪在民航服务行业的具体运用，是每一个民航服务人员必须掌握的行为规范。通过本章的学习，使学员了解并掌握服务和服务礼仪的基本概念，分析了解影响民航服务发展的主要因素，能在日常服务工作中，根据民航服务礼仪的要求，为乘客提供符合民航服务礼仪原则的一流服务。

现代社会中，每个人都不能脱离他人的服务而独立存在，没有有效的服务，社会也就停止了运转。服务人员是企业服务精神的传递者，面对日益兴起、快速发展的众多服务企业和日益挑剔、成熟的消费群体，服务人员的职业素质和服务技巧成为增强服务企业竞争力的重要环节，高品质的服务礼仪也成为现今服务行业发展的迫切需要。

随着中国经济的迅速发展，近年来民航企业成长迅速，航空业的消费群体越来越广泛多样，对民航企业的服务质量也越来越苛求。在这样的环境中民航企业要求生存、谋发展，最基本的前提是良好的服务质量，所以提高民航各岗位服务人员的职业素质和职业能力是极为重要的环节。要实现这个目标，就必须让服务意识深入服务人员的心，让高标准的服务礼仪规范成为服务人员主动遵守的工作准则。

在民航服务行业内普及、推广民航服务礼仪，无论是对于服务人员个人素质、工作水平的提高，还是对民航企业服务质量和整体形象的提升都有着重要的意义，学好并用好民航服务礼仪，能为民航企业创造更好的经济效益和社会效益。

第一节　服务礼仪概述

一、服务的概念与层次

在《现代汉语词典》中，“服”解释为担任（职务）、承担（义务或刑法）、承认、服从、使信服；“务”解释为事情、事物，从事、致力。“服务”是指为集体（或别人）利益或为某种事业而工作。

服务是以满足他人利益为目标的心理与行为相互统一的一项工作，是社会运行的基本条件，渗透在人们生活的每一个角落。别人需要你的服务，你也离不开他人的服务。这种依存关系，不仅仅表现为需求的交换，更伴随着服务的主体与对象深刻的内心体验，诠释着服务的内涵。

售货员为顾客上门消费而由衷喜悦，顾客为购买到满意的商品，且享受到如沐春风般的待遇而欣然离去，此时的服务传递着友爱和理解，服务就成为一种人与人之间交流与互动的快乐体验。在“以人为本”的和谐社会里，服务内容的交换固然重要，但服务过程中追求服务对象的真正满意才是我们最终的目标。

随着社会的不断进步，服务的层次也在不断提高，将服务定位在不同的层次上，服务所达到的水平必然不同。只有高层次的定位，服务才能建立在高标准之上，达到更高的境界。服务的层次理论，描述了服务的层次体系，它是一种不断攀升的过程。

1. 用利服务（底层）

就是将服务作为取得利益的一种工具，表现为利益追求的明确性。比如，有些企业十分浮躁、急功近利、目光短浅，甚至见利忘义，对企业行为的不良影响视而不见，对企业的长期利益无所顾忌。搞“一锤子买卖”，利润至上，是企业不能做大做强的主要原因。这种服务是在眼前利益驱使下的“低劣服务”。

2. 用力服务（次底层）

就是在服务过程中着力于企业自身的主导作用，表现为强调自己行为，服务过程过于生硬，缺乏柔性，缺乏对服务对象的考虑。比如，在服务业普遍存在的现象就是把服务当成一种简单的、程序化的过程，而不顾及消费者的需求心理，过分地依赖制度的作用，忽略消费者的价值。经常听到的一句话就是：“对不起，这是我们的规定，我无法满足你的要求！”制度是必要的，但任何制度都必须有利于服务，使服务尽展其内在的魅力。目前，相当多的服务企业仍停留在这个层面，这种服务属于“消极的服务”。

3. 用心服务（优质服务）

就是把细微、细致、细心服务作为服务理念，把服务看作心爱的高尚事业，把消费者当成敬重的值得付出的“人”，细心、精心、留心于服务之中，与消费者贴心，让消费者舒心，最后达到价值双赢。这种服务属于“优质服务”。

4. 用情服务（卓越的服务）

就是用情感打开消费者的心灵之门，服务者情有所动，服务过程以情动人，服务细节与情感相呼应。只有真情投入，为顾客提供体贴入微的服务，才能以真诚赢得顾客的信任，树立企业良好的形象。这种服务属于“卓越的服务”。

5. 用智服务（至高无上的服务）

就是集智慧之力于服务过程，是思考之后的服务，是一种主动的、超前的、预见性的服务。智慧是企业经营的灵魂，也是服务的灵魂，它体现着服务文化、艺术与智慧，标志着企业对服务问题的驾驭达到了一定的境界。这种服务叫“至高无上的服务”，是最高层面的服务。

二、服务礼仪

良好的服务质量是服务性企业的立足之本，这就需要企业制定明确而严格的服务规范。服务礼仪，是礼仪在服务行业的具体运用，是指服务人员在自己的工作岗位上所应严格遵守的行为规范，即向服务对象提供服务时标准的、正确的做法。

服务礼仪具有明确的规范性和很强的实用性、可操作性，以服务人员在工作岗位上的仪容、仪表、仪态、举止、服务语言等方面的行为规范为基本内容。

学习服务礼仪的基本理论和规范是服务人员做好本职工作的基本保证，是提高其服务质量的必修课。服务人员应很好地领会、运用服务礼仪，在实践中融会贯通，塑造有竞争力的个人形象和企业形象。

礼仪小故事

北京的一家饭店西餐厅的早餐时间，服务员注意到一位年岁较大的来自欧洲国家的客人先用餐巾纸将煎鸡蛋上的油小心擦掉，又把蛋黄和蛋白用餐刀切开，再就着白面包把蛋白吃掉，而且在吃鸡蛋时没有像其他客人那样在鸡蛋上撒盐。服务员揣摩客人可能因患有某种疾病，才会有这样比较特殊的饮食习惯。第二天早晨，当这位客人又来到餐桌落座后，未等其开口，服务员便主动上前询问他是否还是用和昨天一样的早餐。待客人应允后，服务员便将和昨天一样的早餐摆放在餐桌上，不同的是煎鸡蛋只有蛋白没有蛋黄。客人见状非常高兴，边用餐边与服务员谈起，之所以有这样的饮食习惯，是因为他患有顽固的高血压症，遵从医嘱的结果。以前在别的饭店用餐，他的要求往往被服务员忽视，而这次在这家饭店住宿用餐，他感到非常满意，为服务员细致观察、主动服务的精神所叹服。

服务态度是决定服务行为的支配要素。服务态度是否端正直接影响到服务水准和服务效果。服务人员应清楚认识到自己的角色定位，明确服务者与被服务者应有的关系，克服轻视服务的思想，摆正心态，以满足宾客的需要为己任，急宾客所急，想宾客所想，甚至服务在宾客开口之前。热情、礼貌、周到的服务有着详尽的礼仪规范，但机械地遵循只能徒有服务的空壳。每一道服务的程序，每一个细微的动作，每一个服务的细节，如果都能融入服务者发自内心的真诚，那才是优质服务的真正内涵，才是服务追求的最高境界。

职业道德是良好的服务礼仪得以建立的基础，也是服务人员必须遵循的行为准则。职业道德是主要依靠社会舆论、传统习惯和内心信念来维持的行为规范的总和。服务行业的职业道德的核心是为人民服务，为服务对象负责。服务行业的职业道德的具体内容，主要包括服务人员在职业修养、工作作风、职业风尚等方面的规范化的要求。实践服务礼仪，首先要加强职业道德的培养，体现服务行业职业道德的基本要求和准则。

想一想

举例说明，你所遇到的服务是属于哪一个层次的。

第二节　影响民航服务发展的主要因素

民用航空向大众提供的产品是对乘客和货物进行的空间位移，这个特殊的服务行业，近年来的发展非常引人注目。影响民航服务发展的主要因素有以下几点。

一、社会进步对民航企业的服务要求越来越高

随着社会的不断进步与文化生活的不断丰富，消费需求向更高层次、多元化以及更细致全面的方向发展，客观上对民航服务的要求越来越高，而民航服务作为社会服务的标杆，必将面临更严峻的考验。

二、民航国际化的冲击

随着领空的逐渐开放，航空公司国际之间的交流与合作日益增加，现代航空服务的理念、先进的管理模式与服务模式，将给我国传统的民航服务模式带来很大的冲击，这种冲击是不以人的意志为转移的。如何在我国传统的文化基础上，融入先进的服务理念，将决定我国未来民航服务的发展走势。

三、运输行业的全面竞争

民航是现代交通工具的代表之一，其发展受其他交通工具替代选择的影响，同时，其他交通工具迅速发展以及服务水平的提高，必将对民航运输市场构成更大的威胁。在众多交通工具运输方式的竞争中，除了交通工具自身的特点外，最大的焦点就是服务。众多航空公司之间的竞争也多是围绕服务展开。尽管民航服务，尤其是空乘服务，在交通运输业中是佼佼者，但随着竞争的加剧，民航服务模式优势逐渐弱化，必须不断创新与完善，才能承担起服务标志的责任。

四、乘客对民航服务更高的期望值

尽管乘坐飞机旅行越来越普遍，但消费者对民航服务的期望值不会降低。其一是乘坐飞机较高的成本，使乘客必然产生“物有所值”心理，追求较高的服务回报是人之常情；其二是乘客需求的多样化所带来的期望值的多元化，每个乘客都有自己的期望值定位，满足乘客的个性心理是市场对民航服务提出的更高要求。

五、民航运输技术的进步

未来的民航运输将会向便捷、快速、大机型方向发展，服务过程更加复杂，服务的

技术性更高，这就要求民航服务必须与之相适应，不断提高服务水平，为民航事业的稳步发展提供保证。

六、社会监督机制的不断完善

民航运输具有公共事业的属性，关系到人们的生活质量，随着社会监督机制的不断完善，对每个民航企业服务水平的评价将更公正，更透明，公众整体利益将得到进一步保证。

礼仪小故事

在某机场的某航空公司值机柜台前，曾出现过这样一幕：由于天气原因，某航空公司的班机改变航班着陆机场，临时在某个机场降落，等待天气允许时继续飞往目的地。乘客等待了近四个小时。这期间，该机场和该航空公司工作人员没有采取任何措施来安抚等待的乘客，甚至在乘客为了维护自己的利益与该公司值机人员交涉时，工作人员态度怠慢，出言不逊，致使乘客与航空公司工作人员发生严重的冲突，造成机场一度秩序混乱，最后在保安人员的干预下事态得以平息。气愤的乘客扬言，让他所有认识的人不再乘坐该航空公司的航班，而工作人员毫不示弱地说："缺了你们几个乘客我们公司照样运行！"矛盾是暂时平息了，但带来的影响却远远没有完结。我们无法评估这一事件对航空公司的影响有多大，但有一点是肯定的：怠慢消费者，就意味着失去了信誉，损害了自己的形象。

想一想

现在的民航服务投诉增多，是因为顾客的要求越来越高，还是服务人员素质越来越差？

第三节　民航服务礼仪的要求

民航服务礼仪是指民航服务人员在航空服务各个岗位上应当严格遵守的行为准则，是民航服务工作得以顺利进行的保证，是每个服务人员做好本职工作、维护企业形象必须掌握的基本的职业规范。民航服务礼仪有以下几个基本要求。

一、礼貌服务

民航服务人员在服务层次、服务环境上较其他服务行业要高、要好，因此也就有着更高的服务要求。凡事礼字当头，热情友善大方的服务形象对于更好地表现服务艺术，赢得乘客满意具有重要的意义。

民航服务人员的礼貌服务主要是指在服务过程中服务人员通过语言、动作表现出来的谦虚和恭敬，能直接反映出服务人员的品质和修养。

民航服务岗位大多是窗口岗位，直接跟乘客、货主面对面地打交道，这一岗位特性决定了礼貌服务首先体现在对服务对象的微笑服务，俗话说“伸手不打笑脸人”，通过微笑传递善意和热忱，这样的服务开场白总能有助于服务目标的完成。柔和的微笑是服务的第一步，也应贯穿服务的全过程。微笑服务是服务人员维护民航企业、公司形象声誉的内在要求，也是服务人员爱岗敬业、乘客至上的职业价值观的具体体现。

民航服务过程中，服务人员在服务用语、行为举止上的表现也是礼貌服务的重要体现。说话温和得体，语气和气亲切，交流简约畅通，这是乘客希望得到的语言服务。说话粗俗无礼，语言生硬，不耐烦的服务人员会让乘客反感愤怒，同样，热情、得当的表情举止是乘客感觉舒服认同的肢体语言，而盛气凌人、懒散的姿态是服务的大忌。

礼貌体现在“形”，更体现在“心”，不带假面具的礼貌才是服务追求的真正境界。

二、规范服务

为提高乘客的满意度，有更好的企业效应和社会效应，民航的相关企业都会制定一系列的服务规范，包括仪容仪表、服务程序、服务标准等各方面，小到一句话、一个动作，大到服务章程、服务制度，每个民航服务企业都有着详尽的可操作的规范，其根本目的是为了使民航服务更完善更高效。统一的服务标准不仅能规范服务人员的言行，又能提高乘客对于服务企业的认同程度。无法想象，杂乱无章、各行其是、随意无序的服务企业会有稳定的客源和良好的效益。

服务人员对于服务规范不应抱有无所谓甚至是抵触的态度，遵守规范肯定会给自己的言行带来约束，但正是这种考验增强了服务人员对于岗位的适应能力，好的职业前景由此展开。随意违反着装规定，会让乘客怀疑企业的管理水平；嚼着口香糖，胡乱挥动的手指会使乘客质疑你的职业素养；不遵守服务程序的操作甚至可能危及乘客的安全，损害企业的信誉。不依规矩，不成方圆。每个服务人员的职业意识首先体现在对于企业岗位规范的遵守，服务的标准化、规范化、程序化、制度化有助于对员工的培养，有助于建立企业的良好形象。

三、精湛服务

随着市场竞争和乘客需求的变化，仅仅满足于服务的规范性是不够的，为了提高企业的整体竞争力，让乘客满意以吸引更多的客源，航空企业都在尝试各种提高服务质量的途径。

培训是服务企业成功的一个关键因素。通过培训来提升服务人员的素质，是航空企业为乘客提供高质量的精湛服务的基本手段。例如，新加坡航空高度重视培训，将其作为人力资源和服务战略的重点，要经常参加各种培训，以面对随着客户高期望而来的高标准要求及其带来的压力。当然除了加强培训，对员工的考核和激励以及管理上的高效都是提高服务质量的重要手段。

服务基础设施和技术方面的硬件也是航空服务企业比拼的重要指标。除了资金的投入，更需要了解乘客所想，以人为本的投入才有好的效果。例如，收放式的小桌板的背后多一个嵌入式的一个小圆环，用手指轻轻一抠，能让这个小圆环垂直于小桌板的背面，在乘客收起小桌板时放没有喝完的饮料杯，既不影响安全检查，又不影响乘客休息看报。目前有航空公司正在研制一种智能座椅，它将具有读取乘客体温并自动调整椅面温度的功能，还能测出乘客的身高和体重，并据此给椅身中有序放置的空气囊带充气或放气，以符合乘客体形，保持最大舒适度。

精湛的服务还需要服务流程的精益求精和服务人员个体素质的提高等软件上的不断完善。服务市场的变化，硬件技术的进步，以及乘客来源的不同都会影响到原有的服务流程。比如随着安检要求的升级，乘坐飞机的乘客在接受安检时都被告知打火机不能过安检，很多乘客选择扔掉打火机，有的机场随之推出一项新的服务：给有需求的出站的乘客，免费提供一次性打火机。有时航班延误，乘客经历了长时间的等待，空乘人员及时调整服务程序，提前供餐，安抚乘客等等随机应变的服务会使乘客感到贴心、温暖。根据具体情况，对服务流程进行优化，使服务各要素有机结合在一起，会使服务和管理更高效。在日新月异的服务工作中，每一个窗口的服务人员都应由衷地热爱这份职业，不断学习提高服务技能，追求更精湛的服务。

四、个性服务

个性化服务是对有限制性的规范化服务的补充，就是以客人为本，根据乘客层次及需求上的差异，对不同乘客采取不同的服务方式。个性化服务应包括两层含义：

一是服务人员根据自身的独特条件为乘客提供具有独特风格的、无法加以标准化的部分。但服务人员独特的工作方式必须以适应乘客的消费习惯为前提，而不能让顾客来适应服务人员独特的服务风格。

二是指服务人员把每一位乘客都当作具有独特个性和不同需求的“个人”来加以“分别接待”。

在个性化服务中，服务人员不再只用程序化的语言、程序化的动作与乘客交往，而是采用依服务对象不同而及时加以调整的、丰富生动的语言和动作，从而让乘客感受到服务人员为使乘客满意而对其特殊要求所做的特别关照的努力。

几乎每个人都希望自己的个性得到他人的承认和尊重，表现在服务交往中就是几乎每一位乘客都希望自己所得到的服务是特殊的，与其他人不同的，服务人员给予自己的是特殊的服务。因此个性化服务的关键就是通过细微的观察及揣摩客人的心理，满足乘客的需求。

有机场专门为独自出行的老人开设了专用登机柜台，除了登机手续，还有专人引导过安检，带到专门休息室候机休息，按时送上飞机，到达后由专人送至到达厅等；客舱里吵闹的小朋友有乘务员讲故事陪伴，还安排小画板涂鸦；旅途中的老人拿起报纸眯起了眼睛，乘务人员适时地给他送上一副老花镜以解决难题；国际航线头等舱乘客托运的行李，用专用塑料袋密封包装，从而最大限度地防止行李因破损或污染而造成的不必要的损失。根据乘客多样化和不同的个性特征，不断推出服务项目，丰富服务内容，满足不同乘客的要求。个性化服务的升华是以人为本的人性化服务，真正让乘客感受到家人般的照顾。这对稳定乘客群体、稳定市场具有积极的作用。

礼仪小故事

美航空公司首席道歉官

为了安抚那些对航空服务投诉的乘客，美国西南航空公司专门设立了一个向乘客致歉的部门，并聘用佛瑞德·泰勒为首席道歉官。

37 岁的泰勒每天要工作 12 个小时，查出西南航空公司有哪些服务不够周到，然后写信向乘客道歉。他每年大概要为 180 个航班写道歉信，向乘客解释该航班存在疏漏的原因。假如每个航班按 110 位乘客计算的话，他一年大概要向 2 万多人发函致歉，并且每封信后都附有他的直拨专线电话。“这不是我们必须做的，”泰勒说，“只是我们觉得这是我们的客户应得的。”

五、团队合作

高品质的服务往往靠单个人的力量是无法达到的，只有通过服务团队的集体努力才能实现。所谓“众人划桨开大船”，为了共同的目标而形成紧密联系，每一个环节的通力合作，也是每一个服务人员应达到的职业操守。

“皮之不存，毛将焉附”，离开集体的个人单枪匹马，难成气候。同心山成玉，协力土变金。一个单位，如果组织涣散、人心浮动，人人自顾自己、集体一盘散沙，何来生机与活力？何有形象与成绩？在一个缺乏凝聚力的环境里，个人再有雄心壮志，再有聪明才智，再有丰富经验，也不可能得到很好的发挥。

服务成功，需要个人服务的献身精神，更需要团结协作的合力。一个服务人员的疏漏，能有另一个服务人员的及时补台，一人应付不了的混乱场面能有全体服务人员的全线出击。只有懂得团结协作的人，才会把团结协作当成自己应尽的责任，才能明白团结协作对自己、对别人、对整个单位的重大意义。

礼仪小故事

如此师傅

航班延误后的候机楼总是最混乱的。一个航班广播通知延误，起飞时间待定，一时间乘客炸开了锅，纷纷挤到了值机柜台前，柜台上只有两个新来的实习生狼狈应对，原来值机柜台上的工作人员先于乘客得知了延误的信息。两个老职工发话了：“今天的延误时间可能会长，大家一起会很累，还不如分分工吧，你们两个先站这应付着，过一个小时我们来换你们休息。”于是两个实习生留在了柜台里开始应对愤怒而嘈杂的乘客……三个多小时过去了，两个女孩口干舌燥，神情疲惫，两个师傅喝完了闲茶，聊完了闲天，出来了说：“你们下去休息吧，也怪累了，我们顶上了。”一会儿工夫，广播通知该航班开始登机了……

良好的团队协作需要每一名成员具有“一荣俱荣，一损俱损”的集体意识，一个具备团队合作能力的员工，不管是处于小团队还是大团队中都能为了共同的团队目标而与团队成员通力合作，做到个人利益服从集体利益，局部利益服从整体利益，眼前利益服从长远利益，要具备全局观念，正确处理好与其他成员同事的关系。

想一想

团队中的伙伴工作发生了差错被你发现了，是视而不见，反正不关我的事，还是……

第四节　民航服务礼仪的基本原则

民航服务礼仪的基本原则是反映民航服务礼仪的一般规律，是服务人员在工作中运用服务礼仪的原则性规定。民航服务礼仪的基本原则主要包括三“A”原则、善始善终原则、热情有度原则，服务人员应了解掌握这些基本原则，并将它们自觉地运用到民航服务的实践中去。

一、敬人的三“A”原则

在服务过程中，服务人员想要向服务对象表达自己的敬意，并且能让对方接受你的敬意，使服务有良好的效果，那就要在实施服务之时，以自己的实际行动去尊重对方，接受对方，赞美对方，这就是服务行业中著名的三“A”原则。在英文中“尊重、接受、赞美”三个词汇都以字母“A”打头，所以简写为三“A”原则。

1. 尊重服务对象（Attention）

“顾客至上”不是一句简单的口号，落实在行动上就是把顾客放在什么位置上，把顾客看作是载舟之水，还是可有可无的配角。人际交往的黄金法则这样描述：希望别人怎样对待我，我就怎样对待别人。这种交际法则以“我”为中心，这个“我”先于他人，源自一种特别在意回报的出发点。美国的一位营销学专家提出“别人需要你怎样对待他，在合法和遵守社会公德的前提下，就要那样对待他”，被称之为白金法则，这是一条以“别人”为中心的交往法则，更适用于服务行业。顾客需要什么，除了他所需要购买的服务产品，顾客最需要的就是服务人员的尊重。

礼仪小故事

一天，在首都国际机场国内某航空公司的值机柜台前，聚集了三四十个人，与当班的工作人员进行激烈的争吵，场面快要达到了白热化的程度，有发生肢体冲突的可能性。

原来，该批乘客乘坐该航空公司的飞机飞往包头，根据气象预报包头机场不适合飞机着陆，备降北京首都国际机场，等待飞往包头。结果，乘客走下飞机 4 个小时，该航空公司未对其进行妥善的安排，对于续飞航班的飞行问题未能做出让乘客满意的答复，由此产生语言冲突。面对乘客的“质疑”，值机人员毫不客气地保护自己的“尊严”，争取自己的“平等权利”，结果场面十分混乱，后来，在公司高层人员谦虚的态度和公安人员的劝解下，才化解了这一冲突。

其实，这是个不该发生的事件，由于天气原因造成航班延误或备降其他机场，乘客是理解的，但需要航空公司能够妥善处理好在备降机场的相关事宜，耐心解释，提供周到的服务，而不能置之不理，当作没事一样，更不可原谅的是，当冲突出现的时候，航空公司的工作人员感情用事，情绪化，语言粗鲁，只顾争取个人颜面，其结果必然影响公司的整体形象。

对服务对象的尊重有很多表达方式，如表情上善意的微笑，姿态上微微的前倾，行动上的有求必应，有问必答，还有礼貌的称呼，真诚的问候等等，真正让服务对象感受到被重视，体验到备受关怀。

很多矛盾的引发，可能源于一句话，一个眼神，在服务过程中原本完全可以避免。只要设身处地为乘客着想，考虑到对方的感受，能做到目中有人，始终把乘客的需求放在首位，这样的服务也会得到乘客的尊重和认可。

礼仪小故事

某乘客乘坐从温哥华飞往北京的航班。因为天气原因，飞机暂时降落在天津，比原定到达北京的时间晚了近八个小时。于是，该乘客就和空乘人员闲聊，说：“如果能果断降落，我们就不会被耽搁这么久了。”这句话让坐在不远处休息的副驾驶员大为不满。副驾驶员突然跳起来，指着该乘客的鼻子说：“你说的什么话？你负不负责任？你知道什么？”

正是这场争执，导致飞机降落首都国际机场后，双方大打出手。

别的不说，单就飞行员“暴跳如雷”这一点，我们就可以发现，那个副驾驶员的脾气太大了，飞行员那也是航空企业的一分子，即使乘客有错，也应本着尊重客人的前提与他进行平等的交流。

2. 接受服务对象（Accept）

服务人员亲和友善地接受服务对象是服务礼仪的重要内容，体现为服务人员对于消费对象的真心服务和建立在肯定之上的接纳。服务人员应积极主动地接近对方，淡化彼此之间的戒备，避免和对方情绪的抵触，恰到好处地向对方表示亲近友好之意，而不是奚落排斥，怠慢挑剔。服务人员应学会体谅对方的想法，给予充分的包容，为服务过程的顺利进行打好心理基础。

当意见相左时，责备、抱怨不但不能改变事实，反而只能招致怨恨。当服务对象遭遇强硬的否定时，为了维护自尊，会竭力维持自己的观点。每个人都不是绝对理性的人，都会有情绪变化、成见、自负和虚荣。尽量去了解别人，接受对方，无论是日常生活，还是服务工作，这都将是一个好的开端。

礼仪小故事

俄克拉荷马州的乔治·约翰逊是一家建筑公司的安全检查员。检查工地上的工人有没有戴上安全帽，是约翰逊的职责之一。据他报告，每当发现有工人在工作时不戴安全帽，他便会用职位上的权威要求工人改正："把安全帽戴上！"其结果是，受指正的人常显得不悦，而且等他一离开，就又把帽子拿掉。

后来约翰逊决定改变方式。当他再看见有工人不戴安全帽时，便会问是否帽子戴起来不舒服，或是尺寸不合适，而且用愉快的声调提醒工人戴安全帽的重要性，然后要求他们在工作时最好戴上。这样的效果果然比以前好得多，也没有工人显得不高兴了。

3. 赞美服务对象（Admire）

赞美服务对象，实质上也是服务人员对服务对象的接受与重视，也是对服务对象肯定的表现。从心理上来讲，所有的正常人都希望自己能够得到别人的欣赏与肯定，而且多多益善。获得他人的赞美，就是对自己最大的欣赏与肯定。一个人在获得他人中肯的赞美之时内心的愉悦程度，常常是任何物质享受难以比拟的。

赞美服务对象，具体而言，主要是要求服务人员在向服务对象提供具体服务的过程中，要善于发现对方之所长，并且及时地、恰当地对其表示欣赏、肯定、称赞与钦佩。这种做法的最大好处，是可以争取服务对象的合作，使服务人员与服务对象在整个服务过程中和睦而友善地相处。

赞美首先要有一个诚恳的态度，言不由衷的表情最可怕，不但失去赞美的效果，可能还会引起对方的逆反心理。赞美还要选择合适的时机，抓住对方的闪光点，表明赞美是来自对对方的细致观察，让对方有被重视的感觉。最后赞美还应该掌握好尺度，再动人的赞美说得太多或超越事实太多，都会变成虚伪的谎言，使对方失去继续交流的兴趣。

礼仪小故事

赞美的力量和技巧

下面是一位乘务员的自述，记叙了一段真实的经历。

一次，飞行中我在准备乘客餐食时，不慎失手将一盒刚刚加热好的米饭摔在地板上，牛肉的红油汤汁和洁白的米饭粘在一起。飞机上的乘客餐食都是按照登机人数配备的，没有多余的餐食。

但是，我并不慌张，因为我心里清楚，有一个乘客可以帮助我。在登机的时候，我注意到有一个客人，侧身站在狭窄的客舱通道，动作与我一贯要求乘客的毫无二致，我站在客舱后部不曾说话，但可以清晰地看到他的姿态，甚至看到他将自己的手提包竖放在行李箱内，以便留出更多的行李存放空间给其他乘客。在旁边一位女士伸手放行李时，他动手协助安放妥当。我没有机会和他交谈，因为我的迎客位置在18排，而他坐在13排左右的位置。

现在面对棘手的问题，我决定去13排找这位乘客，寻求他的帮助。作为一名乘务员，我必须对自己的每一个客舱行为有把握，不能仓促贸然地向乘客提出请求再被拒绝——穿着制服的空姐遭到拒绝是一件很尴尬的事情。而且，在毫无把握时就请求别人的帮助，会使自己陷入一个更为尴尬的境地，极有可能造成“多米诺骨牌效应”：第一个人不同意，第二个人也不同意，第三个人也会拒绝，第四个人不仅拒绝，甚至还会对这样的行为表示愤怒。

于是，在深思熟虑后，我缓步走到13排这位客人身边，微微弯腰鞠躬，寻求一个合适的交流高度——既能够让我们的视线齐平，又能表达出内心的诚恳。

然后，我微笑着说：“您好，先生，打扰了，我有一件事情想请求您的帮助，可以吗？”我必须得到继续表达的许可，万一我唐突地说出要求，而他此刻有更要紧的事情，可能反而会给他一个不愉快的感受，事情得不到解决，又徒然增添他对我的反感。

“什么事？”他看着我。

“是这样的，刚才由于我的不小心，为客人准备午餐时失手将一盒米饭摔在了地上，现在即使把机组餐食都拿出来，仍然少一份。所以，我想请您帮忙，可否吃些面包和小吃充饥代替米饭呢？”

“为什么你选择了我？”他反问我，而没有表示同意还是不同意。

“其实，提出这样一个要求，我也是很难于启齿的，毕竟这是一个不合理的要求，我不希望自己的请求被拒绝，所以，必须选择一位有修养的人来帮助我，那么即使他不同意也不会使我难堪，而我看出您是一位善良、乐于助人的绅士，我有信心您会给予我帮助。”

“是吗，你是怎么看出来的？”他笑着问我。

“刚才登机的时候，您一直侧身站在狭窄的客舱通道，以便让通道中的其他乘客通行；然后，您将自己的手提包竖放在行李箱内，使行李架有更多的行李存放空间。此外，您还帮助其他客人安排行李。这些行为足够说明了您的人格魅力，这一切也是我感到钦佩的。飞机上的乘客大多是旅行团的，他们也许一下飞机就要开始旅游，并没有机会再去用餐，如果让他们饿着肚子去旅游，我真的会很自责的。”

“可是，我下飞机也有重要的事情啊。”

“选择您帮忙还有一个原因，因为您看上去是一位经常乘坐飞机的客人，如果是一位初次乘坐飞机的人，我就不能请求他，也许第一次飞行经历将是他关于飞机的全部回忆，我不能那么残忍，因此，只能寻找一位经常乘坐飞机的人来帮助我。”

“好吧，即使我答应你，也不能让我饿肚子吧？”

“当然不会。飞机上还有面包和面条，另外还有冷餐盘，只是没有热米饭了，不如我再帮您做一杯英式奶茶？”

“那好吧。我要一盘意大利面。”

“谢谢您，先生，我早就看出您是一个好心肠、有修养的人。”

这件事就此获得圆满解决，我的判断力也获得了肯定。下飞机时，我再次向他致谢，他告诉我奶茶很好喝。

二、善始善终原则

服务的过程有长有短，从与服务对象的第一次目光接触到完成服务后道别离去，整个过程需要服务人员自始至终的热情耐心，直到服务的结束。俗话说：做十件好事有时会被一件坏事全盘否定，某一个细节稍有疏漏，可能导致无法挽回的后果。

1. 服务开始时的首轮效应

美国心理学家洛钦斯首先提出了首轮效应，它们反映了人际交往中主体信息出现的次序对印象形成所产生的影响。首轮效应是指人际交往中给人留下的第一印象至关重要，对印象的形成影响很大。人们对于某人、某物、某事所形成的第一印象，主要来自在双方彼此交往、接触之初所获取的某些重要信息，以及据此对对方的基本特征所做出的即刻判断。那些与某人、某物、某事交往或接触之初所获取的信息，就是人们第一印象形成的制约因素。

第一印象对人们形成对人或事物的总印象具有较大影响，即先入为主，也常常成为人们决定自己第二次乃至以后交往行为的依据，因为最初的信息形成的表象没有受到识记中前摄抑制的影响。

影响顾客对服务人员的第一印象的判断，有各种因素。比如仪容，一个人的仪容如果整洁端正、神采奕奕，往往会给人好感，如果他外形污秽、神色黯然，当然不为人所欣赏；又如服饰，人的服饰是一个人的修养、品位、生活阅历的体现，合身得体的服饰让人愉悦，过时拖沓的服饰引人侧目；还有你的语言，包括有声语言和无声的体态语言，原本清新可人的美少女出口成“脏”，再美丽的脸庞看了也叫人恶心；很多时候，人们的体态语言尽管无声，但较之有声语言，通常会更真实、更准确，比如笑脸上涣散的眼神，笔挺制服下抖动的双腿，都会在顾客看到这位服务人员的第一眼后给他定下一个不及格的第一印象，给后续的服务带来难度。一旦不佳的第一印象形成心理定式之后再去采取补救性措施，肯定会十分困难。这一点服务人员务必要认真把握并予以高度重视。

2. 服务过程中的亲和效应

所谓的亲和效应，是指人们在交际应酬里，往往会因为彼此之间存在着某些共同之处或近似之处，从而感到相互之间更加容易接近。而这种相互接近，相互体谅，使交往对象由接近而亲密、由亲密而进一步接近的作用，被人们称为亲和力。

礼仪小故事

有家宾馆需要接待中东地区的一位富豪。据说那位富豪举止轻浮，对女性毫不尊重。一时间，让不少服务小姐忧心忡忡。后来，这家宾馆了解到，那位富豪酷爱文学，并正式出版过两部散文。于是，公司不仅派专人买来一些他的散文集，而且还特意安排两名外语优秀、爱好散文的女服务员，在那位富豪闲暇的时候，虚心向其讨教文学，并且请其在他的散文集上签名留念。结果，大家原本担心的不愉快的情况根本未曾出现，双方不但相安无事，而且那位富豪在为他服务的小姐面前，也表现得彬彬有礼，颇有绅士风度。

在激烈的航空企业竞争中，每家企业都致力于服务的细致入微，拉近与乘客的距离，追求乘客 100% 的满意率，争取各种有效的手段加强与乘客的沟通，争取乘客的认同。很多公司都有常乘客计划，并定期与常乘客会员交流沟通，以提升服务水平，提高企业的社会美誉度。

礼仪小故事

常乘客李先生在一次东航的“凌燕服务沙龙”上动情地叙述了他曾经乘坐东航班机的一次经历。那天，平时习惯乘坐紧急出口座位的李先生，由于抵达机场太晚只得到最后一排的座位。正因如此，他也听到了平时坐在紧急出口座位不曾听到过的乘务员之间的对话。上机后不久就被告知由于北京天气原因，航班将延误五个小时，客舱顿时一片哗然。乘务员就像消防员，这边的火刚扑灭，那边又有乘客暴跳如雷了，经过五个小时的折腾，航班终于在晚上十点多起飞了。在航班落地前，李先生听到了这样一段对话，“今天是我第一班单飞，没想到就碰到延误了。我们下一班北京会取消吗？”“别做梦了，肯定不会。十二点落地，最快一点起飞，两点半到北京，三点半睡下，明天六点又要 morning call 了”，听到这里，李先生诧异不已，为刚才乘客们对于乘务员的无理指责感到羞愧，真的有些心疼这些年轻的孩子们。当航班延误时，他们替公司承担了太多太多，他们以超越年龄的宽容和大度，包容着乘客的无礼、谩骂和攻击。李先生下机时特意绕到服务舱，向每一位乘务员表达感谢。

听完李先生的叙述后，在场所有的乘务员都被感动了，在这一刻曾经的埋怨、委屈和泪水都化作了理解。因为有了理解，乘务员与乘客的心走得更近了。

3. 抓好服务的最后环节

每个人可能都有这样的体会：两个人握手道别后离去，走了很远，回头，看见友人还在原地向你挥手，模糊的身影也模糊了你的双眼。这样的感动让人久久不能忘怀。

必须承认，在人们相互认知与彼此交往的整个过程中，第一印象至关重要，但最后印象也同样发挥着关键的作用。

根据人际交往的一般规律，在人们与其他人或其他事物的初次接触、交往中，对于第一印象比较重视。而当人们与其他人或其他事物进行过一段接触、交往之后，则对最后印象尤为看重，这也是人际交往中的末轮效应。所以，服务行业与服务人员都要特别注意，在为服务对象进行服务的整个过程之中，如欲给对方留下完美的印象，不仅要注意给对方留下良好的第一印象，而且也要注意给对方留下良好的最后印象。

要用心抓好服务的最后环节，服务人员应始终如一地保持服务热情，不但要在初始之时笑脸相迎，还要自觉做到在收尾之时笑脸相送。特别是在最后环节为全体服务对象所提供的热情服务，应当是公平的、一视同仁的。要用心抓好服务的最后环节，还要重视后续服务。所谓后续服务，又叫售后服务，它在这里特指在服务人员为服务对象所提供的直接服务结束之后，服务单位和服务人员有责任与义务，主动或应邀而为服务对象提供的连带性、补充性服务。从本质上讲，服务单位和服务人员为服务对象进行必要的后续服务，既是其完善服务的一项重要内容，也是其进行积极的市场竞争的一项主要措施。在广大服务对象看来，后续服务的完善与否，往往是与他们对于某一服务单位或某一服务人员的最后印象直接相关的。

三、热情有度原则

在工作岗位上，服务人员需要为服务对象提供热情的服务，这是不言而喻的，每一位服务人员对此必定都十分清楚。然而从更高一层来讲，服务人员还应当明白：真正为服务对象所接受的热情服务，必须把握好具体操作中的分寸。总而言之，真正受到服务对象所欢迎的服务人员的热情服务，必须既有热烈、周到、体贴、友善的表现，同时又能够善解人意，为服务对象提供一定的自由度，不至于使对方在享受服务的过程中，受到服务人员无意之中的打搅、纠缠或者影响。

所谓干扰服务对象，主要是指由于服务人员在服务过程之中的某些表现，有意无意地扰乱了服务对象对于服务的享受，败坏了服务对象的心境，甚至因此而使服务难以正常顺利地进行。从整体上来讲，干扰服务对象，不但会挫伤对方进行消费的积极性，而且也会使服务人员的服务热情大打折扣，从而影响服务效果。

礼仪小故事

惹麻烦的阅读灯

在某航班上，一位乘客正在看报纸。此时有一名乘务员正在巡视客舱，见状便走过去把阅读灯打开了。该乘客突然感觉到一束灯光，微微皱了皱眉，觉得灯光很刺眼而且客舱内的光线够亮了，他不需要再开灯了，所以把刚才打开的灯关上后继续看报纸。一会儿，另一名乘务员见该乘客在看报纸，就走了过来并一言不发地打开了阅读灯后离开了，乘客就又将灯给关上了。又过不久第三名乘务员走了过来，和之前两名乘务员一样把灯打开了，此时该乘客已明显有些不耐烦地将灯关上了。就这样，四次，五次，阅读灯被乘务员打开后又被乘客给马上关掉了。

终于，乘客实在忍无可忍了，他向又来开灯的乘务员大声质问："你们为什么都不问我需不需要开灯，我根本不需要开灯，可是却没有一个人问我需不需要，自说自话地将灯打开，而且你已经是第六个来开灯的乘务员了。"

其实，为在看报的乘客打开灯的行为没有错，只是很多乘务员没有做到细致的观察，流于服务程序的形式，而且乘务员之间也没有做好良好的沟通，一次次地干扰乘客，造成不良的后果。

热情总比冷漠好，主动服务总比被动服务好，这自不待言。然而，什么事情都有一个度。有道是"添一分则多，减一分则少"，凡事物极必反，若热情过度，同样达不到预期效果。服务不够热情，通常会怠慢服务对象；服务热情得过了头，亦会有碍于服务对象。这个"度"，在服务过程中，主要指的是服务人员在向服务对象进行服务时，不只是要积极、主动，更要切忌因此而干扰对方。

过度的热情其实是一种强加于人的不负责任的表现。民航乘客大多层次较高，对服务的追求更倾心于安静地享受，所以把握好服务的距离、时机、尺度，对民航服务人员来说是极为重要的一课。

第三章　民航服务人员仪容仪表礼仪

学习目的：

服饰器物是礼仪的要素之一，仪容仪表的修饰是民航服务人员的门面工程，更是面对乘客时尊重对方的率先体现。通过本章的学习，使学员明确仪容仪表修饰的重要性，了解面部修饰、发型修饰和服装饰品的上岗要求，掌握仪容仪表礼仪的操作规范。

人们总是说，了解一个人，很难，但我们却总是用几秒钟去判断一个人，这就是所谓的第一印象。在日常交往过程中，尤其是与别人的初次交往时，一定要注意给别人留下美好的印象。

第一印象主要是性别、年龄、衣着、姿势、面部表情等“外部特征”。一般情况下，一个人的体态、姿势、谈吐、衣着打扮等都在一定程度上反映出这个人的内在素养和其他个性特征。这些“外部特征”绝大部分通过人的视觉被感知。本章着重阐述“外部特征”中面部修饰、发型修饰和服饰的礼仪规范。

第一节　面部修饰礼仪

爱美是人的天性。随着现代社会物质富裕后对于生活品质的追求，塑造个人形象成为越来越多的人关注的焦点，视觉上的美感影响着他们在社会中担任的不同角色，尽管通过医学手段，也能达到美容的目的，但生活中，人们更多地会通过运用发型、化妆与服饰的搭配技巧来修饰自己，扬长避短，达到整体的和谐。民航服务人员很多工作在为乘客服务的第一线，修饰自己的外在形象，不仅是尊重他人的需要，也能增加自信，使人精神焕发，体现出民航服务人员积极、健康的风貌。

面部修饰是现代仪容仪表礼仪的重要组成部分，对女性服务人员尤为重要，窗口服务岗位的女性员工都应该带妆上岗。

不同国家、不同年代的妆容演绎着不同的潮流，反映了人们对美的追求的不同方式。现代化妆品和化妆工具日趋丰富，化妆技巧也越来越高超，但主要还是趋向于自然，追求返璞归真，同时突出个性，能够充分体现气质、性格。如今各种媒体渠道为现代人提供了更快捷的信息，女性可以在大量的信息中间挑选最适合自己的美容手段。传统、另类、不羁都是美的表现形式，但这些表现形式因人而异，因地而异，因时而异。每个人肤质、肤色、脸型、五官各有特色，所以适合别人的妆容不一定适合你，每个人的性格、气质也相距甚远，不要让不匹配的装扮给你的形象减分。同样，职业的不同也影响着穿着打扮。公检法的权威、严谨，服务人员的端庄、亲和，艺人的随性、前卫，各有各的法则。当然，时间、地点也是女性在修饰打扮自己时要考虑的重要因素。什么时候，到哪里去，在什么场合，想要体现自己何种特质的美，这是决定妆容的关键。

民航服务人员在迎来送往的日常工作中，与乘客打交道的近距离决定了面部修饰的风格和特点。无论是地面还是空中，乘客眼中的民航服务人员都应该保持高雅、亲切的形象，拥有规范的仪容仪表，值得乘客信赖。

为了符合这种职业形象，民航服务人员的面部修饰应达到以下效果。

一、肤色健康

初次见面时，往往面部最先落入对方的视线中，肤色好坏会直接影响视觉效果。有时由于休息不好或是生病，人的肤色会显得苍白憔悴，也有很多人天生皮肤暗沉，或有疤痕痘印，如果不做任何修饰就直面乘客，不仅视觉感官上是差评，从而影响服务体验，更重要的是，在现代礼仪的观念中，这显示出对乘客的不尊重。自然就是美，但并不意味着不修饰的素颜上岗。

调整肤色、掩盖瑕疵的底妆产品有很多，可以根据自己的皮肤特点，选择不同色号、不同质地的粉底和粉，以适用于不同深浅、不同底质的肤色。底妆不仅可以均匀肤色，使妆容更透亮、自然和持久，而且还是皮肤的保护网，能使皮肤免受紫外线、空气污染的伤害。现在的粉底具有更多的修饰效果，颗粒更细腻，并具有保湿、控油或防晒等多重功效，结合富有层次感的化妆手法，创造出显得有光泽度和立体感的健康肤质。自然有质感的底妆是一切彩妆的起步和基础，民航服务人员一般带妆时间比较长，空勤人员长时间在高空飞行，紫外线远远强于地面，千万不要忽视底妆的作用，它是美丽的第一步。

腮红是塑造健康妆容过程中不可或缺的一步，它能修饰脸型、美化肤色。腮红使用后会使面颊呈现健康红润的颜色，让人看起来气色动人，显得年轻，心情自然就会随之很好。除了增加脸部的红润感，腮红还可以用来修饰脸部的线条，营造深浅的立体感。

二、“眉清目秀”

俗话说：看人先看眼，可见眼睛带给人的印象有多么重要。运用丰富的色彩，对眼睛进行修饰，能够表现出整体化妆的重点。眼部的修饰主要由眼影的描画、眼线的勾画和睫毛的修饰三部分组成。

东方人的眼部较平，涂抹眼影可以使双眼更有神，更有立体感，还可以调整两眼间的距离。眼型较标准者，画眼线的目的是为了增添眼睛的明亮度，一般眼线为黑色，正好与眼白形成鲜明的对比，使人觉得眼睛很有神。眼型不太标准者，经过描画眼线可以适当矫正眼型。睫毛不但具有保护眼睛的作用，而且长而浓密的睫毛能增加眼睛的神采，使眼睛充满魅力，所以睫毛的修饰在化妆中也是不可忽视的。

眉型描画在妆面中的地位非常重要，不仅在很大程度上左右着面部表情，同时也反映着时尚与流行。在面部五官中，眉毛的修改余地最大，无论形状、颜色、疏密都可以根据需要重新调整，合适的眉毛可以让面部比例、面部表情、妆面风格的表达更加到位。眉毛的修饰，不仅可以改善人的脸型，而且还会改变人的年龄。再怎么素面朝天的女子，修齐眉毛的工夫还是不可省的。杂乱或棱角突兀的眉毛给人糟糕的第一印象，修画好的眉型会让你哪怕其他方面没有任何妆饰都会神采奕奕，就算你具备足够的自信与内在美，一双自生自长的“杂草丛生”眉将会抹杀这种风采。

再美的眉毛也是为了衬托眼睛，如果眉毛的分量超过眼睛，那么面部就会有压抑感，所以可以先画眼妆，再根据眼妆的浓淡决定眉毛的形状颜色。

年轻人热衷于眉眼的化妆修饰，要注意的是，任何修饰都是以对应环境的视线作为考量的依据的。民航岗位这样的公众环境下，多元化的乘客势必有着多种多样的眼光，故此，民航服务人员的形象应该是低调谦恭的，眉眼的化妆修饰也应以此作为标准。流行的文眉绣眉、接种假睫毛、佩戴美瞳等，因其修饰夸张，并不适合近距离的民航服务，服务人员应注意修饰的分寸，礼仪讲究的是相处时的舒适感，过度的修饰会给对方带来不适。

三、“齿白唇红”

嘴是脸部表达感情的重要器官。嘴唇的不同形状、唇膏的不同颜色，都可以体现出一个人的不同韵味及个性。通过对唇部的修饰，不仅能增加面部色彩，而且还有较强的调整肤色的功能。

航空公司会根据本公司制服颜色，对口红颜色规定范围，如桃红色系、橘红色系、玫瑰红色系等等，时尚流行的灰白、黑紫等夸张色调不符合服务人员的端庄低调。

除了唇色修饰外，服务人员还需注意自己的牙齿，在与乘客的沟通交流中，服务人员的牙齿不断出现在乘客的目光里，不吃带有异味的食物，时刻注意牙齿上不要沾染口红，勤漱口，牙齿中不带菜屑等。

此外，手被称为人的第二张脸，在社交场合中，手与人、手与物都有着频繁的接触。在举手投足之间，人们有意无意地都会注意到你的手，评判你的手，甚至以手来看你的为人及修养，推断你的际遇及境况。脸上的表情是可以假装的，但手不能，它把内心的真实信息毫无保留地显露出来。“甲是手指的眼”，指甲的修护如同护眼一样重要，民航服务人员应时刻保持手和指甲的清洁，作用等同于面部修饰，一般不提倡涂抹彩色指甲油和美甲，指甲长度不超过指尖1~2毫米。

礼仪小故事

乘务员小张是个爱飞行也爱美的姑娘，每每苦恼于既要达到自己“臭美”的愿望，又要符合航前检查的修饰要求，根据公司对妆容的要求，乘务员可以涂抹红色指甲油，但不允许残缺，小张当然是第一批身体力行者，每个航班都涂抹好指甲油，可是，美了一段时间后，小张偃旗息鼓了，只是偶尔为之。是什么影响了她的热情呢？

公司原规定不可以戴假睫毛，最近改为，睫毛长度不可以超过1厘米，也不可以过于浓密，小张高兴坏了，终于可以尝试向往了很久的睫毛接种了。小张来到美容院，美容师告诉她，接种的假睫毛有9、10、11、12毫米四种长度，小张该选择如何接种睫毛呢？

虽说化妆不分男女，但近距离服务的民航岗位不建议男服务人员化妆，男性必须做到面部的清洁、修面，胡子拉碴的邋遢形象不能出现在工作中，并且做好日常皮肤护理，使皮肤润泽健康，如有需要，适当做些化妆修饰。女服务人员的职场妆容修饰是让人看上去干练又不缺乏亲和力，素面朝天会让人看起来毫无神采，而过度浓妆艳抹则会让大家过分关注你的外表而忽略了你本身的工作能力。学习掌握化妆技能十分必要，化妆时细微的处置当否，不仅影响观瞻，可能还会造成性格、气质等等的嬗变。上岗前，女服务人员应该恰当使用化妆品，通过一定的艺术处理，打造漂亮又得体的妆容，塑造大方、悦目、清新的职业形象。

想一想

对民航服务人员来说，如何做到“妆成有似无”？

第二节 发型修饰礼仪

发型可根据头发的长度、颜色和形状，分为直发、卷发、盘发等多种式样。发式在人类发展史上，始终反映着社会的更替与发展，进步与繁荣。从中国古时的云髻高绾，到辛亥革命起的时兴剪发，到现在的烫染造型，发型也随着社会潮流的兴盛而演变。

发型在人类生活中占着举足轻重的位置。现代生活中的发型，已不仅仅是人们出于劳动、生活以及社交礼仪等方面的需要，还是人们追求美、追求个性的体现。现代的发型是人们根据不同的需求和愿望，为了达到特定的效果，将头发梳理成各类需要的某种样式，体现不同的个性和不同的审美标准，提升其形象与气质。发型是构成仪容的重要部分。恰当的发型会使人容光焕发，充满朝气。选择发型时应该适合自己的脸型、身材、气质，还应考虑年龄、职业、肤色、着装、个性嗜好、季节、发质、适用性和时代性等等因素。

发型一直是女性关注的“头”等大事，也是她们永远谈不完的话题。一般而言，长发女性显露出女人的妩媚和妖娆感，而短发使女性相对要显得干练、轻快些。发型的变换有时会比发型本身更为重要，女性改变自身形象、精神面貌的最直接方式是换发型，女性变换发型是达到塑造自身新形象的一条捷径。所以说，女人选择发型最重要的并不只是为了美丽，而是一种需求。在什么时间、场合最需要什么样的形象，最需要表达什么样的特性，才去选择需要的发型。

男子发型由于留发较短，发型变化不及女子多，但通过修剪、梳理，也能设计出多种多样、美观大方、具有男性魅力的发型。

发型反映出一个人的精神面貌和心理状态，因此，必须随所处的场合而变化。需要盛装出席的场合，如婚礼、舞会或宴会时，发型可以做得华丽多姿，配上隆重得体的礼服，不但可以增加喜庆的气氛，同时也给人以美的享受。但在一些很严肃的场合，发型就要尽量避免过于花哨，否则会冲淡庄严肃穆的气氛，并给人一种轻浮感，这时的发型要求庄重、大方、朴素，发型凌乱不加修整也是不可取的。日常生活中，休闲游玩时，发型可以随便一些，只要整齐、美观、大方就可以了，过于板正的发型会给人一种拘谨感。

一、民航服务人员的发型原则

民航服务人员的发型应与其职业特性要求相适应，应符合以下原则：

（1）美观大方，保守中略带时尚。当今的男女发型款式多、变化快，潮流更替日新月异。作为民航服务人员，不是所有的发型都适合职业的要求。选择发型，首先应该朴素大方，过于前卫怪异的发型会破坏职业的严谨性，当然，也不能过于古板，适度的时尚感还是必需的。

（2）发不遮脸，尽可能露出完整的发际线。我们经常看到有许多发型会有浓密的刘海，或半张脸被头发遮住，这样的发型会挡住一部分落在脸上的视线。视觉障碍就是沟通障碍，面对面的服务中，让对方看到全部的面部表情，有利于双方沟通交流，也有利于服务过程的顺利完成。

（3）烫染适度，装饰符合岗位规范。染发被视为一种时尚，各种色彩的全染或挑染显得年轻张扬，透着活力和个性，然而，这种张扬与民航服务岗位不符，所以，黑色和自然的棕黑色的发色是被允许的，其他的彩发都应该限制。一般来说，男服务人员发型不要烫发。女服务人员发型可以烫发，但“爆炸头”之类夸张的发型不能出现在服务岗位上。女发型发饰的选择很广，很多款式的发夹、发带等为发型锦上添花，但民航服务的窗口特点对女发饰也是有限定要求的，关于发饰的颜色、数量、式样等方面，一般为黑色，且要求数量少，式样简单。为了保持发型的光洁和持久，可以对发型定型，这样，小碎发会服帖听话，但使用定型用品要适量，不可显得黏腻厚重。

二、民航服务女发型梳理的具体要求

参考发型见图 3.1。

图 3.1　民航女服务人员发型

（1）刘海不过眉。刘海的长度不超过眉毛，露出完整的眉型，且上岗期间刘海始终保持固定，不挂落。

（2）过肩长发盘起。服务岗位的女长发，一般要求不露出发梢，所以长发应盘成发髻，发髻上沿最高不超过头顶，发髻下沿不低于后发际线，且保持固定，不晃动。根据企业要求，选用头花发网或隐性发网盘发，发髻规整呈圆形。常见的发髻有中规中矩的发网盘发，还有优雅浪漫的法式盘发，但休闲风格、华丽风格的盘发不适合服务岗位。

（3）轮廓清晰不松散。整个发型的外部轮廓，包括发髻的轮廓，边缘清晰，纹理整齐，无碎发，不松散。

（4）简洁黑色发饰。黑色一字发夹，可见部位的发夹不超过 4 枚。

三、民航服务男发型梳理要求

参考发型见图 3.2。

（1）长度要求：前发不过眉，侧发不触耳，后发不及领。一般头发最长不超过 4~5 厘米。

（2）式样要求：简单干练，不夸张，不前卫。

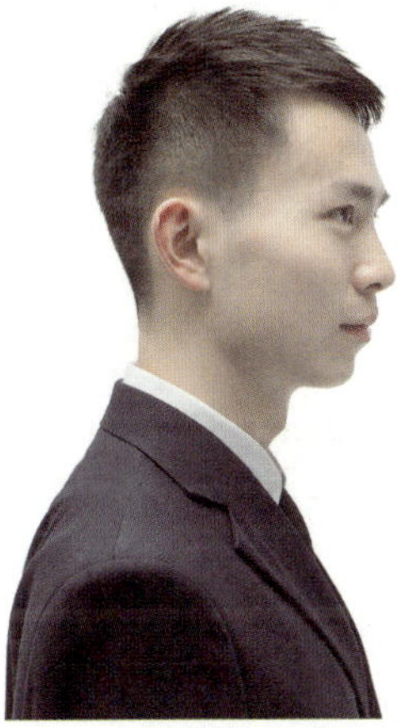

图 3.2　民航男服务人员发型

发型或多或少会反映一个人的性格，也反映出一个人的职业态度。生活上可以青菜萝卜各有所爱，走上职场后，很多方面都不能随心所欲，发型的选择也是如此。发型的美是多种多样的，潇洒飘逸是一种美，端正成熟也是一种美。修剪梳理合适的发型，是尊重职业、尊重乘客的体现，从发型开始，打造一个值得乘客信赖的民航服务人员职业形象。

想一想

对镜自省，看看自己喜欢什么发型，适合什么发型，能够梳理什么发型。

第三节 服饰礼仪

古今中外，服饰从来都体现着一种社会文化，体现着一个人的文化修养和审美情趣，是一个人的身份、气质、内在素质的无言的介绍信，也反映着一个民族的文化水平和物质文明发展的程度。服饰是人类的一种内在美和外在美的统一。要塑造一个真正美的自我，首先就要掌握服饰打扮的礼仪规范，让和谐、得体的穿着来展示自己的才华和美学修养。服饰也是一门艺术，服饰所能传达的情感与意蕴甚至不是用语言所能替代的。在不同场合，穿着得体、适度的人，给人留下良好的印象，而穿着不当，则会损害自身的形象。

服饰礼仪是人们在交往过程中为了相互表示尊重与友好，达到交往的和谐而体现在服饰上的一种行为规范。

一、基本服饰礼仪

整洁端庄的仪表可以给人留下严谨、自爱、有修养的第一印象，正所谓“先敬罗衣后敬人”。作为群体社会的一员，我们应该做到以下服饰礼仪。

1. 遵循着装的基本原则

1）着装的 TPO 原则

TPO 分别是英语 Time、Place、Occasion 三个词的首字母缩写，即着装应与时间、地点、场合相适应。一件被认为漂亮的服饰不一定适合所有的时间、地点、场合。因此，我们在着装时应该要考虑到这三方面的因素。考虑着装的时间，不仅指的是每天的早、中、晚时间的不同和四季的不同，还包括时代的变化；考虑着装的地点，既代表不同的地理位置，也代表不同的环境需要与之相适应的服饰打扮；考虑着装的场合，即着装应与当时当地的气氛融洽协调。

TPO 原则是着装的国际惯例，其三要素是相互贯通、相辅相成的。人们在社交活动与工作中，总是会处于一个特定的时间、地点和场合中。特定的场合穿特定的衣服，正式社交场合，着装宜庄重大方，不宜过于浮华；参加晚会或喜庆场合，服饰则可明亮、艳丽些；节假日、休闲时着装可以随意、轻便些，西装革履则显得拘谨而不适宜。家庭生活中，着休闲装、便装更益于与家人之间沟通感情，营造轻松、温馨的氛围；工作时着装应端庄、整洁、协调，能给人以愉悦感和庄重感。着装时，你应该慎重考虑好穿什么和怎么穿，这决定了你面对大众的开端。

2）整洁原则

整洁原则是指整齐干净的原则，这是服饰打扮的一个最基本的原则。服饰有着千变万化的种类，人们对服饰也有着千万种的选择，不管选择哪一种，哪一件，起码应该是整洁的，一个穿着整洁的人总能给人以积极向上的感觉，并且也表示出对交往方的尊重和对社交活动的重视。保持服饰的干净合体、全身整齐有致，是人的基本教养。

2. 考虑体形、肤色、年龄、身份，选择协调适宜的质地、颜色、款式

服饰的美是款式美、质料美和色彩美三者完美统一的体现，形、质、色三者相互衬托、相互依存，构成了服饰美统一的整体。而在生活中，色彩美是最先引人注目的，因为色彩对人的视觉刺激最敏感、最快速，会给他人留下很深的印象；现今社会的服饰式样，随着各种媒介的推波助澜，被热爱时尚的人们快速地不断消费、不断淘汰；面料质地也是人们考量选择服饰的重要依据。

服饰打扮由于每人的喜好不同、打扮方式不同，产生的效果也不同，因此也成就了五彩斑斓的服饰世界。我们在选择服饰时，应该突显出自己美好气质的一面，所以应该正确认识自我，选择适合自己的服饰，尽显自己的风采。要使打扮富有个性，并不意味着盲目追赶时髦，要知道流行都是很短暂的，同时，也不要盲目模仿别人，而不考虑自己的综合因素。

年轻人、年长者都有权利打扮自己。在打扮时要注意，不同年龄的人有不同的着装要求。年轻人的穿着可鲜艳、活泼和随意些，这样可以充分体现年轻人朝气蓬勃的青春美；而中老年人的着装则要注意庄重、雅致、含蓄，体现其成熟和端庄，充分表现出成熟之美。无论何种年龄段，只要着装与年龄相协调，都可以显示出独特的韵味。

天下人等，高矮胖瘦各得其所，不同的体形着装选择应有所区别。形体条件对服装款式的选择有很大的影响。身材匀称，形体条件好，着装范围较广，可谓“浓妆淡抹总相宜”。形体条件有缺陷的人，切记要扬长避短，可以在视觉效果上借助于服饰，遮盖弱化短处，突出强化优点。

肤色与服饰色彩互相影响，互相映衬出不同的效果。白皙光洁的肤色，与几乎所有的色彩亲和，肤质差、肤色不佳者，在选择服饰色彩时，应选择与自己肤色协调的色调。

不同的职业身份有不同的着装要求。如法官的服色一般为黑色，以显示出庄重、威严；银行职员的服色一般选用深色，这会给客户以牢靠、信任的感觉；护士服一般为白色、浅色，给人感觉洁净、安宁。

服饰的选择是一门学问，在挑选服饰的质地、颜色、款式的同时，考虑自己的体型、肤色、年龄、职业身份等多方面因素，只要根据自己的特点，用心地去选择适合自己的服饰，总能创造出服饰的神韵。

3. 注重穿着的搭配技巧

穿衣搭配主要有两方面的讲究，一是款式之间的搭配，二是颜色之间的搭配。

各种服装的风格迥异，不同单品搭配在一起会有不同的效果。在款式的搭配上，应该有自己的审美品位，不要被千变万化的潮流所左右。服装的流行是没有尽头的，但一些基本的服装历久弥新，这些衣物不仅穿起来好看，穿着时间也长，值得投资高品质的基本服装，每年、每季只要根据时尚风向，适当选购一些流行服饰来搭配，就能事半功倍。

服装配色以“整体协调”为基本准则。色彩有“轻重”之分，淡色让人觉得轻，深色让人觉得重，所以，穿衣也要注意择色比例，不要让人感觉头重脚轻。轻色在上，重色在下，轻色面积最好不要大于重色面积的两倍，反之亦然。穿衣都有一个黄金比例范围，上面太轻、下面太重也会给人失衡感。全身着装颜色搭配最好不超过三种颜色，而且以一种颜色为主色调，颜色太多则显得乱而无序，不协调。灰、黑、白三种颜色在服

装配色中占有重要位置，几乎可以和任何颜色相配，并且都很合适。

不论是款式还是颜色的搭配，讲究的都是“和谐”。西装配西裤很相衬，西装配运动裤则属于搭配混乱；暖色配暖色产生融合，冷色加暖色产生排斥。相近元素的使用虽然安全却不免平淡，适当运用对立元素，巧妙结合，也会有美妙的效果。所以，不要小看穿衣搭配，穿着合适是形象塑造的重头戏。

4. 重视饰物

饰物指与服装搭配，对服装起修饰作用的其他物品，主要有领带、围巾、丝巾、胸针、首饰、提包、手套、鞋袜等等。饰物在着装中起着画龙点睛、协调整体的作用，其佩戴原则和要领应受到重视。

（1）饰物的选用也应遵循 TPO 原则。饰物应以“和谐”为美，再漂亮的饰物也只有出现在合适的环境，才能显示其魅力。正式场合的饰物应该庄重、有质感，显现主人的高雅品位，游玩场合的饰物可以活泼时尚一些，以烘托轻松的氛围。

（2）饰物的佩戴忌喧宾夺主。饰物点缀服装的功能，往往会因为过多过杂、过于艳丽的饰物而本末倒置。首饰不宜同时戴多件，比如戒指，一只手最好只戴一枚，手镯、手链一只手也不能戴两个以上。多戴则不雅而显得庸俗，特别是工作和重要社交场合穿金戴银太过分总不适宜，不合礼仪规范。

（3）饰物的佩戴、搭配应遵循规范。饰物的佩戴有其约定成俗的惯常意义，应遵守惯例，比如，戒指佩戴于不同手指有着不同的含义，应慎重佩戴。尽管潮流更替，饰物的翻新不弱于服装，但其搭配还是有规范可循的。比如鞋袜的作用在整体着装中不可忽视，搭配不好会影响整个形象的感觉。西服配运动鞋、正式套装配拖鞋，真丝长裙配运动短袜，这样的搭配降了身份，毁了形象。

5. 学会正确穿着西服

西服以其设计造型美观、线条简洁流畅、立体感强、适应性广泛等特点而越来越深受人们青睐，成为世界性通用的服装，可谓男女老少皆宜。西服七分在做，三分在穿。西服的选择和搭配是很有讲究的。西服的款式现可分为欧式、英式、美式和日式四大流派，但不管是哪种流派，其主要的区别在于领口、纽扣和开叉。在选择西服时，要充分考虑到自己的身高、体型，选择合适的款式。选择西服既要考虑颜色、尺码、价格、面料和做工，又不可忽视外形线条和比例。西服不一定必须料子高档，但必须裁剪合体，整洁笔挺。相对来说，暗色沉稳的单色西服套装，适用场合广泛，穿用时间长，利用率较高，尤其是男性，准备几套正装西服是必需的。就目前来说，西装是世界公认的男士正统服装，男士在所有社交场合都可以身着西装。

穿着西服应遵循以下礼仪原则：

（1）西服色彩搭配。“三一定律”指的是穿西服套装时，鞋子、腰带、公文包应为同一颜色。西服套装上下装颜色应一致。在搭配上，西装、衬衣、领带其中应有两样为素色。配西服的衬衣颜色应与西服颜色协调，不能是同一色。白色衬衣配各种颜色的西服效果都不错。正式场合男士不宜穿色彩鲜艳的格子或花色衬衣。

（2）西服纽扣。西服纽扣有单排、双排之分，纽扣系法有讲究。单排扣西服在非正式场合可以不扣，以示飘逸的风度，当长时间入座时，应解开单排扣西服所有的扣子，在正式场合站立或行走时必须按规范系扣：两粒扣的单排扣西服，只系上面一粒扣；三粒扣的单排扣西服，系上面两粒或只系中间一粒都合规范要求。双排扣在穿着时要全部扣上，而在坐下时可以解开下面的扣子，以免坐久了衣服会弄皱，但站起来时不要忘记扣好下面的扣子。

（3）西服衬衫。衬衫是西服的一个点缀，具有美化西服的功能。一般而言，衬衫以淡颜色居多，最常用的是白衬衫，衬衣穿好后，其衬衣领子应高出西服领子大约 1 厘米左右，衬衣袖子应长出西服袖口约 1~2 厘米。穿西服时，衬衣下摆应塞进裤腰内。一般来说，搭配西服的衬衫一定是指长袖衬衫，而短袖衬衫不适宜出现在正式场合。

（4）领带。领带是西服的装饰品，也是西服的灵魂。穿西服在正式庄重场合必须打领带，如不系领带而穿着高级西服就显得敷衍随性。领带的颜色、图案应与西服相协调。领带有多种系法，男士应掌握领带系扣的方法。系领带时，领带的长度以触及皮带扣为宜。非正式场合不一定都要打领带。打领带时衬衣领口扣子必须系好，不打领带时衬衣领口扣子应解开。如需佩戴领带夹，则戴在衬衣第四、第五粒纽扣之间。

礼仪小资料

其实男人的配饰并不多，但领带除外，它是男人特有的装饰品。尤其是商务男士，不多懂几种领带的系法和搭配，那将使个人的外表形象大打折扣，如果想成为一位优雅的绅士，就一定要学习打领带的多种方法。领带的最宽部分（即在“最宽点”前）应位于腰带处。领带的系扣方法有 10 种：

1. 普通结（又称：单结或平结）

领带结的古典形式。这是最常用的一种结法。打结和解结都非常容易。对大部分的领带和几乎所有的衬衫领都非常适合。

2. 双单结（又称：双环结）

双单结类似单结，它们的不同在于双单结有两个结，即两圈。这种结适合个子矮小的男士，它适合意大利领和稍细的领带且简单易做。

3. 温莎结

由 Windsor 公爵引起潮流的温莎结是非常英国式的漂亮领带结法。它体积大，因此适合系在分得很开的衣领上（例如意大利衣领）和很细的领带上。这种结要非常对称地打才能成功，操作起来有点复杂。

4. 半温莎结

半温莎结比温莎结稍薄，做起来也更容易。它非常适合细领带、优质的丝织品和敞开的衣领。

5. 小结

如其名看起来小，因此适合厚的领带（例如丝织品）和紧扣的衣领。这种结做起来非常容易。

6. 交叉结

适用于小领带，很漂亮但打起来很麻烦。

7. 亚伯特王子结

适用于浪漫扣领及尖领系列衬衫，搭配浪漫质料柔软的细款领带。

8. 四手结（单结）

是所有领结中最容易上手的，适用于各种款式的浪漫系列衬衫及领带。

9. 浪漫结

浪漫结是一种完美的结型，故适合用于各种浪漫系列的领口及衬衫。

10. 简式结（马车夫结）

适用于质料较厚的领带，最适合打在标准式及扣式领口衬衫，是最常见的一种结形。

（5）鞋袜。穿西服套装必须穿皮鞋，便鞋、布鞋和旅游鞋都不合适。男士皮鞋的颜色以黑色或深棕色较合适，白色皮鞋除非穿浅色套装在某些场合才适用，黑色皮鞋适合于各色服装和各种场合。最规范的应是黑色的系带皮鞋。男子的皮鞋后跟不要太高，也不要打钉。职场中人最好不要穿尼龙丝袜，而应当穿高档一些的棉袜子，以免产生异味，也不要穿白色袜子，尤其是职场男性着西服正装并穿黑皮鞋时，如果再穿一双白袜子那显得俗不可耐。正式社交场合中，深色、单色的棉袜是男士的最佳选择，黑、蓝、灰都可以。正式着装不露袜口，是男女通用的原则，袜口与裤脚口或裙子下摆之间不能有间隔，不能露出腿的一部分，那很不雅观，不符合服饰礼仪规范。

女士皮鞋可以与服装颜色一致或同色系为宜。社交场合中，女士穿裙子时袜子以肉色相配最好，深色或花色图案的袜子都不合适，不穿有破痕的袜子。

（6）皮带。系西裤的皮带应以黑色的，庄重、典雅的牛皮皮带为好。

（7）手帕。西服手帕也是西服的有机组成部分，西服手帕处理好可以起到锦上添花的作用。装饰性手帕一般以白色居多，因为衬衣一般都为浅色，但也可以是与衬衣相近的其他颜色，以起到里外呼应的效果。

（8）西服穿着程序。正常的程序是：①梳理头发；②更换衬衣；③更换西裤；④穿着皮鞋；⑤系领带；⑥穿上装。西服穿着程序也可以说是一种礼仪规范，不要等穿戴完毕后再照镜子梳头，于是就把头皮屑、脱落的头发全梳在了西装上，这样走出去极不雅观。

（9）其他穿着禁忌。西服的上衣口袋和西裤口袋里不宜放太多的东西。穿西服内衣不要穿太多，春秋季节只配一件衬衣最好，冬季衬衣里面也不要穿棉毛衫，可在衬衣外面穿一件 V 领羊毛衫，穿得过分臃肿会破坏西服的整体线条美。西服袖口的商标牌应摘掉，西服后开口的缝线应拆除再穿，否则不符合西服穿着规范，会让人贻笑大方。

女士西服套裙常被用于职业场合和一些正式场合，相对显得庄重、朴素、简洁。在选择西服套装时，要注意尺寸合身和颜色搭配，也要注意搭配合适的鞋袜，方能显示出一种整体美。随着人们穿着品位的提高，女士西服套装设计越来越多样化，此外丝巾、首饰恰到好处的点缀，更能体现女性职业装中的柔美。

想一想

有不少城市市民认为“穿着睡衣出门，是不文明现象”，他们觉得穿睡衣出门，有种“内衣外穿”的感觉，确实有些不雅。但此种说法也遭到不少市民的反对，有人觉得，生活本就是要讲究舒适随意，如果只是到小区附近闲逛，“为了图个方便，穿睡衣又没有妨碍到他人”，不少睡衣都称为家居服，穿着舒服，也很好看，谁知道今后会不会是一种时尚呢？穿睡衣出门，是对生活舒适的追求，还是一种不文明的陋习？对于“睡衣党”出门，你怎么看？

二、民航服务人员职业服饰礼仪

民航服务人员与乘客的服务交往时间并不会很长，有时短短一瞬都可能给乘客留下深刻的印象。民航服务人员应掌握相应的服饰礼仪，给乘客留下良好的第一印象，为服务工作的顺利进行做好准备。

1. 规范制服着装

制服是一个单位的职业着装，能体现这个单位的工作作风和发展前景，现在越来越多的组织、企业、机关、学校开始重视统一着装，不仅给了着装者一份自豪，同时又多了一份自觉和约束，成为一个组织、一个单位的标志和象征。制服，又称“岗位识别服”，能明显地表示穿用者的职业、职务和工种，使其在人群中一眼能被辨别出，便于行业内部人员进行联系、监督和协作；对行业外部人员，能传达一种提供服务的信号。

民航服务人员的制服是服务的标识，也是其责任的代表，故此非工作场合不宜随意穿着制服。制服的穿着应严格遵守单位制服穿着的具体礼仪规范，一般须注意以下方面：

1）干净整齐，忌脏忌乱

民航服务人员的制服，必须努力使之保持干净清爽的状态，要时刻留意，一旦发觉它被弄脏了，就应当马上进行换洗，面对乘客时绝不能身着脏衣。对于制服定期或者不定期地进行经常性的换洗，应当成为每一位员工用以维护自我形象的自觉而主动的行动。不仅如此，与制服同时配套穿着的内衣、衬衫、鞋袜，亦应定期进行换洗。各个岗位的员工应该按季节不同、岗位不同，严格遵守企业制定的制服穿着规范，保持着装的统一，不可胡乱穿衣。

2）完好挺括，忌破忌皱

在工作之中，制服总会在一定程度上形成破损，也会自然发生“老化”，例如开线、磨毛、磨破、纽扣丢失等。对破残的制服，应当及时处理，不应对破残之处敷衍了事，必要时可更换新制服，修补痕迹明显者，不宜再度在正式场合穿着。

穿着制服，还要求其服帖挺括，不能出现皱皱巴巴、折痕遍布的情况。对待制服的态度，折射出工作态度，这是每一名民航服务人员应该重视的问题。为了防止制服产生折皱，要有针对性的措施。例如，脱下来的制服应当挂好或叠好，切勿信手乱扔。洗涤之后的制服，要加以熨烫，或是上浆。穿着制服时，不要乱倚、乱靠、乱坐等等。

2. 慎重搭配饰品

搭配制服的工作皮鞋一般为黑色牛皮鞋，非漆皮，非麂皮，总体款式简洁大方。男式皮鞋要求独立的后跟 1~2 厘米，鞋面无装饰；女式皮鞋要求独立的后跟 4~5 厘米，鞋跟不要过于尖细，船口鞋面无装饰。勤保养皮鞋，工作期间保持皮鞋整洁。袜子的选择应符合相应的着装规范。工作皮鞋参见图 3.3。

图 3.3　工作皮鞋

女款制服多数会搭配丝巾，不仅起到色彩的装饰效果，而且丝巾的柔软光泽会使制服不那么刻板生硬，有别于男款制服的硬朗。丝巾的系扣也是有章法的，应按企业要求佩戴系扣丝巾。职业丝巾系扣参见图 3.4。

图 3.4　职业丝巾系扣

民航企业对服务人员的首饰佩戴有着严格的规定，笼统地讲，要求只能佩戴金色、银色、细小的首饰，数量越少越好。服务人员工作期间不得佩戴贵重的珠宝饰品，有明显宗教色彩的饰品也不建议在工作场合佩戴。

现今手机普及广，很多人已经不习惯戴手表了，但民航服务岗位要求服务人员佩戴手表，这不仅是工作需要，而且还是一种职业化的表现，比如民航乘务员必须佩戴符合规定的手表，带时分秒三针，表盘干净清晰，银色钢表带或黑色、深棕色皮表带，无珠宝装饰。

工号牌应佩戴于制服的左胸口位置，保持平正，按企业要求，可能还需佩戴航徽、团徽等。

礼仪小故事

某机场值机柜台的芳芳，因佩戴红绳串珠的护身符，被领导约谈，被告知饰品佩戴违规，芳芳很委屈，觉得单位的规定缺少人情味，如何兼顾单位的制度和个性化的需求让她茫然了。

在社交场合，得体的服饰是一种礼貌，一定程度上直接影响着人际关系的和谐。在民航服务场合，通过服务人员的服饰，向乘客传递专业和稳重的信号，从而得到乘客的信赖和支持，所以，服务人员的规范着装，对整个服务交往有着积极的意义。

第四章　民航服务人员仪态举止礼仪

学习目的：

“行为举止是心灵的外衣”，人的一举一动中透射出人品性格，关注自身行为举止的养成，也有助于心性的提升。通过本章的学习，使学员明确仪态举止具体的规范标准，了解仪态举止的礼仪观点，掌握常见致意礼节的运用。通过举止的实训练习和日常有意识的监督提醒，促使学员逐步养成优雅的举止，并形成习惯，展现给乘客良好的仪态形象。

第一节　姿态举止规范

举止是一种不说话的“语言”，它真实反映了一个人的素质、受教育及能够被人信任的程度。培根有句名言：“相貌的美高于色泽的美，而优雅合适的动作美又高于相貌的美，这是美的精华。”我们的姿态举止就应该体现大方、得体、优雅的行为美感。

一般来说，人举止动作的形成，是一个长期的过程，如果幼时不加以正确的引导和关注，成年后，形成的举止习惯很难改变。心理学家研究成果证明，人际交往中的实际效果，只有20%的部分由语言决定，而另外约80%的部分则是由人的举止、动作、姿态、体态等决定的。好的举止促进交往效果，差的举止会使个人形象大打折扣。服务窗口岗位人员应该了解仪态举止的具体规范，使每一个动作落入对方眼中，能为你的形象加分，而不是让人反感。

举止包括人的站姿、坐姿、走姿以及身体展示的各种动作。合适的举止，不仅可以塑造自身美好的形象，而且还可以使各种礼仪表现得更充分、更完美。

一、站姿规范

站姿的基本姿态观察说明，从正面看，5条线平行，即双耳连线、双肩最高点连线、双侧髂前上棘连线、双膝连线、双踝连线，这5条线都与地面平行。从侧面看，内耳、肩峰、臀部中间、膝盖外侧、足底后1/3连线与地面垂直。站立时的人，从正面看去，应以鼻为点与地面作垂直状，人体在垂直线的两侧对称。

站要端正、庄重，也就是人们常说的“站如松”，即站得要像松树一样挺拔。正确的站姿要领是：上身正直，头正目平，脸带微笑，微收下颌，挺胸收腹，腰直肩平，两臂自然下垂，两腿相靠站直，肌肉略有收缩感。

服务人员工作的四种站姿：

（1）侧放式。侧放式是男女通用的站立姿势。其要领是：脚掌分开呈“V”字形，脚跟靠拢，两膝并拢，双手放在腿部两侧，手指稍弯曲呈半握拳状。

（2）前腹式。女性常用的前腹式站立姿势，其要领是：脚掌分开呈“V”字形，脚跟靠拢，两膝并拢，双手虎口对虎口搭握腹前。男性前腹式站姿则一只手搭握另一只手的手腕，自然垂于腹前。

（3）后背式。后背式站姿是只限男性使用的站立姿势。其要领是：两腿稍分开，两脚平行，两脚间距离比肩宽略窄些，双手轻握垂放在后背处。

（4）丁字式。丁字式站姿是只限女性使用的站立姿势。其要领是：一脚在前，一脚跟靠于另一脚内侧，两脚尖向外略展开，形成斜写的一个“丁”字，两膝并拢，双手虎口对虎口搭握腹前，重心在两脚中间。

图 4.1　服务人员工作站姿

无论哪一种姿势，切忌双手抱腰或叉腰，也不可将手插在衣裤袋内，更不要歪着脖子、斜肩、弓背、挺着腹、撅着臀或身体倚靠其他物体等。因为这些动作都是傲慢和懒散的表现。不要养成抖腿的坏习惯，如果经常性抖腿，会给人留下非常不好的印象，这也是社交礼仪上的禁忌。在正式场合，不要下意识地做小动作，如摆弄物品，玩弄衣袋、衣服下摆、发梢，咬手指甲等。大部分人的腿骨都是直的，很少有人的骨头天生就是弯的，但是很多人因为平日生活里的各种习惯导致肌肉分布不好，造成姿态的各种问题，这些可以有意识、有针对性地勤加练习，从而逐渐纠正不良站姿。

练一练

1. 五点靠墙法，靠墙站立，后脑勺、双肩、臀、小腿肚、脚后跟五点一线紧紧靠着墙，沉肩收腹，足趾要有意识抓地，注意站姿要领。每天花10分钟进行练习，贵在日常的自我监督、自我提醒。对镜练习更佳。

2. 两人背对背站立，后脑勺、双肩、臀、小腿肚、脚后跟相触，注意站姿要领。

3. 膝盖夹纸站，大腿内侧用力，膝盖用力收紧。可同时头部顶一本书之类的物品。对镜练习更佳。

4. 四种服务站姿练习。对镜练习更佳。

二、坐姿规范

坐姿同样有美与丑、优雅与粗俗之分。正确的坐姿能给人一种安详庄重的感觉，因此，要“坐如钟”，做到端正、优雅、舒展、大方。坐姿的基本要领有：入座轻稳，要走到座位前面再转身，从座位的左侧入座。入座后，上体自然坐直，双肩平正放松，立腰、挺胸，双目平视，嘴唇微闭，微收下颌，面带笑容，为显恭敬，不要坐满整个椅面。

图 4.2　服务人员坐姿规范

两手摆法。有扶手时，双手轻搭或一搭一放；无扶手时，两手相交或轻握放于腹部；左手放在左腿上，右手搭在左手背上或两手呈八字形放在腿上；两手放在双膝上或两手交叉半握拳放在腿上；亦可两臂微屈，掌心向下，放在桌上。

两腿摆法。臀部坐在椅子的中央，两腿自然弯曲。男士双膝稍稍分开，但不能超过肩宽。女士双膝必须始终靠紧，凳面低时，两腿并拢，自然倾斜于一方；凳面高时，一腿紧贴搁于另一腿上，脚尖向下。在正式场合，或在尊者面前，不宜架二郎腿就座。

两脚摆法。双脚平落地上，脚跟脚尖全靠或脚尖略分，也可一前一后。两脚平行，可正放、可侧放，并始终保持上半身的挺直。

图 4.3 女性服务人员坐姿

对服务工作者来说，坐姿比一般坐姿要更显恭敬，还要注意坐姿的文雅自如，这是体态美的重要内容。不可靠椅背，不搭扶手，上身直，双手轻放腹前或腿面；女子入座时，要用手把裙子向前拢一下，坐下后，双膝合并，双手搭握；男子双膝可分开一拳。

无论哪一种坐姿，都要自然放松，面带微笑。切忌下列几种错误坐姿：在正式场合跷二郎腿时摇腿。分腿坐姿，两腿过于叉开或长长地伸出去，萎靡不振地瘫坐在椅子上。开膝呈“O”形坐姿。坐姿中还要特别忌讳前俯后仰，或是歪歪扭扭，脊背弯曲，头过于前倾，耸肩，或抖动腿脚，这是缺乏教养和傲慢的表现。

练一练

1. 入座练习。

2. 检测坐姿的三个 90°。上身与大腿呈 90°，大腿与小腿呈 90°，小腿与地面呈 90°。

3. 两脚摆法练习。

三、走姿规范

走路，是人体用自身的能源产生移动的方法之一。行走是人生活中的主要动作。从一个人的走姿就可以看出其精神是奋发进取或失意懒散，以及是否受人欢迎等，它最能体现出一个人的精神面貌。在生活中有的人精心打扮、穿着入时，如果走姿不美，就会逊色三分，而有的人尽管服装样式简单，优美的走姿却使他气度不凡。由于性别、性格的原因及美学的要求，男女的步态应该是有区别的。正确的步姿要求是“行如风”，即走起路来要像风一样轻盈。

走姿的基本要领：在站立姿势的基础上，上身挺直，双肩平稳，目光平视，下颌微收，面带微笑；双手自然下垂摆动，手臂伸直放松，手指自然弯曲，摆动时，以肩关节为轴，上臂带动前臂，向前、后自然摆动；身体稍向前倾，提髋屈大腿，带动小腿向前迈。行走时成一条线，两腿直而不僵，步度适中，摆臂均匀。走姿应看上去潇洒，稳健，文雅，持重。

步位，是指两脚下落到地面的位置。男子行走，两脚跟交替前进，两脚内侧在一条直线上，两脚尖稍外展。女子行走，在两脚内侧成一条直线的基础上，两脚可以踏在一条直线上，脚尖正对前方，称“一字步”，以显优雅。

步速，是指行走的速度，正常行走时，男子每分钟108~110步，女子每分钟118~120步。遇有急事，一般可加快步速，但不可奔跑。尤其是民航的乘务员，在狭小的客舱通道，切不可奔跑，以免引起乘客恐慌猜疑。

步幅，是指跨出去步伐的距离大小，一般步幅在70~80厘米。

图 4.4 服务人员走姿

走姿忌两脚内八字和外八字；其次是弯腰驼背，摇头晃脑，歪肩晃膀，上颠下跛；走路时不要大甩手，扭腰摆臀，左顾右盼；也不要脚蹭地面，或将手插在裤兜里；女子走路两脚落地时不可过于分开，男士的走姿不可走小碎步，或慢吞吞一步一挪。

练一练

1. 走姿分组列队练习，正常步速可配节拍为每分钟100~120的音乐。
2. 客舱巡视中慢步行走练习。

四、蹲姿规范

生活中，我们一般会在弯腰捡物的时候，用到蹲姿。人在下蹲时，降低了自己的高度，也是一种谦逊、尊重他人的体态语。比如大人跟孩子说话时，能蹲下来，视线与孩子的眼睛大致平行，就会显得平易近人，跟孩子也更亲近。在服务过程中蹲姿时常会出现，蹲姿优雅、舒展也是体现服务人员良好素质的表现之一。在民航乘客坐在座位上时，如需要较长时间的一对一沟通服务，服务人员适宜采用蹲姿，所以，航空公司等民航企业会在头等舱、贵宾室等岗位要求服务人员用蹲姿服务，显示出对高端乘客的恭敬。

蹲姿的八字要领：轻蹲轻起，直蹲直起。其基本要求是：一脚后退半步，两脚分开一脚宽，膝盖弯曲，保持上半身的直立蹲下，双手自然搭于腿面，女性两腿、双膝靠紧，男性双膝略分开；捡物从容，于侧面蹲下，一手捡物，另一手搭于腿面。蹲姿有交叉式蹲姿、高低式蹲姿，交叉式适合展示、表演，生活、工作中多用高低式蹲姿。

图 4.5　服务人员蹲姿

蹲姿最忌讳出现的是弯腰弓背，下蹲起立的幅度过大或速度过快；重心不稳，东歪西斜，甚至跌倒；女性双膝分开，以及下蹲时，露出内衣裤等不雅的动作；捡物过于迅速突然，以及捡物时膝腿不弯，高抬臀部，或将臀部对着他人。女子穿裙子下蹲时，要用手把裙子向前拢一下，如果是短裙，蹲下后，可将手摆放在裙下摆双膝间的缝隙处，以防走光。

练一练

1. 分组高低式蹲姿练习。
2. 分组高低式蹲姿捡物练习。
3. 行走中捡物练习。

五、引导手势规范

手势是人运用手臂、手掌、手指所展现的具体动作与体位。它是人类最早使用的、至今仍被广泛运用的一种交际工具。手势使用应自然亲切，不可生硬。在社交场合，应注意手势的大小幅度。手势的上界一般不应超过对方的视线，下界不低于自己的胸区，摆幅不要太宽，次数不宜过多。

常见的手势如聋哑人使用的手语，军队、交警、运动赛事等特定的手势，或某些特定含义的手势等，这里介绍的是服务人员的引导手势。引导手势是服务用语的有力补充，服务工作中必要的手势运用，要给人一种庄重含蓄、彬彬有礼、优雅自如的感觉。

引导手势的规范标准：五指伸直并拢，掌心斜向上方，腕关节伸直，手与下臂形成直线，指尖至手肘始终成一条直线，以肘关节为轴，指向特定方位。一般两侧的方向，上臂与下臂弯曲 140° 为宜。在指示方向时，根据所指示方位的远近及具体位置，决定手掌与地面的夹角、上臂与身体的夹角，如果所指方位很远，上下手臂可展开伸直，有时上半身还可前倾，如果所指方位在身体的后侧，身体应向后转身，手掌随之指向目的位置。目光应跟随手的指向。

图 4.6　服务人员引导手势

一般来说，用左手指向左侧，用右手指向右侧，指引时，一手指向所指方向，另一手侧放还是置于前腹位，取决于指引动作所处的姿态，前腹位站姿中指引，如果短暂的指引动作后，马上回手的，可以保持前腹位。

在服务对象需要工作人员指引方向时，应注意要先与对方目光对视，再根据所指示的方向果断而柔和地伸出左手或右手，目光随手指方向，礼貌地告知对方行进方向，目光收回再次与对方交流。在行走中引导，还应保持与客人的距离，一般在客人的左前方二三步远，也可视空间大小来调节。

在手势的指引过程中，最忌讳的就是单指指引，还有手掌指示送出过于僵硬或太过柔软；方向不明，拖泥带水；目光不随手指示的方向；所指方位在身体斜后侧时，手向后指而身体不转；行走中引导，与客人的距离不当等都应避免。

练一练

1. 静态前后左右方向的引导手势练习，并指定不同的距离。
2. 行走中引导练习。角色扮演服务人员与客人。

想一想

检查自己是否有不良的姿态习惯，列出改正方法并实施。

第二节　仪态举止礼仪

仪态，指人的姿态、举止和风度。姿态、举止源于幼时的模仿，至成年过程中的日积月累；一个人的风度是在漫长的生活实践中和不同意识形态的历史文化氛围中逐渐形成的。

一个人的气质、风度及其礼仪教养不是仅仅靠出众的容貌、时髦的衣着装扮而成，更不是靠人们拥捧而就，而是在一言一行、一举一动中自然体现出来的。在我们的日常生活和工作中，应注意以下的仪态举止礼仪。

一、姿势应规范，优雅自然

很多人由于从小的习惯，动作姿势或多或少总有些不规范，长久以来的不重视，使得人前显现的举止有不妥之处，在个人还没有察觉的时候，对方已经给了差评。我们主观意识上应该重视举止规范的学习，知道正确举止的规范标准，有意识地在日常行为中向标准靠拢，一点一滴地纠正，逐渐养成良好的行为习惯。

学习规范，练习规范，最终将每一个动作标准融入个人举手投足之间，自然地流露出文雅的风度，不可过于刻意，不可矫情造作，无需过多修饰。当然，这不是一蹴而就的，需要长时间的积累，每时每刻的提醒和自觉。优雅是自然而然的，渗透于灵魂的每一个细胞，这样的姿态举止，使人整体感觉大方得体、脱俗又随和，有利于人际交往中吸引他人的亲近。

大众对民航服务总有着高于其他服务行业的期许，这对民航服务人员的动作姿势提出了较高的要求。民航服务人员应明确自身举止习惯上的不足之处，有目的、有意识地学习改正，规范的举止会使服务形象更显得从容不迫、训练有素。

二、自信而他信，姿态稳实

爱默生说过：自信是成功的第一秘诀。自信是在自我评价上的积极态度。自信是发自内心的自我肯定与相信。自信无论在人际交往上、事业上还是在工作上都非常重要。只有自己相信自己，他人才会相信你。很多不良姿态的根源在于主体的不自信，使其动作畏缩、拘谨，给人缺乏自信和经验的感觉，而且也有失仪表的庄重。

在大众面前，我们要克服心理上的胆怯，相信自己能做好，姿态动作舒展大方，让所有的动作显得稳实可信。比如最容易表现体态特征的是人处于站立时的姿势。社交场合中要求做到“站有站相”，“坐有坐相”，注意站姿的稳定性，人不要东倒西歪，表情要自然明朗。坐姿是人际交往中最重要的人体姿态，坐姿讲究稳重感，不可东摇西摆，稳实的姿势也会让人踏实心安。

虽然信心只是成功后的良性情绪，但民航服务人员应通过多种方法建立起自信，用于日常服务工作，用于与乘客的服务交往。服务人员心态自信了，动作就大气了，服务举止的迅速流畅，带来乘客的信赖，带来满意的服务效果。

三、举止有分寸，过犹不及

每个人都是独立的个体，在人与人交往过程中掌握“界限”，不打扰他人也是重要之事。礼仪的分寸感很重要，人际交往中的举止动作所表达的敬意也是有尺度的。胆怯的、缩手缩脚的举止，让一个人显得上不了台面；过于夸张、幅度过大的举止，有作假的嫌疑。一个人的举止习惯受性格影响深刻，人的性格是多种多样的，想要恰到好处的举止姿态，平时就要养成恰当适宜的个性表现，要率直而不鲁莽，活泼而不轻佻，工作紧张而不失措，休息时轻松而不懒散，从内而外的修炼有助于举止表现的恰如其分。

民航服务人员在与宾客接触时，要有礼有节，动作大方。规范服务流程中的服务举动，是服务经验的积累总结，不可僵化生硬，要活学活用，同时还要多一些细心主动，不同的乘客会有不同的需求，在总体尊重对方的前提下，察言观色，掌握好礼仪举止的尺度，比如大多数的老年乘客和儿童乘客，需要更高的关注，服务举止的敬意表达可以程度深一些，他们能接受多一些的肢体亲近感，而多数的高端商务乘客，服务举止需要一定的距离感，敬意表达适度即可，既要时刻关注其需求，及时送上他需要的服务，又要注意不要打扰他。好的服务举止，不卑不亢，如行云流水，浑然天成，如春风拂面，悦目赏心。

礼仪小资料

“子贡问：‘师与商也孰贤？’子曰：‘师也过，商也不及。’曰：‘然则师愈与？’子曰：‘过犹不及。’”——《论语·先进》

意思是，孔子的学生子贡问孔子他的同学子张和子夏哪个更贤明一些。孔子说子张常常超过周礼的要求，子夏则常常达不到周礼的要求。子贡又问，子张能超过是不是好一些，孔子回答说超过和达不到的效果是一样的。

礼仪小故事

头等舱邻座的两位男乘客途中一直在小声交谈，头等舱乘务员小雅按服务流程非常热情地进行迎宾、自我介绍等服务沟通，多次打断他们的交谈，进行订餐、送餐，保管衣物的接收、送还，征询服务反馈等服务工作，频繁的介入引起乘客的不快，两位乘客感觉受到打扰，之后小雅被乘客投诉。

四、不雅观举动，学会避人

有时，人的某些举动是无意识的，或是不可控的，但落入他人眼中，不那么雅观，或违背了礼仪原则，这就要求我们不可在他人面前毫不忌讳地进行某些自我形象的整理、修饰动作，应该避开他人耳目进行。

（1）不在他人面前整理衣物，如提裤子、整理内衣、拉丝袜、脱鞋子等。

（2）不在他人面前化妆打扮，如和他人交谈中梳头、抖动头皮屑、反复地照镜子等，不在公共场合化妆、补妆。

（3）不在他人面前做拾掇自己的小动作，如挖鼻孔、掏耳朵、剔牙齿、修指甲等。

（4）礼貌处理无法控制的当众行为，如打喷嚏、擤鼻涕、打哈欠、咳嗽等，可以用纸巾或手捂住口鼻，面向旁边，之后跟周围的人表示歉意。当众搔痒也不妥，应能避人则避人，或尽量收敛动作。

民航服务人员与乘客近距离服务时，应提醒自己注意这些小动作，上岗之前，整理好自己的内务，在岗期间避免不雅观举动落入乘客眼里。

五、有角色意识，男女有别

举止三要素包括情境、角色、距离。行为举止要恰到好处，就要考虑兼顾这三个方面。

办公室与运动场、出席婚礼与出席葬礼、朋友聚会与商务谈判，在不同场合、不同情境下，人所表现出来的举止神态截然不同。在晦暗低沉的气氛下，人的举止神态会凝重严肃；在热闹欢乐的场合，人的举动也会随之轻快明朗。随情境而变化服务举止，应是每一位服务人员的常识，并在日常服务工作中，注意贯彻运用。

人的行为举止应符合其身份角色，尤其如官员、军人、教师等特殊类型人物的行动就显然格外令人关注，社会对他们的期望定位限制了他们的行为举止，不能为所欲为。民航服务人员应该具有相应的角色意识，明确自身的定位，明白公众的期望，摆正与乘客之间的关系。要获得他人的尊重，首先要尊重自己，尊重自己的职业。另外，要注意男女有别，女性应是亭亭玉立，举止文静优雅，男性应是刚劲挺拔，行动稳健大方，尽管现今社会越来越宽容开放，但一般客人接受不了服务岗位上的女服务员豪放粗鲁、男服务员阴柔扭捏等异常现象。

在社交活动中，人与人之间保持距离的远近具有特定的含义。不同的距离显示不同的关系，服务人员在工作中应该有距离概念，视环境的不同调节与客人的距离。由于飞机客舱空间狭小，乘务员在服务有礼的同时，应注意自己的举止幅度。

六、待人接物考虑对方优先

行为举止要考虑到是否有礼貌，是否伤害他人，待人接物要把对方的感受放在首位，体现尊重，考虑安全性、便利性。

如日常生活中常见的递交物品，若递刀递笔给他人，就必须“授人以柄”，千万不要把刀尖、笔尖对着他人递过去，要令人有安全感并使对方很方便地接住，还要等对方接稳后才能松手，这就是尊重他人的表现。若端茶递水最好双手递上，注意不要溅湿他人，要讲究卫生，捧茶杯的手不要触及杯口上沿，避免客人喝水时嘴唇碰到你手指接触过的地方。若递交书本、文件，也要尽量双手递上，让文字正向朝着对方，使对方一目了然，不能只顾自己方便而让他人接过书本、文件后再倒转一下才看清文字。

递交物品时一般要求和颜悦色，并说“请接好”、“请用茶”、“请收好”之类的礼貌语，还要注意目光的交流，双方最好处于“平视”状态，尽量避免“俯视”时的傲慢、施舍之意或“仰视”时的畏惧、讨好之态。

民航服务的很多窗口岗位，与乘客都有递接物品的交往，服务人员应优先考虑乘客的方便，比如值机、安检岗位在递接乘客证件、登机牌等物品时，应双手递接，注意表情和礼貌用语，使文字正面朝向乘客，体现对乘客的尊重；比如乘务员在为乘客提供热饮时，应提醒乘客小心，最好不递到乘客手中而是直接放在小桌板的杯槽上，体现对乘客的关心。

仪态举止展示着人的教养，反映出一个人的性格、心理、感情、素养和气质。民航服务人员应该在日常工作中，学习并落实贯彻仪态举止礼仪，维护自身的礼仪形象，成为民航企业高端服务品牌流动的风景线。

第三节　致意礼节

所谓致意，是指向他人表达问候、尊重、敬意的心意，并通过礼节、行为举止表现出来。致意礼节多见于初次见面时，一般通过头部、手部、上半身躯干的肢体动作来表达。常见的致意礼节有点头礼、欠身礼、鞠躬礼、举手礼、握手礼、合十礼、拱手礼、拥抱礼、亲吻礼、贴面礼等。

一、点头礼

点头礼一般属于同辈以及同级别人之间的礼节，主要用于在同一场合已经多次见面或者仅仅有一面之缘的朋友之间，如左右邻居，早晚相见，不必握手，可以点头致意，表示友好，如路遇熟人或朋友在一些不宜交谈之处见面，以及遇上多人而又无法一一问候之时，都可以点头致意。行点头礼时，最好摘下帽子，以示对对方的尊重。如遇长者、上级、女士，点头致意的同时，还应停足并面带真诚的微笑。

点头礼的做法是屈颈，收颏，头部向下轻轻一点，同时面带笑容，上身可以微微前倾。注意不要反复点头不止，点头的幅度不宜过大。注意“点头致意”与“点头同意”又有区别。“点头致意”只是一种礼貌表达，“点头同意”要看前后语境的关联。有的国家点头表示否定的意思。

点头之礼虽然事小，它却显示出一个人的风度、修养和礼数。在公众场合，不可面无表情盯着别人，既不说话，也不点头，等待别人主动来与自己打招呼，那是没有礼貌的表现。

二、欠身礼

作为礼节的“欠身”也可叫作“欠身礼”，就是指坐着的人为向来到身边的人，或路过身边的人，表示恭敬或友好，而稍微抬一下身子，全身或身体的一部分向前微倾，稍微向上向前，做出要站起来的姿势，以表达敬意。或者躺着的人，为向来到身边的人，或路过身边的人，表示恭敬或友好，而稍微抬一下身子，做出要坐起来的姿势，也可叫作“欠身礼”。

注意小幅度鞠躬与欠身礼是不同的，鞠躬礼是基于站立姿势的礼节；欠身与起身也是有区别的，欠身是鉴于礼貌而要起身见礼，但又不打算真的起身，或者是没来得及起身，只是微微欠了欠身子，起身则是完全站立起来，很有礼貌地表示对人的尊敬与爱戴。

三、鞠躬礼

鞠躬即弯身行礼，在我国自古有之，它不仅是传统的礼仪之一，也是现在很多国家的常用礼节。行鞠躬礼时要心诚，正确的鞠躬要领：脱帽，呈立正姿势，脸带笑容，目视对方，然后弯身行礼，同时用问候语致意。在行鞠躬礼时，要注意双肩打开，头、后背、腰成一条直线，目光随鞠躬落于正前方的地面，与地面呈一定角度，停顿一秒钟左右，起身恢复站立姿势，始终保持面带微笑，目光再次与对方交流。鞠躬时，男女皆可采用前腹位、侧放位。女性前腹式手位鞠躬时，手位略低。

鞠躬动作应自然到位，恭敬有礼，根据施礼的场合、被问候人的尊敬程度来决定鞠躬的不同度数，一般角度越大，表示越谦恭。常见的做法：迎宾 15°，送客 30°，感谢 45°~60°，90° 鞠躬敬意最甚，常用于悔过谢罪等。除葬礼时鞠躬要时间停顿长一些，日常社交鞠躬不要停顿时间过长。

图 4.7 服务人员鞠躬礼

受礼者如是长者、上级、女士、宾客，还礼可不鞠躬，而用点头、欠身致意，其他人均以鞠躬礼相还。

在行鞠躬时，弯腰驼背，两肩不舒展；头部摇晃不定，头部和视线不随身体的弯下而随之低下；只有动作，没有目光的交流；动作生硬，速度过快或过慢，动作幅度过大等都是十分忌讳的。

练一练

1. 镜前鞠躬练习，正对镜子，鞠躬练习中确定目光的落点；侧对镜子，眼睛余光关注上半身侧面的直线状态。

2. 一对一面对面鞠躬练习，同时，致问候语。

3. 模拟乘客行走经过，致以鞠躬、欢迎问候。

四、举手礼

举手礼的起源已经不可考证，通常有两种说法，一是中世纪时，骑士们常在公主和贵妇们面前比武。在经过公主的座席时，骑士们要吟唱一首赞美的情诗，其诗里往往都把公主比作炫目的太阳，骑士们要把手举起来做挡住阳光的姿势，借此一睹芳容，表示虔敬。后来，这种动作便演变成为见到尊敬的人就把手举到眉上，以表示对上级（或观看比武的贵妇）的尊敬，形成举手礼，并一直沿用下来。一是中古时期的欧洲，当骑士在路上交会时，会以右手掀起头盔，让对方看清楚自己，以表示尊敬，而这个动作进而演变为后来的举手礼。军礼、少先队队礼等都属于举手礼。

中国军队的军礼要领：上体正直，右手迅速抬起，五指并拢自然伸直，中指微接帽檐右角前约 2 厘米处（戴无檐帽或者不戴军帽时微接太阳穴，与眉同高），手心向下，微向外张（约 20°），手腕不得弯曲，右大臂略平，与两肩略成一线，同时注视受礼者。

中国少年先锋队队礼是少先队的重要礼仪。行队礼要右手五指并拢，高举头上，它表示人民的利益高于一切。少先队运用这一礼仪教育队员热爱人民，一心为人民，从小树立为人民服务的思想。

生活中我们常在见面、告别时，举手左右摆动，用于向远处的人或向众人致意。向对方挥手表示理解、情意等，一般用来表示友好。

五、握手礼

握手是在相见、离别、恭贺或致谢时相互表示情谊、致意、尊重的一种礼节，双方往往是先打招呼，后握手致意。

握手之礼起于中世纪的欧洲，那些头顶铜盔、身披铠甲、腰挂利剑、手罩铁套的骑士，让人敬而远之，当他们见到亲朋好友时，免去铜盔，脱下铁套，与之握手来表达善意，逐渐流传演变成现在的握手礼。现代人相见、告别时彼此握手，成为一种约定成俗的习惯，是世界各国普遍的社交礼节。

图 4.8　握手礼

握手时首先应注意伸手的次序。主人、长辈、上司、女士主动伸出手，客人、晚辈、下属、男士再相迎握手。在和女士握手时，男士要等女士先伸手之后再握，如女士不伸手，或无握手之意，男士则点头、鞠躬致意即可，而不可主动去握住女士的手。被介绍者最好不要立即主动伸手。任何情况下，拒绝对方握手的举动都是不妥的，若手上有水或不干净时，可婉谢握手，但必须解释并致歉。另外，接待来访客人时，主人有向客人先伸手的义务，以示欢迎；送别客人时，主人不能主动握手，否则有逐客之嫌，这时客人要先伸手，表示对主人的感谢，并让主人留步。

握手礼一定要用右手握手。如果是双手握手，应等双方右手握住后，再将左手搭在对方的右手上，这也是经常用的握手礼节，以表示更加亲切，更加尊重对方。在一些南亚、东南亚国家，人们不用左手与他人接触，因为他们认为左手不干净。多人同时握手时应顺序进行，切忌交叉握手。

要注意握手的力度大小和时间长短。如果是一般关系、一般场合，双方握手时稍用力握一下即可放开，时间一般为 2~3 秒。如果关系亲密、场合隆重，双方的手握住后可上下微摇几下，以体现出热情。如果男士同女士握手，一般只轻握女方的手指部分，不宜握得太紧太久。如果双方都是身强力壮的人，可以用力大些；如果是久别相逢，或跟老年人握手，可以握久一些。

握手时，年轻者对年长者、职务低者对职务高者都应稍稍躬身相握。有时为表示特别尊敬，可用双手迎握。男士握手时应脱帽，切忌戴手套握手，如果是戴着手套，握手前要先脱下手套。若实在来不及脱掉，应向对方说明原因并表示歉意。不过在隆重的晚会上，女士如果是穿着晚礼服，戴的花式长手套则可不必脱下。

从握手的方式能感觉到对方的态度。在握手的同时要注视对方，态度真挚亲切，微笑致意或问好，切不可东张西望，漫不经心。虽然握手动作简单，但它贯穿于各国人们交往、应酬的各个环节，因此我们决不能忽视相应的握手礼节。

练一练

一对一握手练习，注意目光、表情、问候语言。

六、合十礼

合十礼，原是印度古国的文化礼仪之一，后为各国佛教徒、印度教徒沿用为日常普通礼节。合十礼流行于泰国、印度、缅甸、老挝、柬埔寨、尼泊尔等国家。合十礼可分为下列几大类：跪合十，各国佛教徒、印度教徒拜佛祖或高僧时要行的一种礼节；蹲合十，某些国家的人在拜见父母或师长时的一种礼节；站合十，某些国家的平民之间、平级官员之间相拜，或公务人员拜见长官时常用的一种礼节。

比如在泰国，行合十礼时，一般是两掌相合，十指伸直并拢，手肘自然弯曲，举至胸前，身子略下躬，头微微低下，双眼下垂，目光注视合掌的指尖，口念“萨瓦蒂”。“萨瓦蒂”系梵语，原意为如意。遇到不同身份的人，行此礼的姿势也有所不同。例如，晚辈遇见长辈行礼时，要双手高举至前额，两掌相合后需举至脸部，两拇指靠近鼻尖。男行礼人的头要微低，女行礼人除了头微低外，还需要右脚向前跨一步，身体略躬。长辈还礼时，只需双手合十放在胸前即可。拜见国王或王室重要成员时，男女还均须跪下。国王等王室重要成员还礼时，只点头即可。无论地位多高的人，遇见僧人时都要向僧人行礼，而僧人则不必还礼。

一些心理学家注意到，当人们感到紧张、焦虑或心浮气躁时，合十可以让人马上平和、安定并且集中注意力，双手合掌放在胸前的动作，对平稳情绪很有效。在我国，合十致意多见于信仰佛教的人在拜佛和日常表示感谢、敬意时使用。

七、拱手礼

拱手礼又叫作揖礼、抱拳礼，揖礼为古时候拱手礼的正式称呼，是中国人传统的见面礼，其历史非常悠久，从西周起就开始在同辈人见面、交往时采用了。《论语・微子》曾记载“子路拱而立”。这里子路对孔子所行的就是拱手礼。“揖”以站立姿态不需跪拜，礼节较跪拜礼要轻一些。

根据双方的地位和关系，古时作揖有士揖、时揖、天揖、帝揖、武揖、特揖、旅揖、旁三揖等之分。中国古人通过程式化的礼仪，以自谦的方式表达对他人的敬意，讲究以人和人之间的距离来表现出“敬”，而不像西方人那样喜欢身体亲近。这种距离不仅散发着典雅气息，而且也比较符合现代卫生要求。所以很多礼学专家都认为，拱手礼不仅是最体现中国人文精神的见面礼节，而且也是最恰当的一种交往礼仪。

拱手礼的正确做法是，行礼时，双腿站直，上身直立或微俯，左手在前、右手握拳在后，两手合抱于胸前，有节奏地晃动两三下，并微笑着说出您的问候。古人以左为敬，再者人在攻击别人时，通常用右手，所以拱手时，左手在外，以左示人，表示真诚与尊敬。女子则相反，但不抱拳，只压手，后又出现女子万福礼，双手握拳交叠右手上左手下放在小腹中线，目视下微屈膝，口称“某某万福”。如左右手弄反的话，就是哀拳，报丧、求饶才用。

拱手礼是最具中国特色的见面问候礼仪。握手礼、拥抱礼等原本源自西方，近代中国，西装逐渐代替了长袍，握手代替了作揖，然而并非完全的代替，拱手礼仍然具有生命力，现在的拱手礼多用于祝贺、恭喜、拜年等喜庆场合。如在拜年等场合时最好避免在着装和行礼上的中西结合的方式，如穿西服拜年时最好行鞠躬礼，而不行抱拳拱手礼或作揖，否则反差过大让人觉得别扭。

八、拥抱礼

拥抱礼多见于官方或民间的迎送宾朋或祝贺、致谢等场合。当代许多国家的涉外迎送仪式中，多行此礼。拥抱能提升个人自尊感，使人愉悦，增进感情。行拥抱礼节应把握其分寸，既让你的拥抱显得阳光真诚，又不至于造成歧义。

不同国家地区的人，对拥抱礼的看法是不一样的。在欧美一些国家，拥抱同握手一样普遍，见面时拥抱，分手时也拥抱，在墨西哥，你可能会遇到热烈的、紧紧的拥抱，并在对方肩背上热情地拍打。但有的国家和地区的人，见面时不喜欢拥抱，如大部分亚洲人，没有见面拥抱的习惯，而是觉得拥抱太过亲密，令人有些尴尬；又如部分欧洲人非常注重礼仪，但他们不习惯与陌生人或初次交往的人行拥抱礼、亲吻礼、贴面礼等，所以初次与他们见面，还是以握手礼为宜。商务交往中可能第一次见面多以握手表示，而第二次见面时迎接的礼节很可能是拥抱。在我国，除了外事活动以外，普通的社交场合一般不拥抱。当然，涉外交往中应十分注意尊重对方的民族传统和风俗习惯。

礼仪小资料

“真情拥抱”运动的发起人是美国人贾森·亨特。亨特在母亲的葬礼上听到很多人对母亲的缅怀之词，为了光大母亲的精神，加上其本人当时还处在悲痛中，他手举一块“求拥抱”的纸牌走上了大街，“真情拥抱”就这样开始了。

之后，一位澳洲男子在悉尼街头手举“Free Hugs”的牌子，并将自己拥抱的过程制作成视频放到网络上，由此进一步拉动了这一运动在全球的普及。参与者们的首要目的，就是要改变这个冷漠的世界，把温暖传递给其他陌生人。

公众人物也有意引领拥抱文化，他们深知，诚意十足的拥抱更有助于展现亲和力。一次会议上，比尔·克林顿主动与中国艾滋病患者宋鹏“亲密接触”，赢得了在场听众的掌声和尊敬。

2006 年 10 月几个热心的网友在长沙组成了中国第一个“抱抱团”，在长沙组织了第一次拥抱活动，旨在用拥抱冰释陌生人之间的冷漠。

拥抱礼规范：两人相对而立，各自上身稍稍前倾，左脚在前，右脚在后，重心放在左脚，右臂在上，左臂在下。右手放于对方左后肩，左手环搭对方右后腰，彼此头部及上身向一侧相贴，然后向右倾而相抱，接着再做一次左倾相抱。拥抱时间不宜过长。

拥抱礼要对象合适，若对方是个还不熟悉的人，拥抱会显得轻浮，场合氛围也要恰如其分。行拥抱礼时离得太远容易翘臀，抬起小腿也是不合礼仪的。切记先贴右颊，否则可能有碰头的风险。

九、亲吻礼

亲吻，是源于古代的一种常见礼节。人们常用此礼来表达爱情、友情、尊敬或爱护。行此礼时，往往与一定程度的拥抱相结合。不同身份的人，相互亲吻的部位也有所不同。一般而言，夫妻、恋人或情人之间，宜吻唇；长辈与晚辈之间，宜吻脸或额；平辈之间，宜仅贴面。在公开场合，关系亲密的女子之间可吻脸，男女之间可贴面，男子对尊贵的女子可吻其手指或手背，手腕以及以上部位都是行礼时的禁区。

亲吻礼在欧美许多国家广为盛行，在当代，许多国家和的迎宾场合，宾主往往行握手、拥抱、左右吻面或贴面的连动性礼节，以示敬意。

亲吻礼一般来说由女性主动探过去接受亲吻，每个国家和地区亲吻礼的进行方式和亲吻次数不一样，有亲脸颊的，有碰脸颊亲空气的，次数越多越热情。

一般的规矩是不能亲吻不认识的人。亲脸颊时可以是握手的同时进行，关系比较好的话，手可以搭在对方胳臂上，如果对方是女的，关系很亲密的话，也可以搂住对方的腰，要避免熊抱，这会让人很难接受。

社交亲吻礼，举止要明确，以避免令人尴尬的困惑。通常总是先亲右脸颊，但做好在最后时刻换方向的准备。在出现中途搞不清的局面，幽默一下可以转移尴尬。

十、贴面礼

贴面礼是很多国家社交场合中常见的礼节，和家人、朋友、同事，只要肯定双方的关系是适合进行贴面礼的，都可以行贴面礼，但是对于年长的长辈或者是上级，一般不主动去贴面，而是等待对方贴面的时候再做出回应。贴面礼一般为女性主动。

贴面的时候一定要给对方一定的提示，比如笑容和渐渐靠近，不要一下子扑上去；贴面礼，一般两次就好，但要注意的是，贴面礼的次数一定不能少于对方，否则就是自己的不礼貌。贴面的时候并不需要嘴巴碰到对方，脸颊相贴，嘴巴浅浅地发出亲的声音，甚至可以轻到听不见即可。

拥抱礼、亲吻礼、贴面礼常见于社交场合，但由于肢体接触亲密，要注意风俗、宗教的禁忌。

第五章　语言礼仪

学习目的：

语言表达体现一个人的礼仪修养，语言的使用要遵守一定的礼仪规范。通过本章内容的学习，使学员了解语言的分类，掌握有声语言和无声语言的内涵和区别，能够根据不同情境，熟练运用礼貌用语，并在工作过程中能运用适宜的手势、表情、目光等无声语言表现形式。

语言是社会交际的工具，是人们表达意愿、思想情感的媒介或符号。按语言的不同表达方式，可将语言分为有声语言和无声语言。有声语言是指通过人的发音器官来表达的语言，是人类社会最早形成的自然语言。它是人类交际最常用的、最基本的信息传递媒介。无声语言是通过人的表情、手势、目光、界域等非发声器官来表达的语言，借助于人的视觉传递信息、表达情感和态度。一位心理学家曾指出，无声语言所显示的意义要比有声语言多得多，甚至还可以表达出有声语言难以表达的思想感情。

第一节　有声语言礼仪

在人际交往中，语言的表达十分重要。有声语言是人与人交往过程中使用最多又最重要的交际形式。有声语言的使用不仅包括说话的内容，还包括语音、语调、语速的综合运用。俗话说“良言一句三冬暖，恶语伤人六月寒”，学会使用得体的语言，先从礼貌用语开始。

一、礼貌用语

1. 礼貌用语的含义和分类

眼睛可以容纳一个世界，而嘴巴可以描述一个世界。人与人交往中都希望被他人尊重，语言中的尊重之情是极容易被感知的。“诚于中而形于外”，发自内心的真诚语言必定是文雅而礼貌的，它能够给被服务者带来美好的听觉享受。

礼貌用语从内涵上来说，能够使人感到尊重的语言都属于礼貌用语。礼貌用语从小都在讲，很多人对此不屑一顾，似乎没有必要把它专门作为一项服务技能来要求。殊不知，礼貌用语能和谐、融洽人际关系，增进人与人之间的感情。它不仅反映着一个人的思想道德素质，而且表现了一个人的语言修养。在服务行业，我们总结出最经常使用的十字礼貌用语："您好"、"请"、"谢谢"、"对不起"、"再见"。

具体说来，日常礼貌用语是文明社会的缩影，渗透于日常生活的方方面面，一个称谓、一句问候、一声感谢都是尊重他人的具体表现，是友好关系的敲门砖。民航服务工作中，用语是否文明、礼貌，直接关系服务体验和沟通效果，我们需要熟练运用以下几类礼貌用语。

1）称谓语

在服务工作中，称呼服务对象时应使用"您"，而不能使用"你"。"先生""女士"是最通用的称呼语，这样的称呼听上去既有礼貌又能够被大多数人所接受。

使用称谓语，要符合对方的心理需求，让对方听起来感觉亲切。比如有老年人登机，称呼他们"大爷"就比"先生"亲切，"先生"对于很多老年人来说比较有距离感。

使用称谓语还要有针对性。如果登机时发现有我们的常旅客，或从与乘客的交谈过程中已经知道了对方的身份，称呼其"老师"、"× 总"就比称呼"先生"更让对方感觉有针对性，会让对方感受到尊敬，体验到有专属感的服务。

2）问候语

问候语包括：您好、早上好、中午好、晚上好、国庆节快乐、中秋节快乐、新年好、欢迎光临等。清明节、端午节说快乐是不合适的，适宜的说法是清明节安康、端午节安康。

问候语可以单独使用，也可以组合使用。比如先问候"张先生您好"，再问候"国庆节快乐"。把握问候的时机很重要，比如在登机过程中，乘务员问候登机乘客，适宜的做法是在与乘客目光相对时开始问候，或者距乘客 1.5~3 米的时候进行问候最为合适，还要配以热情的目光、亲切的微笑、鞠躬或者点头致意，这才是完整的问候过程。

3）征询语

征询语就是征求意见的询问语。比如在服务过程中需要询问乘客的意见"您好，需要我给您打开阅读灯吗"、"请问，您要鸡肉饭还是牛肉面"、"张先生，我帮您把衣服挂起来吧"。征询语是服务程序之一，征询是为了体现对乘客的尊重，尊重乘客的想法，不能省略，也不能依据常规思维来做主为对方直接服务。

征询乘客意见时，要巧妙组织语言。尽量不要给乘客开放性问题，比如"这位先生，您喝点儿什么"，而应给出选择项"这位先生，您看您喝点儿雪碧、可乐还是橙汁呢？"征询乘客意见还要注意语言的规范，避免问"您要饭还是面"而乘客回答"要饭"的尴尬。征询语在服务过程中绝不仅仅是一句话那么简单，它体现了乘务员的文明用语习惯和客舱服务是否规范。

礼仪小故事

第二次世界大战结束后，日本许多商店人手奇缺，为减少送货任务，有的商店就将问话顺序进行了调整，将"是您自己拿回去呢，还是给您送回去"改为"是给您送回去呢，还是您自己带回去"，结果大奏奇效，顾客听到后一种问法，大都说"我自己拿回去吧"。

又如，有一家咖啡店卖的可可饮料中可以加鸡蛋。售货员就常问顾客："要加鸡蛋吗？"后来在一位人际关系专家的建议下改为："要加一个鸡蛋，还是加两个鸡蛋？"结果销售额倍增。

4）指示语

在民航服务中，指示语是使用较为频繁的。比如有乘客登机找不到座位，乘务员会主动引导，“先生您好，请往里走，您的座位位于第三排，右手边靠过道”。指示语言和礼貌用语配合使用，比如“往前走”与“请往前走”给乘客的心理感受完全不同，尽管都是提醒乘客向前走，乘客听到的一个是命令，一个是服务提醒。在为乘客指引方向的时候，单纯的语言指示有时乘客仍然找不到位置，必须配合手势。同时，乘客可以通过手势是否规范，语言的速度、音量、语调中感受到服务人员的综合服务素养。

5）答谢语

人们在接受别人的善意言行后，都会产生一种感激之情，脱口而出“谢谢”。作为民航服务人员，乘客理解、支持、配合工作，我们要说“感谢您的配合”、“谢谢您对我们工作的理解和支持”，乘客对工作表示赞扬和肯定，我们要落落大方地表示“谢谢您的认可”，在乘客提出批评和建议的时候也要说“谢谢您的提醒，我们一定及时改进”。

6）道歉语

在生活中给别人添麻烦、服务过程中出现差错，道歉语是必不可少的。“对不起”三个字构成道歉语的最基本语式，及时道歉有利于化解不必要的矛盾、误会，获取乘客的谅解。客舱服务过程中，不小心饮料弄脏了乘客的衣服需要及时说声“对不起”，无论什么原因引起航班延误都应该及时向乘客道歉，有时“对不起”不是责任的划分，只是服务人员对乘客歉意的表达，真诚及时的道歉可使有气者消气，有怨者解怨，甚至化干戈为玉帛，解决许多潜在或公开的冲突和矛盾。很多服务工作者喜欢用“不好意思”代替“对不起”，这不甚妥当，“不好意思”没有“对不起”正式，显得随意敷衍。

7）赞美语

赞美语是称赞他人的语言，生活中没有赞美语是不可想象的，当赞美别人的时候，好像用一支火把照亮了别人的生活，使其生活更加光彩，同时在这种真诚的赞美中感到愉快和满足。在民航服务中，学会恰当地使用赞美语，会使乘客感到愉快，加深对服务的良好印象。

2. 礼貌用语的使用要求

1）主动使用

在日常工作中，服务人员应养成主动使用礼貌用语的习惯，一句普普通通的服务语言加上一个“请”字，客户的感觉却是不同的。“喝茶”和“请喝茶”，同样表达的是让客户喝茶，“喝茶”有施舍的感觉，“请喝茶”有恭敬的味道。

使用礼貌用语应该是服务人员主动而自觉的行为，养成这种习惯，服务人员自然也会被服务对象喜欢。

2）通俗易懂

在工作中所常用的礼貌用语应该通俗易懂，是人们约定俗成的语言，并且符合企业的实际需要。比如下面这些曾经被广为使用的礼貌用语，用词文雅精炼，传情达意的效果极好，服务人员可以根据具体服务情况灵活使用。

礼仪小资料

与人相见说“您好”，问人姓氏说“贵姓”，问人住址说“府上”
仰慕已久说“久仰”，长期未见说“久违”，求人帮忙说“劳驾”
向人询问说“请问”，请人协助说“费心”，请人解答说“请教”
求人办事说“拜托”，麻烦别人说“打扰”，求人方便说“借光”
请改文章说“斧正”，接受好意说“领情”，求人指点说“赐教”
得人帮助说“谢谢”，祝人健康说“保重”，向人祝贺说“恭喜”
老人年龄说“高寿”，身体不适说“欠安”，看望别人说“拜访”
请人接受说“笑纳”，送人照片说“惠存”，欢迎购买说“惠顾”
希望照顾说“关照”，赞人见解说“高见”，归还物品说“奉还”
请人赴约说“赏光”，对方来信说“惠书”，自己住家说“寒舍”
需要考虑说“斟酌”，无法满足说“抱歉”，请人谅解说“包涵”
言行不妥“对不起”，慰问他人说“辛苦”，迎接客人说“欢迎”
宾客来到说“光临”，等候别人说“恭候”，没能迎接说“失迎”
客人入座说“请坐”，陪伴朋友说“奉陪”，临分别时说“再见”
中途先走说“失陪”，请人勿送说“留步”，送人远行说“平安”

3）亲切真诚

礼貌用语使用的目的就是为了体现对人的尊重，服务工作中正确使用礼貌用语还能提高服务品质，让对方有愉悦的服务体验，冰冷不带任何感情色彩的语言无论多么得体都不会打动客户。因此，只有态度真诚、语言亲切才能体现礼貌用语的作用。

在民航服务过程中，服务人员应正确使用礼貌用语，还要结合特定语境，考虑乘客的年龄、性别、职业、文化素养、风俗习惯，运用合适的礼貌用语。

二、言谈礼仪及禁忌

1. 言谈礼仪

有位哲人说过：“自然赋予我们人类两只耳朵、一张嘴，就是让我们多听少说。”与人交谈，首先要学会倾听他人说话。

倾听过程可以分为三个阶段：信息接收阶段、信息内部处理阶段和反馈阶段。

（1）信息接收阶段：倾听者通过自己的感官接收对方的信息。此时，大家在用耳朵听对方说话声音的同时，常常还要用自己的眼睛接收对方的非有声语言信息。交谈的双方，时常会有目光交流。

（2）信息内部处理阶段：倾听者的大脑接收到耳朵与眼睛所获取的信息后，就要在自己的大脑中对这些信息进行加工处理。处理的结果是，倾听者对于说话者所发送的信息有了自己的理解。这个阶段，就是我们平时所强调的“用心”来倾听。如果听者用消极的态度来听，对于所接收的信息懒于进行加工整理，不愿意去思考、体会，那么就会漏掉或误解对方所要真正表达的信息。

（3）反馈阶段：礼貌的倾听者常常会以语言或非语言沟通途径来反馈自己对于所听信息的意见、态度、看法等。例如，微笑地看着对方，用眼神和表情表达赞许、同意等；用“是啊”、“真的吗”等语言表达自己正在用耳朵倾听，用大脑思考；用“我很认同你的想法”来表达自己的感受和态度等。

除了会听外，还要会说。说话时，要注意使用礼貌语言。讲话时还要选择合适的话题。进行闲聊式情感沟通时，还可以选择双方都感兴趣的话题、时尚休闲的话题等。讲话时，忌谈对方的个人隐私问题（如年龄、婚姻状况、收入支出、身体状况、家庭住址、私人电话、宗教信仰等），也不要议论他人的缺点、错误、单位同事的是是非非、小道消息等，更不应谈论具有倾向性错误的内容，如违反道德法律、具有思想政治错误、非议党和政府及领导人的话题等。令对方感到悲伤难过、反感、厌恶的话题也应避免。

讲话时，内容简明扼要、重点突出，语言组织要有逻辑性，不要废话连篇、东拉西扯，让听者感到“不知所云”。讲话的过程中要注意观察听者的反应，对方不感兴趣或反感时要适可而止，对方听不懂时则要耐心解释，或者换其他方式再讲。听别人讲话时，我们要使用礼貌语言表达对对方的尊重；我们自己讲话时，同样要使用恰当的无声语言。

讲话时，眼睛要适时地与听者进行目光交流。听者人数不止一个时，不能始终只看着其中一个人说话，而应当与所有人轮流进行目光交流。语音、语速、语气要恰当，要能随着交谈内容的变化而变化。

2. 言谈禁忌

1）不说不尊重对方的话

每个人都喜欢被他人尊重，尊重他人是一种有教养的表现。因此在交谈时要格外注意，不尊重对方的话不能说。比如面对身体有缺陷或是外表欠佳、衣着寒酸的乘客，要用平等的眼光为他们服务，也不能当面评价他们，同时还要尽力避免与之有关的评价。对他们存在的不尽如人意的地方视若不见，保护好他们的自尊心。

2）不说不友好的话

既然明知道有些话是不友好的，说出来是要让对方投诉的，那就避免说出来。以宽容的心态对待身边的人，哪怕对待很难沟通的乘客，也不能不管不顾，为逞一时的口舌之勇，最后失掉一个同事的信任或引起乘客的投诉，都是得不偿失的事情。要经常换位思考，自己不愿意听到的话语，也就不要说出来。在说话之前一定要斟酌，毕竟友好的语言不仅代表个人的语言素养，还代表的是一种工作精神和服务态度。

3）不说不耐烦的话

经常碰到有些乘客很啰唆、很唠叨，有时反复说明的问题乘客还要一遍又一遍地问，这个时候千万不能将不耐烦挂在脸上表现出来，讲一些不耐烦的话。有人愿意向你倾诉，说明他对你很信赖，即使要打断话题，也要采用含蓄的方法表达想要结束谈话的意愿，因为在服务工作中，保持耐心是起码的礼貌。

4）不说不客气的话

说话不能太直接、太生硬，不客气的语言是很伤人的。有时说了一句不客气的话，用十句好话都难以抚平对他人造成的心理创伤。

在语言沟通方面，有时候怎么说比说什么更重要，同样的内容，不同的语音、语调、语速给听者的感受是完全不一样的。比如语气粗鲁、声音刺耳，说话时鼻音过重，会让听者感觉很不舒服。交谈过程中，呼吸声音过大，会使人感到局促不安。语言过于平淡会让交谈对象感到无聊。声音表露倦怠，会让人感觉不耐烦。说话时，口齿含糊，令人难以理解。说话语速过慢，使听的人感觉沉闷；语速过快，容易使人思维跟不上。

与乘客交谈时，不可边走边讲或不停看表，手不可放在口袋里，或双臂放在胸前。对乘客提出的意见和要求，不要有厌烦的情绪和神色，更不可用责备的口吻甚至粗暴的言语。不要打断乘客的讲话，如不得已打扰时，应等对方讲完一句话后，说声“对不起”，再进行说明。忌打听乘客的个人隐私，如乘客的薪金收入、年龄、衣饰价格等。服务过程中，不得与乘客嬉笑玩闹，更不可对乘客评头论足。对乘客提出的要求应尽量满足，如不能做到，要耐心解释，不可怠慢；应允的事件一定要落实，不能言而无信。

第二节　无声语言礼仪

在人际交往的过程中，55% 的信息是靠视觉信号传递的，38% 的信息是靠声音信号传达的，只有 7% 的信息是靠文字信号传达的。可见视觉的影响力在人际交往中是极具重要性的。美国著名的人类学家霍尔说过：“一个成功的交际者不但需要理解他人的有声语言，更重要的是能够观察他人的无声信号，并且能在不同场合正确使用这种信号。”无声信号是通过人的表情、手势、体态、目光、界域距离和默语等无声语言传递出去的，读懂无声语言、正确使用无声语言是人际交往中极其重要的内容。

一、表情

表情语言是通过面部表情来传递信息、交流情感的语言，它是无声语言中使用最多和最重要的部分。对于民航服务来说，愉悦的表情无疑是最好的服务手段之一，它远胜那些苍白、重复的语言，因为表情具有显而易见的直观影响力。轻轻牵动嘴角、微微弯曲眼角眉梢，这样一个表情从启动到结束也许不过短短的几秒钟而已，但它会使人有温暖的美好感受。

1. 表情的运用

由眉毛、眼神、嘴唇、脸色等变化构成面部的表情语言。

1）眉毛

人说眉目传情，眉毛的表意传情语言有很多种。比如，皱眉表示为难，横眉表示轻蔑，挤眉表示戏谑，竖眉表示愤怒，低眉表示顺从，锁眉表示忧愁，扬眉表示喜悦等。在民航服务中，服务人员要让乘客感受到舒心、贴心、愉悦，一定要使用礼貌的眉毛表情语，绝不能愁眉锁眼，或剑眉倒竖，也不能挤眉弄眼或贼眉鼠眼，做出失礼的表情。

2）眼神

眼神，是运用眼的神态和神采来传递信息、表达感情的语言。它在面部表情中，是最生动、最复杂、最微妙，也最富有表现力的无声语言。俗话说“眉毛会唱歌，眼睛会说话”，眼睛最能倾诉感情，沟通心灵。千变万化的眼神表露着人们丰富多彩的内心世界。

根据眼球的转动方向不同，眼神可分为平视、斜视、仰视、俯视、白眼等。眼睛眨动速度较快，有不解、调皮、幼稚、好奇之意；眨动速度相对较慢，则含有深沉、稳当、可信、老练之意。目光较为集中地注视他人，常给人以认真、专注之感；目光常常分散、游离，则会让人有心思不定、心不在焉的感觉。交流时目光长时间集中在别人身上，带有深情、喜欢、欣赏、重视、疑惑等含义；目光不能集中在对方身上，短暂接触即将目光移开，则带有轻视、讨厌、害怕、撒娇之意。

在民航服务中，要十分注意自己的眼神。与乘客交谈时，正视对方，表示尊重；斜视对方，表示蔑视。看的次数多，表示好感和重视；看的次数很少或不屑一顾，表示反感和轻视；如不敢直视对方，可能是因为害羞，也可能有事不愿让对方知道；瞬息万变的眼神，正是人们内心深处丰富、复杂思想感情的不自觉流露。民航服务人员完全可以通过眼神来“破译”乘客心灵的“密码”，加深对乘客的了解，借助眼神和有声语言的配合与乘客沟通。

练一练

眼神礼仪练习

对镜练习：用不同的眼神表达欢迎、高兴、惊讶、遗憾、感叹、不舍等情感。
角色扮演：以团队合作的方式设置角色场景，关注眼神的变化和使用。

3）嘴唇

嘴角含情，嘴唇的表情也极其丰富。嘴唇闭拢表示和谐宁静、端庄自然；嘴唇半开表示疑问、奇怪、惊讶。撇嘴表示不愿，噘嘴表示不快，抿嘴表示害臊，咧嘴表示不高兴，歪嘴表示不服气。嘴唇的表情十分灵敏、细腻、微妙，同样表达极其微妙的感情，要特别留意。

练一练

嘴唇礼仪练习

对镜练习：通过嘴唇变化来表达喜悦、惊讶、悲伤、愤怒、疑惑等情感。
角色扮演：以团队合作的方式设置角色场景，关注嘴唇的变化。

4）脸色

脸色，指人的面部整体表情，它不仅是健康状况的标尺，也是内心情感的外露。如满面红光、容光焕发是兴高采烈、踌躇满志的表露；面红耳赤是激动和气愤的反映；脸色绯红是羞涩的表现；脸色铁青则显示极其愤慨；脸呈猪肝色表明内心极度恐惧等。

脸的肌肉收展同样表达丰富的感情，如眉飞色舞、笑逐颜开、笑容满面是心情舒坦、欢快的表现，往往脸部肌肉是舒展的；而蹙额锁眉、面布愁云则是忧郁不安的反映，这些表情下，脸部肌肉是收缩的。

人的面部眉、目、鼻、嘴之间所构成的三角区，是表情语言最集中、最丰富的部位。面部表情尤以微笑和眼神最有独特而明显的传情达意功能。

5）微笑

世界上有很多种语言，只有微笑是全世界通用的语言，而且，是表情语言中最重要的语言。微笑能面现喜色或嘴角含笑，是比较合宜的一种表情。在大多数情况下，它表示的是友好、愉悦、欢迎、甜美、满意，也可用来表示赞赏、请求、领会、乐意、同情，有时也可用来表示谢意、致歉、拒绝、否定。微笑是在各种语境中广泛使用的表情语言。

当然，不是所有的场景都要用微笑回应。如果对方处于悲伤、沮丧的情绪下，用笑的表情就不合适了。服务人员应该感知对方的心情，也做到同步的情绪感应，想人所想，急人所急，感同身受的表情是最好的服务语言。

练一练

对镜微笑练习

练习要求：

1. 音乐准备。
2. 仪容仪表规范。
3. 面对镜子，调整呼吸让其轻松、平静、自然、顺畅，之后绽开微笑。
4. 露齿微笑与不露齿微笑。
5. 用手遮住口鼻微笑，观察眼睛是否在微笑。
6. 两人一组面对面，相距一米左右，对视微笑。

2. 表情的要求

1）真诚自然

微笑要笑得真诚，就要求眼睛也要含有笑意。要笑得发自内心，人对笑容的辨别力非常强，人的直觉就可以敏锐判断微笑是否真诚，只有真诚的微笑才会让对内心产生温暖，留下好感。民航服务人员在与乘客沟通的过程中，切忌皮笑肉不笑，光露牙齿不动情。微笑要显示出亲切友善，其本人必须是个与人为善，懂得尊重、关心他人的人；微笑要显示出愉快、热情，自己就要有热情、欢乐、平和的心境；微笑要带给人美感，其本人心灵必须是美的。乘客在登机时，要对每位乘客真诚、自然地微笑，不要虚情假意、僵化呆板地笑。

2）适度得体

如果是初次见面问候，微笑的最佳时间长度以不超过 7 秒钟为宜，时间过长会给人以傻笑的感觉，反而失去微笑的美韵，过短则会有敷衍了事的感觉。民航服务人员的微笑、眼神应该主动热情，真诚友善。但在不同的情况下，他们的微笑、眼神也有变化，如对待外国乘客的微笑，就应表现出潇洒大方、不卑不亢；对待残疾乘客的微笑，眼神则要显示出尊重爱护、主动关心，对于无成人陪伴儿童的微笑，眼神要显示出亲切自然、安全可靠。

3）协调专一

所谓协调就是要各种无声语言互相配合得体。比如眼神，它是心声的流露，不仅要同其他形体语言协调，而且要同有声语言协调。说话时，口型应该与发音的标准口型一致，不要有意无意地咧大或缩小；不能口说“您好，欢迎登机”，而眼睛却注视自己的鞋；嘴里说客气话，而脸色冰冷，这些就很不协调。协调专一，就是说话时态度要专注，眼睛应凝视对方的脸，耳朵要聆听对方的话，而且对对方的说话还应随时有所反应，不能敷衍了事。

二、手势

在长期的社会实践过程中，手势被赋予了种种特定的含义，具有丰富的表现力和高度的灵活性。手势是人类传递信息的最有力的手段，在体态语言中占有最重要的地位。很多手势都可以反映人的修养、性格，应注意手势的幅度、次数、力度等。手部动作传达了很多信息。比如手放在脸颊或抚摸下巴表明这个人正在深思。咬指甲或摆弄头发，说明紧张或没有安全感。指向对方正确的手势应当是：五指并拢，掌心斜向上方，伸出手臂指向某人。掌心向上表达的是诚实、谦逊，而掌心向下表达的是命令、强制。双手紧握拳头通常表示很紧张，摊开双手则表示坦率真诚。不同的国别或相异的民族，同一种手势语表达的意思可能大体相同或相近，也可能截然相反。

1.“OK”手势

拇指和食指形成环形，其余三指伸开，这个手势在美国表示“OK”，即“行了”、“可以”、“很好”、“还不错”的意思。但是，这个手势在比利时、法国、突尼斯表示“零”或“毫无价值”。在拉丁美洲，这个手势相当于表示“滚蛋”，在日本，拇指和食指成环形是表示“硬币”，因为硬币的形状是圆的。

2. 竖起大拇指的手势

大拇指向上竖起，其余四指握拳，这个手势在世界上大部分地方都表示“好”或“点赞”，在美国、英国和新西兰这种手势表示想搭便车。西方人用拇指朝下表示“坏”。在尼日利亚，这个手势被视为粗鲁。在德国，竖起大拇指表示数字“1”，再竖起食指表示数字“2”，而在我们国家竖起食指表示“1”。

3.“V”字形手势

大拇指、无名指和小拇指相握，食指和中指伸出呈“V”字形，手掌向外。这个手势表示“胜利”或“和平”。在英国，做这个手势时如果手掌向里：以手背对着对方，就不是表示“胜利”与“和平”了，而是表示对对方的侮辱。因此，在英国，千万不要把手掌的方向搞反。

三、目光

在五官中，眼睛的传达力和表现力是最强的。虽然微笑也有很强的感染力，但是它表达信息却相对单一，而目光则可以传达出欣喜、关注、藐视、担忧、愤怒、惊奇、厌恶或是不安等多种情绪。

1. 目光的凝视区域

凝视他人身体的不同位置，会给对方带来不同的情绪体验。在人际交往中，目光的凝视区域，根据交往对象的不同，一般有以下三种情况。

（1）社交凝视区域。社交凝视区域是指以两眼为上线，唇心为顶点所形成的倒三角区。这是适宜于社交场合的凝视区域，会见朋友、与同事交往中凝视这一区域，会营造一种平等宽松的交往氛围。

（2）亲密凝视区域。亲密凝视区域适用于亲人之间、恋人之间的交流。凝视时目光停留在胸部到双眼之间的身体区域。在与他人关系比较生疏的情况下，选择这种凝视区城将会被视为无礼或不怀好意。

（3）公务凝视区域。公务凝视区域适宜于洽谈业务或谈判等正式场合。公务凝视区域是指以双眼为底线，上到前额的三角部分。谈话时注视对方这个区域，会给人带来严肃、认真、很有诚意的印象。

2. 目光的凝视时间

中国人习惯在人际交往中用整体谈话 60% 以上的时间凝视对方，但是又不能总是凝视对方，所以，我们习惯采用“散点柔视”的凝视方法看着对方。“散点柔视”就是目光既要柔和，还要适当将目光从对方面部短暂移开。比如乘务员在巡视客舱时，就要灵活运用散点柔视的方法关注乘客，发现他们的问题，及时帮助他们解决问题。

3. 目光在客舱服务中的运用

在客舱服务过程中，善于运用目光可以传递真诚和友善。

（1）迎客时，我们的目光应该停留在每一位乘客的脸上，并给予一个亲切的微笑，而不是仅仅关注乘客手中的登机牌。

（2）巡视客舱时，面带微笑缓步走在客舱通道，当眼神与乘客的眼神相遇时，不要躲闪，微笑点头。

（3）与坐着的乘客交谈时，为了表达诚意，可采用稍弯腰、稍屈膝或下蹲等动作来调节体态与高度，使目光平视或低于乘客的视线。

（4）与小乘客交谈时，我们应降低身体姿态，使目光的高度与儿童齐平；用欢快的方式和小乘客交流，以减少他们对陌生环境的拘谨和不安。

4. 避免产生误会的目光

在我国，斜视或者偷偷注视对方，这样做容易使交往对象有被监视的感觉，心中产生敌意。在没有任何理由的情况下，尤其是对异性乘客，注视对方的大腿、腰间、胸部、头顶等部位，这种做法是极为失礼的。在交谈中经常左顾右盼，比如谈话时，如果经常看手机，就容易让对方觉得我们三心二意，从而伤害对方自尊。高高在上俯视对方，这样做会使双方产生距离。不敢正视对方或是躲避对方眼神都是不自信的表现。对他人上上下下，反复打量，本身是一种怀疑、挑衅的目光。乘务员与乘客的目光交流应避免使用这些容易产生误会的目光。

由于世界各民族的习俗不同，他们眼神目光的运用也各有特点。瑞典人交谈时，喜欢你看着我，我看着你；英国人在谈话时很少相互对视；南美洲有的印第安人互相攀谈时，眼睛务必东张西望，到处打量，如果某人对三个以上的听众讲话，他必须背对观众，目视远方，侃侃而谈；日本人在闲谈时喜欢看着对方的脖子，他们也认为直截了当地盯着对方的脸是不礼貌的举动；在地中海诸国，人们普遍认为呆滞的目光是不吉祥的，会给人带来灾祸；不准久久凝视别人，这是希腊人一项不成文的法律和沿袭已久的民族禁忌。

四、界域语言

界域语言，也是人们交际语言的一种，是通过人在交往时所处的位置、距离及其变化，来传递信息、表情达意、沟通交流的一种无声语言。在民航服务中，巧妙地运用界域语言，能畅通信息交流，协调与乘客的关系，影响乘客态度和行为，从而形成一种良好的情感交流氛围，产生最佳的交际效果。界域语言又可分为位置语言和距离语言。

1. 位置语言的运用

位置语言是指交际者之间通过彼此所处的位置产生沟通、交流效应的无声语言。在客舱中，乘务员与乘客说话时，乘客的 45° 斜前方是社交位置，乘务员应尽可能选这个位置与乘客面对面说话，避免乘客扭着头与平行的乘务员沟通，这个位置语言体现出乘务员诚挚、友好的表示，容易形成一种亲切、信赖的交际语境，它既不妨碍乘客的行动自由，又能使乘务员更好地观察乘客态度、情绪的变化，从而可随时调整说话内容，有利于沟通。

事实上，每个人意识上都有自己的位置界域，人们心理上总是把自己圈在某个个体空间里，这是各自的“势力圈”，侵犯这一“势力圈”，就会使对方产生不安的心理。因此，乘务员要尊重乘客，保持一定公共空间的独立性和拥有权，学会正确运用位置语言。

2. 距离语言的运用

在与他人说话时保持适当的距离，一方面是为了让对方能听清楚自己的说话，另一方面还有一个礼貌的问题。距离表达着信息，说话时与对方离得过远，表示疏远的态度；说话时与对方离得太近，而不管什么人都采取这种近距离，又显得过于随便。同时距离太近，说话人稍有不慎会把口水溅到对方的脸上，这是十分令人讨厌的，会给对方很不好的印象。

霍尔曾把人们交往的距离划分为亲密距离、个人距离、社交距离、公众距离等四种距离语言。

（1）亲密距离。可视为父母、夫妻、知己好友之间的距离，约半米左右，这样能互相感到对方身体的气息，表示“热烈、亲密”的语义。在民航服务中，假如乘务员与乘客保持这么近的距离就不会受欢迎。

（2）个人距离。可视为朋友、同事之间的距离，约一米左右。伸手可以握到对方的手，但又不易触摸到对方的身体，多用于非正式场合，表示“友好、亲切”的语义。在交际中，与朋友、同事相处，要尊重他人的个人距离，养成不干扰别人的品性。乘务员对待乘客也要特别注重乘客的个人距离，应让乘客有一个令其放心的空间和个人距离的安宁感。机上服务考虑到空间的特殊性，服务对话的距离约一个手臂长的距离为宜。

（3）社交距离。可视为与自己及本单位关系不甚密切、联系不多的人之间的距离，相隔 1~3.6 米左右，表示“严肃、庄重”的语义。多用于较正式的场合，如招待会、接见来宾等。参加交往的人在这种距离中比较自由，在面积较大的地方，社交距离有一定的随意性，还可扩大。

（4）公众距离。可视为讲台上演讲者与台下听众的距离，这种空间距离较大，这就减少了说者与听者用口语进行沟通的可能性，在这距离内人们互相之间未必一定要直接发生联系。

霍尔的距离语言分类是一般性划分，由于人与人的关系及交谈语境的复杂性，上述距离标准不是绝对不变的。民航服务人员要深入体察各种谈话距离表情达意的特点，正确运用距离语言。

五、默语

莎士比亚曾经有过这样的一句名言：“沉默中有意义，手势中有语言。”人与人之间的交际状况，有很大一部分是取决于那些非语言的交流过程。默语指在某一特定情况下，以沉默的方式来表达某种情绪或对某件事情的反应，可能是赞许、默认，也可能是反对、反抗。应结合当时的语境和前因后果，还要结合表情语言和肢体语言来判定具体表达的情绪。

在人际沟通中，有时我们会碰到有一种人，无论你跟她说什么，她总是在自己的世界里打转。面对一个无法沟通的人，我们不妨沉默。有时面对领导、师长的指责时，我们需要沉默；面对赞美时，除了“感谢领导”、“感谢父母”、“感谢师长”之类的话，有时也可以微笑沉默。

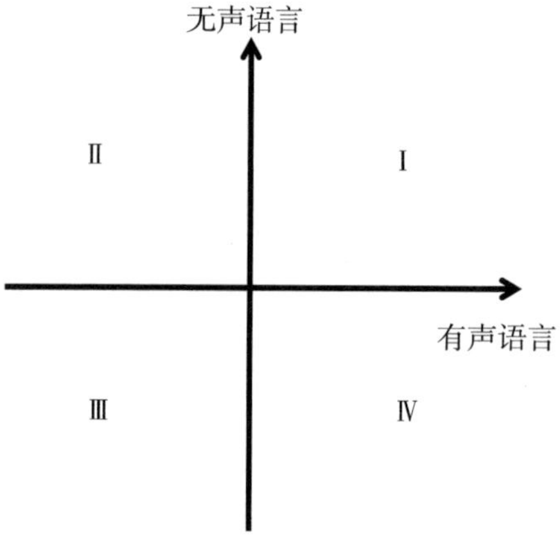

图 5.1　恰当使用无声语言与有声语言

综上所述，无声语言包含面部表情、手势、目光眼神、身体间的距离等，是除有声语言表达外另一种重要的沟通方式。

人们说话时总会运用一系列的动作、表情来配合自己的语言，当有声语言与无声语言相反表达时，往往无声语言更能表示真实意图。相比有声语言的有意识，这些动作表情是无意识的，更能体现说话人的真实想法。这些动作也不是独立的，是通过一个人的目光、表情、手势的综合运用表达信息和情感。因此，人与人交往中，不但要听其言，更要观其行，通过观察对方的言谈举止，捕捉内心情感方面的信息。

礼仪小故事

刘女士带着一名一岁大的婴儿乘飞机。飞机平飞后，她对乘务员说："小姐，请给我的宝宝冲个奶粉，并给我倒杯温水。"乘务员听后立即按照她的要求冲好奶粉送了过来，刘女士对乘务员的贴心服务表示感谢。但是乘务员忘记了给刘女士倒温水，直到呼唤铃再次响起，乘务员走过来立即道歉，解释说刚才工作忙忘记了，并表示马上去倒。刘女士边摆手边冷冷地说："没关系，飞机都要下降了，不用倒了。"尽管刘女士表示不用倒了，乘务员还是马上倒好温水并和刘女士做确认："对不起，让您久等了。您看这个温度可以吗？如果不合适我再去给您换一杯。"直到确认完全合适后才离开。考虑到飞机即将下降，该乘务员主动提醒刘女士叫醒熟睡的小婴儿以免压耳不适。刘女士还是对乘务员的工作给予了肯定。

鲁迅先生曾说："语言有三美，意美在感心，音美在感观，形美在感目。"简洁的"三美"点出了语言和谐的要义。换言之，语言和谐重在思想美、规范美、艺术美，体现智慧、蕴涵情感，讲究精确性、简明性，富有文采、韵律、情趣。和谐的语言读来赏心悦目，听来悦耳动人，用来备感享受。

第六章　社交礼仪

学习目的：

社交礼仪是非常宽泛的概念，包括人际交往中的方方面面所应遵循的礼仪规范。通过本章的学习，使学员了解日常交往中的见面与告别礼仪、通信礼仪、馈赠礼仪、排序礼仪、女士优先等规则，掌握并正确实践公共场所礼仪和校园礼仪，熟悉各项求职礼仪和职场礼仪，以期对求职和工作有实际的帮助。

第一节　日常社交礼仪

社交礼仪是一种道德行为规范，就是对人的行为进行约束的条条框框，告诉人们要怎么做，不要怎么做，其根本目的是为了维护社会正常的生活秩序。社交礼仪比起法律、纪律，其约束力要弱得多，违反社交礼仪规范，只能让别人产生厌恶，别人不能对你进行制裁，为此，社交礼仪的约束要靠道德修养的自律。人际交往各种场合的社交礼仪是人们共同遵循的相处之道，违反日常社交礼仪，会直接影响人际交往的效果。

一、见面与告别礼仪

1. 称谓

人际交往，礼貌当先；与人交谈，称谓当先。使用称谓，应当谨慎，稍有差错，便贻笑于人。恰当地使用称谓，是社交活动中的一种基本礼貌。称谓要表现尊敬、亲切和文雅，使双方心灵沟通，感情融洽，缩短彼此距离。正确地掌握和运用称谓，是人际交往中不可缺少的礼仪因素。

1）姓名称谓

姓名，即一个人的姓氏和名字。姓名称谓是使用比较普遍的一种称呼形式。用法大致有以下几种情况：

全姓名称谓，即直呼其姓和名。全姓名称谓有一种庄严感、严肃感，一般用于学校、部队或其他郑重场合。

名字称谓，即省去姓氏，只呼其名字，如“大明”、“建华”等，这样称呼显得既礼貌又亲切，运用场合比较广泛。

姓氏加修饰称谓，即在姓之前加一修饰字。如“老胡”、“小王”等，这种称呼亲切、真挚，一般用于一起工作、劳动和生活中相互比较熟悉的人之间。

姓氏加亲属称谓，如“刘阿姨”、“王伯伯”等，这种称呼显示关系亲密，多见于熟人之间。

2）职务称谓

现在人们用职务称谓的现象已相当普遍，目的也是为了表示对对方的尊敬和礼貌。可以单独使用职务称谓，也可姓氏加职务称谓。对于贵宾服务的场合，大多要求采用姓氏加职务称谓。用职务称呼，如“胡局长”、“王科长”、“孙经理”等；用专业技术职务称呼，如“董教授”、“李工程师”、“张医师”，对工程师、总工程师等还可称作“李工”、“孙总”等；职业尊称，即用其从事的职业工作当作称谓，如“钱老师”、“牛大夫”、“吕会计”；不少行业可以用“师傅”称谓。

3）亲属敬称

对人称呼其亲属的时候，当然可以简明地称“你的父亲”，“您的儿子”。然而，为更显庄重优雅，往往会有意识地选择用恰当的敬称美称，以“令”、“尊”、“贵”、“贤”等构成的一系列敬称词。例如，称对方的父母为“令尊”、“令堂”。用“令”、“贤”作称谓时，包含了第二人称的意义，在这些称谓词前，切不可弄出“您令尊”、“你令郎”、“我令尊”等不伦不类的称呼来。

在向他人称呼自己的亲属时，常在亲属称谓前冠以“家”、“舍”、“敝”等词。这些词的词义虽然相近，都是表达谦恭平凡的意思，但在用作对人称呼自己亲属的谦词时，有着长幼、亲疏之分。一般说来，“家”，用于指称比自己辈分高的亲人，如“家父”或“家严”、“家母”或“家慈”、“家兄”、“家嫂”等。“舍”，用以向人谦称比自己年幼的亲人，如“舍弟”、“舍妹”、“舍侄”等。需要说明的是，在向人称自己的儿女时，习惯上不称“舍儿”、“舍女”，而是用其他卑词谦称“小儿”、“小女”，或“犬子”、“犬女”。上述以卑词向他人谦称自己亲属，并非故意贱视自己亲属，而只是表示敬重对方的意思。这些谦词，用于向人称呼自己亲属的场合，已包含第一人称的意思，因此不可说什么“我家父”、“我舍弟”等，更不要对人称什么“尊家父”、“您家母”而贻笑大方。

4）泛称

泛称是指一般性的称呼。对人的泛称一般用于陌生人之间，根据对方的具体情况而定，同时考虑地域差别和惯例。常用的泛称如“先生”、“女士”，而“小姐”这个称呼应慎重使用。为显示熟悉和尊敬，可以使用姓氏加泛称，如“王先生”、“李女士”。

5）尊称

对在某一领域特别有成就或有威望的人，称呼习惯上在姓氏后加“老”，以示尊重，如“赵老”、“陈老”等。

2. 问候

见面问候是我们向他人表达敬意的一种方式，态度上一定要注意做到主动、热情、大方，姿态上可以视情况配合适当的致意礼节，如握手礼、点头礼、鞠躬礼等。见面问候虽然只是打招呼、寒暄或是简单的三言两语，却代表着我们对他人的尊重。

问候内容分为两种，分别适用不同场合：

直接式问候，就是直接以问好作为问候的主要内容。它适用于正式的交往场合，特别是在初次接触的陌生商务及社交场合，如“您好”、“早上好”等。

间接式问候，就是以某些约定俗成的问候语，或者在当时条件下可以引起的话题，主要适用于非正式、熟人之间的交往，如“最近过得怎样”、“忙什么呢”、“您去哪里”等。

在正式场合，问候一定要讲究次序。一对一的问候，两人之间的问候，通常是“位低者先问候”，即身份较低者或年轻者首先问候身份较高者或年长者；一对多的问候，特别在正式会面的时候，这时既可以笼统地加以问候，比如说“大家好”，也可以逐个加以问候，当一个人逐一问候多人时，既可以由“尊”而“卑”、由“长”而“幼”地依次而行，也可以由“近”而“远”依次而行。

3. 介绍

介绍是社交场合中相互了解的基本方法。通过介绍，可以缩短人们之间的距离，以便更好地交谈、更多地沟通和更深入地了解。在日常生活与工作中常用的介绍有以下几种类型，即自我介绍、为他人介绍和集体介绍。

1）自我介绍

一般认为，把自己介绍给他人的最佳时机应是对方有空闲的时候，对方心情好的时候，对方有认识你的兴趣的时候，对方主动提出认识你的请求的时候，同时要考虑自我介绍的时间不宜过长，一般认为，用半分钟左右的时间来介绍就足够了，至多不超过1分钟。

在作自我介绍时，态度一定要亲切、自然、友好、自信。

根据自我介绍的场合类型的不同，被介绍者姓名的全称、供职的单位、担负的具体工作等信息内容随之有所变化，应考虑听者感兴趣的重点方面。

2）为他人介绍

为他人介绍，首先要了解双方是否有结识的愿望；其次要遵循介绍的规则；再次是在介绍彼此的姓名、工作单位时，要为双方找一些共同的谈话材料，如双方的共同爱好、共同经历或相互感兴趣的话题。

介绍时，应遵循“特别受尊重的一方有了解的优先权”的国际惯例。如将男性先介绍给女性；将年轻者先介绍给年长者；将地位低者先介绍给地位高者；将未婚的先介绍给已婚的，如两个女子之间，未婚的女子明显年长，则又是先将已婚的介绍给未婚的；将客人介绍给主人；将后到者介绍给先到者。

练一练

三人一组角色扮演不同的身份，练习为他人介绍。

1. 主宾之间
2. 上下级之间
3. 男女之间
4. 长幼之间

3）集体介绍

如果被介绍的双方，其中一方是个人，一方是集体时，应根据具体情况采取不同的办法。将一个人介绍给大家，这种方法主要适用于在重大的活动中对于身份高者、年长者和特邀嘉宾的介绍；将大家介绍给一个人，介绍时应按照座次或队次，或按照身份的高低顺序进行介绍，若随意介绍，会使来者产生厚此薄彼的感觉，影响情绪。

4. 名片

在人际交往中，名片不但能推销自己，也能很快地助你与对方熟悉，它就像持有者的颜面，不但要很好地珍惜，而且要懂得怎样去使用它。现代名片是一种经过设计、能表示自己身份、便于交往和开展工作的卡片，名片的设计一般要求简明清晰、实事求是，传递个人的基本情况，从而达到彼此交际的目的。

一般说来，把自己的名片放于容易拿出的地方，不要将它与杂物混在一起，以免要用时手忙脚乱，甚至拿不出来；若穿西装，宜将名片置于左上方内侧口袋；若有手提包，可放于包内伸手可得的部位。不要把名片放在皮夹内、工作证内，甚至裤袋内，这是一种很失礼的行为。另外，不要把别人的名片与自己的名片放在一起，否则，一旦慌乱中误将他人的名片当作自己的名片送给对方，这是非常糟糕的。

名片的递送先后虽说没有太严格的礼仪讲究，但是，也是有一定的顺序的。一般是地位低的人先向地位高的人递名片，男性先向女性递名片。当对方不止一人时，应先将名片递给职务较高或年龄较大者；或者由近至远处递，依次进行，切勿跳跃式地进行，

向对方递送名片时，应面带微笑，稍欠身，注视对方，将名片正面文字对着对方，用双手的拇指和食指分别持握名片上端的两角送给对方，同时恭敬地客气寒暄几句。出示名片还应把握好时机。当初次相识，自我介绍或别人为你介绍时可出示名片；当双方谈得较融洽，表示愿意建立联系时就应出示名片；当双方告辞时，可顺手取出自己的名片递给对方，以示愿结识对方并希望能再次相见。

接受他人递过来的名片时，应尽快起身或欠身，面带微笑，用双手的拇指和食指接住名片的下方两角，态度也要恭敬，使对方感到你对名片很感兴趣，接到名片时要认真地看一下，礼貌回应对方，然后郑重地放入自己的口袋、名片夹或其他稳妥的地方。一般接受对方的名片也会回递自己的名片给对方，如果自己没有名片或没带名片，应当首先对对方表示歉意，再如实说明理由。

礼仪小资料

最古老的名片

我国是名片的故乡，据史书记载，它已有两千多年的历史了。它在秦汉时叫“谒”，汉末称“刺”，六朝时叫“名”，唐时称为“膀子”，宋代谓之“门状”，明朝唤为“名帖”，清时又称“名刺”，同时也出现了“名片”的叫法。最早的“谒”是一种请求接见的信物，用竹简写着求见人的名字，负责报递的人叫谒者。

练一练

1. 设计自己的名片。
2. 分组练习一对一相互递接名片，一人给多人递送名片。

5. 告别礼仪

客人来访，要以礼相待；客人告辞，也应以礼相送，交往双方恰当的告别礼仪是十分有必要的。

通常是在来宾离去之际，出于礼貌，而陪着对方一同行走一段路程，并看着对方离去；或者特意前往来宾启程返回之处，与之告别，互道再见。当客人表示要走时，通常要婉言相留，表示希望其再多坐一会儿；或恳请其下次再来。客人离别时，应暗中帮助他们检查一下，该带的东西是否都已带走；还有没有其他需要商谈、讨论的问题等等。客人提出告辞，应等客人起身后，主人再起身相送。送客返身进屋后，应将房门轻轻关上。

告别时打招呼是非常重要的礼节。在离开时，应该向主方或上司打招呼，即使在餐桌上暂时离开打电话或者去洗手间，也应该向旁边的人打招呼。不声不响地离开和见面不理不睬，都是非常失礼的行为。向他人提出告辞后，应立即从座位上站起来，不能已经提出要走，而丝毫没有走的意思。探访不宜打扰太久，除非对方是熟识的朋友或有特别事情要商量，不要以为主人的谈锋甚健，客人就毫无告退之意。善于接待朋友的人，他绝不会在客人面前露出倦意。适当的告辞时间，是在客人自己说完一段话之后。临别时，要向主人道谢，从容优雅地告辞，告辞前勿打呵欠、伸懒腰。

二、通信礼仪

1. 电话礼仪

1）打电话的礼仪

打电话应考虑何时去电话让对方方便接听。在别人不方便时去电话打扰是很不礼貌的行为。如果不得不在对方不方便的时候去打搅，应当先表示歉意并说明原因。

电话拨通后，应先说一声“您好”，得到明确答复后，报出自己要找的人的姓名。如电话号码拨错了，应向对方表示歉意，切不可无礼地挂断电话。

在电话中交谈时应集中注意力，切不可边打电话边和身边的人交谈，不得不暂时中断通话时，应向对方说：“对不起，请稍等一会儿。”

通话时间要适可而止，结束通话时，可以把刚才谈过的问题适当重复和总结一下。放话筒的动作要轻，话筒没放稳前，不可对刚才的交谈妄加评论。一般来说，打电话的人先挂电话，但如果双方身份地位有高低差别，应该等位尊者先挂电话。

2）接电话的礼仪

如何接电话，也是一门艺术。听到电话铃声，应尽快接电话。民航服务窗口如问讯、投诉等岗位的电话接听不得迟于电话铃响三次，电话接通后应先自报家门，然后询问对方的诉求。通话要结束时，请对方先放下电话，再轻放下自己的电话。通话时说话面带微笑，传递给对方温馨愉悦之感。

当通话时线路突然中断，拨打电话的一方应负责重拨，接通后应先表示歉意。即使通话即将结束时出现线路中断，也要重拨，继续把话讲完。要是在一定时间内打电话的一方仍未重拨，接电话一方也可拨过去。

如果约定某人某时回电话，要遵守承诺。对电话留言必须及时答复，这是最基本的礼仪。

如果自己走进别人办公室时，正好别人在通话，应轻声道歉并迅速退出，如果确有急事非马上打断正在打电话的人，可以将要谈的问题写在便条上放在他的眼前，然后退出。

2. 手机礼仪

移动电话是日常最便捷的通信工具。手机和座机一样，使用中也有一些事项应该特别注意：

在参加一些需高度保密的重要会议时，不要携带手机进场，如果携带手机进场，要关闭手机电源，并将手机电池取出。

在重要聚会、重要仪式、音乐会、电影院等场合，应将手机设置为振动状态，或暂时关机，若有重要来电必须接听时，应迅速离开现场，再开始与对方通话；如果实在不能离开，又必须接听，则要压低声音，一切动作以不影响在场的其他人为原则。

别人给你看手机的照片，不要自己不断前翻后翻。别人在手机上输密码时要避过不看。与人进餐时（特别是自己做主人请客）最好不要打手机。如果有电话，最好说一声“对不起”，然后去洗手间接，而且一定要简短，这是对对方的尊重。

3. 微信礼仪

微信是腾讯公司于 2011 年推出的一个为智能终端提供即时通信服务的免费应用程序。微信这种即时聊天工具，由于其便捷高效，一经推出就受到很多人的喜爱，腾讯官方披露的 2018 年一季度财报中显示，微信用户已达 10.4 亿。如今，微信已经成为我们工作、生活必不可少的沟通工具，在微信上会聊天、懂礼仪也成为人们需要掌握的技能和必备素养。

微信聊天时，应及时回复他人的微信，能打字的尽量别发语音，不要“狂轰滥炸”，不要强求别人点赞，注意发送的内容，巧用表情符号，懂得网络专属语气含义，不要随意拉别人进群，注意发消息的时间。添加朋友应自我介绍，用真名。

关于朋友圈的礼仪：朋友圈更多是用于情感交流，不是营销平台，建议不要发太多和工作内容相关的事情；适当点赞或评论；多用回复框回复评论，这样其他参与回复的朋友，就不会收到与自己无关的消息提醒；不要轻易拉黑别人；不要刷屏式发朋友圈。

关于微信群的礼仪：能私聊的不群聊，少发语音多用文字，内容要精简，不要表情包狂轰，微信红包不要只抢不发。

4. 收发传真、电子邮件礼仪

传真机是远程通信方面的重要工具，在发传真之前，应先打电话通知对方。在收到他人的传真后，应当在第一时间内采用适当的方式告知对方。传真信件时必须用写信的礼仪，如称呼、签字、敬语等均不可缺少，尤其是信尾签字不可忽略。

电子邮件是一种重要的通信方式，收发电子邮件时也要讲究礼仪。书写电子邮件时，语言要简略，所用字体和字号大小要让收件人看起来不费力。发送完毕后，可通过电话等询问是否收到邮件，通知收件人及时接收阅读。接收电子邮件时，应尽快回复来信。

三、馈赠礼仪

今天，人与人之间的距离逐渐缩短，接触面越来越广，一些迎来送往及喜庆宴贺的活动越来越多，彼此送礼的机会也随之增加。适当的礼品赠送，有利于促进友谊、加强交流。挑选适宜的礼品、懂得送礼的技巧，关系到整体印象，是人际交往的重要课程。

客人来访，常常会带些礼物来，对此，我们送客时应有所反应，如表示谢意，或请求客人以后来访再也不要携带礼品了，或相应地回些礼物，决不能若无其事，给人以受之无愧之感。

要使对方愉快地接受馈赠并不是件容易的事情，因为即使是赠礼人精心选择的礼品，如果不讲究赠礼的礼仪，也很难使馈赠收到良好的效果。选择礼品应量力而行，超过自己承受能力的礼品，会让受礼人难堪。赠送礼品应注意礼品的包装，包装力图突出自己的特色，增加文化品位；应注意赠礼的时间，一般在拜访前或结束时送礼物；应注意赠礼时态度和动作的友善大方。

馈赠忌讳直接去问对方喜欢什么礼物，也不要把以前接收的礼物转送给别人；切忌送一些将会刺激别人感受的礼物；谨记除去价牌，最好用包装纸包装，有时细微的地方更能显出送礼人的心意。

总之，馈赠本是很好的进行人际交往的方式，但如果不懂得其中的礼仪，就会把事情办糟，既花了钱，又伤了感情。

礼仪小故事

唐朝贞观年间，西域回纥国是大唐的藩国，一次，回纥国为了表示对大唐的友好，便派使者缅伯高带了一批珍奇异宝去拜见唐王。在这批贡物中，最珍贵的要数一只罕见的珍禽——白天鹅。

缅伯高最担心的也是这只白天鹅，万一有个三长两短，可怎么交代呢？所以，一路上，他亲自喂水喂食，一刻也不敢怠慢。

这天，缅伯高来到沔阳河边，只见白天鹅伸长脖子，张着嘴巴，吃力地喘息着，缅伯高心中不忍，便打开笼子，把白天鹅带到水边让它喝了个痛快。谁知白天鹅喝足了水，一扇翅膀飞上了天！缅伯高向前一扑，只拔下几根羽毛，却没能抓住白天鹅，眼睁睁看着它飞得无影无踪，一时间，缅伯高捧着几根雪白的鹅毛，直愣愣地发呆，思前想后，缅伯高决定继续东行，他拿出一块洁白的绸子，小心翼翼地把鹅毛包好，又在绸子上题了一首诗："天鹅贡唐朝，山重路更遥。沔阳河失宝，回纥情难抛。上奉唐天子，请罪缅伯高，物轻人意重，千里送鹅毛！"

缅伯高带着珠宝和鹅毛，披星戴月，不辞劳苦，不久就到了长安。唐太宗接见了缅伯高，缅伯高献上鹅毛。唐太宗看了那首诗，又听了缅伯高的诉说，非但没有怪罪他，反而觉得缅伯高忠诚老实，不辱使命，就重重地赏赐了他。

从此，“千里送鹅毛，礼轻情意重”的故事广为流传开来。

四、排序礼仪

排序礼仪是指在各种次序安排中需要遵循的一系列礼仪规范。

1. 惯常排序

在许多需要排序的场合下，诸如合影、宴会、会议等，会遵循一些被大众普遍认同的排序原则，如以中为尊、以前为尊、以里为尊等等，生活中这样的排序比比皆是。

2. 中国的左右尊卑

中国古代等级制度森严，左与右的区别是上下、尊卑、高低、贵贱的重要标志，表现在各种礼仪场合，不同时代、不同背景、不同场合下排序的依据是不同的。中国上下五千年，左右尊卑问题随时间的推移、地域的区别、习俗的不同、社会的发展而有所差别。

一般认为春秋、唐、宋、明、清等朝代以左为尊。殷商、战国、秦、汉、元等朝代以右为尊。有的朝代亦尊左、亦尊右，也存在左右无尊卑的时候。当今中国礼仪中的左右尊卑排序没有明确的规范。《机关文明礼仪手册》(中央文献出版社2007年8月第一版)提到，目前国内排定主席台位次有三个基本规则：一是前排高于后排，二是中央高于两侧，三是左侧高于右侧，左右以最高位领导面向大众的左手、右手侧而定。

主席台领导为单数时，最高领导位于主席台中线，左高右低。主席台领导为双数时，十一届三中全会前，尊左、尊右无严格区别；十一届三中全会后，分两种情况，一是以主席台中线划开，以左为尊，这种情况最为多见，二是以中为尊，左右可单数、可双数，最高领导两侧左高右低。见图6.1。

图 6.1　主席台位次排定规则

3. 以右为尊的国际惯例

在各种类型的国际交往中，大到政治磋商、商务往来、文化交流，小到私人接触、社交应酬，但凡有必要确定并排列具体位置的主次时，“以右为尊”都是普遍适用的。涉外交往应遵循以右为尊的国际惯例。

4. 其他

“男左女右”之说，由来已久。古代社会由于受“男尊女卑”、“重男轻女”等夫权思想影响，在尊卑贵贱、辈分高低及等级地位排序等方面，皆遵“左为尊为上”，故

"男左女右"之说，是一种权力、高贵象征。后演变成一种习俗，并形成一种自然规律而客观存在。

古代把南视为至尊，而把北象征为失败、臣服。宫殿和庙宇都面朝向正南，帝王的座位都是坐北朝南，当上皇帝称"南面称尊"；打了败仗、臣服他人为"败北"、"北面称臣"。

除了南尊北卑之外，在东、西方向上，古人还遵"东为大为首"，以东为首，以西为次。皇后和妃子们的住处分为东宫、西宫，而以东宫为大为正，西宫为次为从；供奉祖宗牌位的太庙，要建在皇宫的东侧。现代汉语中的"东家"、"房东"等也由此而来。

类似男左女右这些排序方法，如今已经淡化弱化，这是一种随性、自然的文化变化，这样的习俗在时代的冲击下逐渐没有了拘束性。

五、女士优先

作为英国绅士风度重要表现之一的女士优先，在世界上许多国家和地区得到推广和遵循。女士优先，不仅仅是顺序上的优先，而且包含着尊重女士和帮助照顾女士。谁不遵守这一成规，谁就会被认作失礼。随着我国对外开放的不断扩大和深入，女士优先的准则也得到了肯定。

不论男人或女人发表演说，开场白总是要先说"女士们"，再说"先生们"；在餐馆里进餐，服务员总要先给女客人上菜；男士要等女士伸出手来才能同她握手等等，这些都是男士尊重女士的表现；为安全起见，在人行道上，男子走在靠车的一边；在帮助女士时，可牵手走在前；女士需要帮助时，可主动挽住男士的胳膊，一般男士不揽女士的腰走路。

如果有前后次序，那么通常女士在前；进出电梯、上楼梯、进房间时，女士先行；进房间需开门时，男士先打开门；但在下楼梯时，男士在前，为的是万一发生事故，他可以设法保护走在后面的女士，同时也防止万一滑倒，冲撞走在前面的女士。

上车时，男士为女士打开车门，让女士先上车，并视情况可以将手隔在女士头顶与车门顶之间；下车时，男士先下，为女士打开车门，手位置同前；下公共汽车、电车或火车时，男士先出车厢，然后把手递给女伴，让她搀扶着下车。总之，只有需要男士去排除故障或有利于照顾女士时，男士才走到前面。

男士有帮助、照顾女士的义务。男士不仅不应与女士抢座位，而且要让座；餐桌就座时，男士先把座位往后拉，等女士站到适当的位置时，再把座位送上去，方便女士坐下。与女士同行，男士要帮她拿手包以外的物品。不论在何种场合，男士都应尽可能地帮助女士。

礼仪小故事

当"泰坦尼克号"的幸存者回到纽约时，大家讨论谁生还、谁遇难了，由于幸存的女人、孩子远比男人多，人们都认为是海上规则"妇孺优先"的胜利。但泰坦尼克号所属的白星轮船公司对媒体表示：没有所谓的"海上规则"要求男人们做出那么大的牺牲，他们那么做了只能说是一种强者对弱者的关照，这不管在陆地还是在海上都是一样的。

这是他们的个人选择，不是任何规章制度、航海规矩可以要求达到的。他们坚守住的是古老却永远年轻的人类价值。

当时，亿万富翁约翰·雅各布·阿斯德问负责救生艇的船员，他可否陪同正怀着身孕的妻子马德琳上艇，那个船员说了一句“妇孺先上”之后，阿斯德没有多说一句话，脱下手套抛给了妻子，他就像一个真正的绅士一样，回到甲板，点燃了一支雪茄。幸存的船上理发师奥古斯特·韦科曼后来回忆，当时他曾和阿斯德先生在甲板上待了一会儿，他们聊的都是只有在理发椅上才谈的小事情。临别时，韦科曼问阿斯德：“你不介意我和你握个手吧？”阿斯德说：“我很高兴。”这是乘客们听到的这个亿万富翁的最后一句话。之后船上倒下的大烟囱把他砸进大西洋中，随着泰坦尼克号一起沉没。阿斯德当时的资产，可以建造11艘泰坦尼克号巨轮，他是泰坦尼克号上唯一的亿万富翁，也是全世界最富的人之一。

当知道自己没有获救的机会时，世界著名的管道大亨本杰明·古根海姆穿上了最华丽的晚礼服，他说：“我要死得体面，像一个绅士。”他给太太留下的纸条写着：“这条船不会有任何一个女性因为我抢占了救生艇的位置，而剩在甲板上。我不会死得像一个畜生，会像一个真正的男子汉。”

第二节　公共礼仪

一、公共场所礼仪

公共场所礼仪也指公共礼仪，体现着人们的社会公德。在社会交往中，良好的公共礼仪可以使人际之间的交往更加和谐，使人们的生活环境更加美好。

在新的时代，每个人都向往着新的发展和更美好的生活，这有益于更文明的环境。近年来中国经济的腾飞使中国的物质文明有了长足的进步，与此同时，精神文明的建设绝不能停留于一句空话，讲究礼仪的行为是文明行为，是促进精神文明发展的重要力量，而在公共场合人们的行为举止最能体现其文明素养。

随着社会进步，公共生活领域不断扩大，人们相互交往日益频繁，社会公德在维护公众利益、公共秩序，保持社会稳定方面的作用更加突出，成为人们个人道德修养和社会文明程度的重要表现。要大力倡导以文明礼貌、助人为乐、爱护公物、保护环境、遵纪守法为主要内容的社会公德，鼓励人们在社会上做一个好公民。社会公德虽然不具有法律的强制力，但通过家族、邻里、亲朋的舆论监督，往往迫使人们遵守它，它在人们生活中具有一种无形的力量。

礼仪具有与社会公德不相违背的特征，生活中不遵守社会公德的现象就是不讲究礼仪的行为，会被大众所厌恶、批评。人人都懂的道理还是有很多细节会被人们所忽视。在不同的公共场所须遵循相应的礼仪规范。公共场所礼仪总的原则有：

1. 仪表整洁

公共场合人们的仪表，犹如一张张名片，昭示其自尊、尊人的形象。容貌有美丑，衣饰有贵贱，起码应是洁净整齐的。即使是前卫风格的打扮，衣着的时尚尺度也应建立在干净的基础上。

公共场所应注意衣着整洁，有的场所不能穿汗衫和拖鞋入内，即使天气炎热，袒胸露腹也是不雅观的。身体可以裸露多少，不同时期大众有普遍的评判标准，挑战这样的标准，无疑就是挑战了大众的审美观和承受力。

不同的场合应有适当的衣着、适当的修饰打扮，以符合环境的需要。人后随意、人前体面，是现代人融入公共社会的必需。

2. 讲究卫生

公共场合是混杂的地方，从健康角度的认知，应明确杜绝环境的脏乱差，所有会加剧环境脏乱差的个人行为都应自觉避免，切忌随地吐痰、乱弹烟灰、乱丢果皮纸屑，忌讳把雨具及鞋下的脏污带入室内，不可在公共场合随意往地上倾倒茶水饮料，或随意丢弃吃剩的饭盒等等。好的环境需要大家的维护，优美的环境给大家带来愉悦。

个人卫生的打理体现着一个人的自理能力，更是一个人综合素养的体现。公众面前忌蓬头垢面，忌衣装鞋帽或领口袖口不洁。在正式场合，忌讳不卫生的动作，尽量避免当众嚼口香糖，如果要嚼口香糖以保持口腔卫生，那应闭上嘴，不发出声音，并把嚼过的口香糖用纸包起来，扔进垃圾箱。患有传染病的人严禁参加外事活动。

3. 遵守秩序

公共场合总有这样那样的规则需要人们遵守。比如图书馆就座时，不要为别人预占位置；观看演出迟到，应在节目间隙进场；对公共建筑、设施和文物古迹，甚至花草树木，都不能随意破坏；不能在柱、墙、碑等建筑物上乱刻乱画；凡在“禁止拍照”标志的地方，人们应自觉遵从；在“禁止吸烟”标志区域严禁吸烟等等。遵守交通规则、不闯红灯，不仅是秩序的要求，更是法律层面的要求，人人必须遵守。

一个社会的有序文明很大程度上体现在排队上，公共场合的排队状况总能折射出人性的各种面具。购物、吃饭、等车、进出场馆等等许多场景下，都会出现长长的队伍，这是资源配置不均衡和时间限制条件下的必然现象，而遵循这种缓速的依次等待，是对每一个有教养的人的考验。

4. 音量控制

人类的听觉器官——耳，结构非常精致、功能十分复杂，听觉是人类社会生活必要的交流渠道，而且最重要的是听觉使我们感知环境而产生安全感和参与感。一般来说，相对于视线的可控，声音是不可控的。哪怕捂上耳朵，只要音量够大，声音还是会“钻”入耳朵。这就要求我们遵守公共礼仪，要视场合不同，控制好说话声音的音量：

在图书馆、病房等场所要保持安静，走动时脚步要轻，不要高声谈话；

在影剧院不可大呼小叫，笑语喧哗，也不可把影院当成小吃店大吃大喝；

乘客在宾馆不要在房间里大声喧哗，以免影响其他客人；

公共场所不适宜打手机，来电时，找安静、人少的地方接听，并控制音量；
在图书馆、看电影时，不要吃有声或带有果壳的食物；
在候车室、候船室、候机楼，要保持安静，不要大声喊叫等等。

想一想

公共场所还有哪些恼人的声音来源？

5. 尊老爱幼

尊老爱幼是中华民族的传统美德，也是世界通行的惯例。尊老爱幼在公共场所礼仪上具体体现在：

（1）谦让。乘公共汽车时，对妇女、儿童、老年人及病残者要照顾谦让。上车后不要抢占座位，更不要把物品放到座位上替别人占座。遇到老弱病残孕及怀抱婴儿的乘客应主动让座。开车、过马路遇到老弱病残者动作迟缓，要给予谅解，主动礼让。

通常情况应让尊者先坐。遇尊者或老、弱、病、残、孕等后至无位时，应起身让座。入座时，应礼让尊位。

（2）先行。先行分让先与争先两种。通常在行路、上车、进门时请尊者先行。下轿车时，应争先，并为尊者开门；下楼梯时，应争先，并回头照顾尊者；通过不便出入的场合，应争先引路。这与“女士优先”原则有异曲同工之处。

（3）助臂。与尊者一起，应随时准备助一臂之力。通常有助臂提物、助臂相扶、助臂撑伞、助臂开门、助臂正座（入座前拉椅，离座后推椅）。

6. 不给别人添麻烦

人际关系是互动的，在中国传统的“人情化”社会里，麻烦别人和被别人麻烦都被认为是理所应当的，然而，麻烦别人，也意味着给别人添麻烦。

喜欢经常麻烦别人的人，出于懒和自私，方便了自己，置别人的麻烦于不顾，甚至事后还没有一声道谢，可能还为占了便宜而沾沾自喜。

无意识麻烦别人的人，没有设身处地站在别人的角度，没有预计到由于自己的事情，让别人多了工作量，这是粗心，也是自私。

一个能正确全面看待自己所有行为的后果，并为之负责的人，才是真正心智健全的人，必然有好的人际关系。凡事身体力行，不给别人添麻烦，是一个人最好的修养，是对这个世界的温柔与善良。

礼仪小故事

一二岁的宝宝开始自己吃饭的那段时期，往往一片狼藉，父母带着宝宝去餐厅吃饭，很多店家也能理解这种状况。而有这样一对夫妇带着他们的宝宝去餐厅吃饭，先生每次都坚持在离开的时候，默默地趴桌子底下，拿餐巾纸把脏东西擦掉，直至完全清理掉地下的食物残渣才离开。

二、校园礼仪

1. 校园礼仪无小事

1）校门第一关

学校是传播知识的圣殿，是传播文明的摇篮，每一位学子从进入校门的那一刻起，就要开始审视自己的形象举止，一言一行是否与学生的身份和学生的礼仪规范相符合。衣裤是否端正，着装是否规范，瞬间就让别人给你的学生形象打了分。学生的举止应该端庄而充满朝气，不应萎靡不振，也不可打闹拥挤。

遇上值勤的同学和老师，应微笑点头回应，热情招呼致意，用一个好心情愉悦自己，感染他人，开始新的一天的学习。进出校门，骑自行车的同学要主动下车，配合门卫管理，还应虚心接受门卫和值勤同学、老师的指正与督促，态度应积极诚恳。

2）维护校园整洁的好习惯

有调查显示，如今“学生官”里“劳动委员”一职最难当，甚至无人竞选，学生轮流值日，大多也敷衍马虎。

每一位同学都要自觉保持校园、教室以及校内公共场所的整洁、干净。要认真做好每天的卫生值日工作，以及定期的大扫除工作和卫生检查工作。

看到垃圾、纸屑等应主动捡起，放入废物箱。

不要把早餐、零食等食品带进教学楼，不要在校园内边走边吃食品，做到随手带走垃圾并投入垃圾箱，保持校园环境整洁优美。

不随地吐痰、乱抛果皮纸屑和乱涂乱画。不将吃剩的饭菜及其他污物倒入水斗、小便槽内。

厕所的卫生整洁是非常重要的。每当大小解后，应该及时冲水。

学生应爱护校内绿化、草坪，不攀折花木及其果实、种子。

学生还应有爱护公物、节约环保的好习惯。爱护教室设施，珍惜教学仪器设备等。学校公共设施要多加爱护，很多时候，桌上的刻痕、白墙上的涂鸦、天花板上的球印、阅览室撕破的图书、地板上黑色的口香糖渣等等，无不一一向人们提示着刺目的陋习。随手关上水龙头。最后离开教室的同学，记得随手关灯，关电扇，环保卫士应从自身做起。

礼仪小故事

一屋不扫，何以扫天下

《后汉书》记载了这样一个故事：东汉有个叫陈蕃的人，他虽然宣称自己满怀修身立德壮志，却不愿点滴躬行，连自己身处的居室都不愿打扫。有一天，他父亲的好友薛勤来访，见他的屋子内积满了灰尘，布满了蜘蛛网，庭院里杂草丛生，垃圾遍地，便问他为何不打扫。陈蕃不屑一顾地说：“大丈夫处世应当扫天下，岂能只扫一屋？”薛勤听后，暗自好笑，便反问他：“连一屋都不肯扫，你又怎么能扫天下呢？”问得他哑口无言。

3）有序校园靠的是你我他

学校校园如同一个小社会，同样需要一定的秩序准则来维护正常的教学活动，课堂需要礼仪秩序：起立问候，安静听讲；课间需要礼仪秩序：文明休息，按时上课；食堂就餐需要礼仪秩序：依次排队，节约粮食，尊重炊事人员；图书馆需要礼仪秩序：爱护图书，不干扰他人，不抢占座位；大型活动需要礼仪秩序：准时，安静，遵守规则等等。文明有序的校园光靠校方的建设管理是不够的，只有每一个学生都能把白纸黑字的有形规范化为无形的约束力，自律自身的言行，才能把校园建成真正育人成才的摇篮。

礼仪小故事

校园处处是礼仪考场

四级英语考场内，监考老师注意到只有一位考生小甲在验证时，双手恭敬地把证件递给老师，其他考生都是随手一递。另一位感冒的考生小乙，整个考试期间多次大声擤鼻涕，尤其是在听力考试期间，擤鼻涕发出的声音每每让周围的考生蹙眉。最后考试结束，考生离场时，又只有小甲在离开时向监考老师致意道别，而小乙离开后的桌面上，堆满了用过的纸巾。

2. 如何与老师相处

古时中国有“天、地、君、亲、师”的排序，老师是次于亲的第五位重要人物。中国自古就有尊师之风，《荀子》指出：“礼者，所以正身也。师者，所以正礼也。”认为老师是礼的化身。现代社会也倡导尊师重教，老师理应受到社会的尊重。师生之间的互相尊重，互相理解，是文明校园的基石。

尊重是社会交往的第一张通行证，师生之间亦是如此。尊重老师不是一句空话，这种尊重不仅是表面礼节上的尊重，对老师有礼貌，见到老师主动热情打招呼，课前把讲台擦干净、课间擦好黑板；还要尊重老师的劳动，即上课认真听讲、积极回答问题；尊重还应包括说话时，语气要温和，语调要平稳，说话时不要指手画脚，交谈时，要主动给老师让座，与老师说话要保持端正的体态，双目注视老师，认真听，不可东张西望，不可将手插在口袋里，或两条腿一颤一抖地晃动；对老师的尊重，更要表现在尊重老师的人格，体谅老师的困难，对老师不可直呼其名。

礼仪小故事

学校行政楼和实训楼四楼之间有一扇门相连，两开门的，平时只开一边，每次老师抱着讲义、水杯过这扇门时，总是要等着迎面而来上实训课的学生鱼贯而入之后，老师才能过去。小门不能二人同时交会而过，有时一两个学生，有时整整一个班的学生，在碰到门对面的老师，或熟视无睹、面无表情，抢先漠然而过；或羞涩低头，快速而过；或笑一下，跑跳着先跨一步，很少有学生主动开口招呼，几乎没有学生让老师先行。小事一桩，但背后却是大事件。

3. 如何与同学相处

1）真诚友爱

要树立“心中有他人”的观念，与同学友爱团结。同学之间要平等相待、相互尊重，一言一行、一举一动都要从团结的愿望出发。平时遇见同学一定要打招呼。打招呼的方式有很多，可以问好、点头、微笑、招手或喊一声名字等。要做到热情、诚恳。

2）相互尊重

首先是尊重他人人格。不得讥笑、辱骂、给同学起恶意绰号。其次，要尊重他人的生活习惯。每位同学的生活习惯是自幼养成的，是受家庭的教育和周围环境潜移默化的结果。尊重别人的生活习惯就等于对他人人格的尊重。另外，与异性同学交往更要相互尊重，交往要停留在适度的范围内，注意保持一定的距离。

3）集体意识

在集体生活中，要顾全大局，遵守规章制度，不可我行我素。现在独生子女多，个体的独立性强，缺乏集体意识是现在年轻人普遍存在的问题，造成“一个人是条龙，一群人是条虫”的情况，现代青年要加强集体观念。

4）帮助他人

当有同学需要帮助时，首先应分清是非，弄明情况，如果是对的，就尽力而为，助其一臂之力，不能置之不理。如果同学是要你帮忙弄虚作假，或是做违反校纪的事，就要有正确的是非观，不可同流合污。自己需要帮助时不要强求别人，要学会换位思考，多替他人考虑，尽量不给别人造成困难，甚至带来麻烦。

想一想

校园里你是个受欢迎的学生和同学吗？

第三节　职场礼仪

一、求职礼仪

求职礼仪是公共礼仪的一种，是指求职者在求职过程中与招聘单位接触时应具有的礼貌行为和仪表形态规范，它通过求职者的应聘资料、语言、仪态举止、着装打扮等方面体现其内在素质，进而影响面试官的招聘决策。心理学家奥里·欧文斯说：大多数人录用的是有礼节的人，而不是能干的人。得体的礼仪在求职中的重要性不言而喻，谦谦君子总会令人过目不忘，情礼兼备者往往会在竞争中事半功倍。

1. 求职准备

1）客观自我评价，正确求职定位

人贵有自知之明，想要求得理想的职位，总要清楚自己的斤两。应聘前，客观分析自己的长处、短处，客观评估自己具备能力的程度，不要好高骛远。

根据自己的能力水平，兼顾自己的喜好，选择合理的就职意向，不要不切实际追求过高的目标岗位，也不能低估自己，错失良机，职业定位准确，是未来职业稳步发展的首要条件。

2）充分心理准备，全面信息收集

应聘前应做好充分的心理准备，对困难的预估，甚至对可能的失败都要有正确的认识。尤其是刚刚大学毕业的年轻人，要脱去一身稚气，成熟冷静地分析职业岗位的需求，确定求职方向，多准备，多尝试，哪怕一时没有成功也不要气馁，及时分析失败原因，愈挫愈勇，这样才能遇见下一次的成功。

当然，对每一次应聘都要尽百分之百的努力。认真阅读招聘信息，查阅招聘单位的资质概况，分析招聘岗位的特点需求，乃至对面试地址的交通路线都要事先查询清楚。不打无准备之仗，成功总是留给那些有准备的人。

2. 求职文书

个人简历是最常见的求职文书，是求职者给招聘单位发的一份简要书面介绍。包含自己的基本信息：姓名、性别、年龄、民族、籍贯、政治面貌、学历、联系方式，以及自我评价、工作经历、学习经历、荣誉与成就、求职愿望、对这份工作的简要理解等等。

个人简历不可冗长，以简洁重点为最佳标准，最好限制在一页纸内。个人简历犹如一份推销自己的广告，词句修饰一定要注意真实性，不可夸大其词，使用语言讲究平实、客观和精炼，一份良好的个人简历对于获得面试机会至关重要。

礼仪小故事

一家用人单位在某大学发布招聘信息，某个岗位由于专业性强、就业面窄，集中收到来自某专业一个班的应聘简历三十多份，让 HR 头晕的是，三十多份个人简历上提到在校成绩，无一例外地写着“名列前茅”，一打听，这个班总共 40 人。

求职信也是一种求职文书。

求职信是求职者向用人单位介绍自己以求录用的专用性文书，目的是让对方了解自己、相信自己、录用自己，它是一种私人对公并有求于公的信函。求职信对格式有一定的要求，内容要求简练、明确。求职信作为新的日常应用类文体，使用频率极高，其重要作用愈加明显。

求职信所给的对象很难明确，如果你根本就不认识招聘公司的任何人，求职信最好写上“人事部负责人收”较妥。

英语中“Cover Letter”指附言、附信之意，招聘单位往往要求求职者寄出简历并附上一份针对所求岗位的附函，即求职信（Cover Letter），一般在求职信中简要介绍自己的情况，以及要申请的职位。或者在了解某个公司招聘的具体职位的基础上，表达自己有意从事这个职位的意愿，说明自己有做好这个职位的经验和能力。同时也包括将求职信封里的所有资料列成的清单。

多数用人单位通过求职材料对众多求职者有一个大致的了解后，再通知面试或面谈人选。因此，求职信写得好坏将直接关系到求职者是否能进入下一轮的角逐。

3. 面试礼仪

在面试之前，用人单位可能会通过信件、邮件、电话等方式联络，不要以为见不到人，就可以失礼。及时回复，礼貌对答，注意措辞，在见面之前就给对方留下好印象。

面试之时，除了提前到面试场地，不要迟到之外，还需注意以下面试礼仪：

1）形象得体，符合应聘企业文化

不同的企事业有不同的文化，也会有相应的形象风格。艺术类以及一些技术类单位确实不那么重视着装，但大多数企事业单位还是非常重视应聘者的形象的。商业岗位，尤其是服务类岗位，对着装形象的要求更为严格，应聘者应打理好自己的形象，不要特立独行，与企业要求背道而驰。

礼仪小故事

一位毕业于中国一所名校经济系的毕业生，是一个追求独特个性、充满了抱负和野心的年轻人。他崇拜比尔·盖茨和史蒂夫·乔布斯这两个电脑奇才，相信“人真正的才能不在外表，而在大脑”。对那些为了寻求工作而努力装扮自己的人，他嗤之以鼻。他认为真正珍惜人才的现代化公司不会以外表来衡量一个人的潜力。如果一个公司在面试时以外表来论人，那么这也不是他想要为之效力的公司。他的穿着总是破牛仔裤、文化衫，还有一双老款的黑布鞋，然而，他去外企一次次面试，却一次次以失败结束。直到最后一次，他与同班同学被某外企公司召去面试。他的同学“全副武装”，发型整齐，面容干净，西装革履，手中提着皮公文包，而自己依然是那套“常服”，外加代表“性格宣言”的黑布鞋。他进入面试的会议室时，看到共有五六个人，全部是西服正装，他们看起来不但精明强干，而且气势压人。他那不修边幅的休闲装，显得如此与众不同、格格不入，巨大的压力和相形见绌的感觉使他恨不能找个地缝钻进去。他没有勇气再进行下去，终于放弃了面试的机会。他说：“我的自信和狂妄一时间全都消失了。我明白了一个道理，我还不是比尔·盖茨。”

2）神态自然，放松应对考官问答

口头自我介绍时，因为一般情况都已事先附在简历上，所以不要像背书似的发表长篇大论，那样会令主考官觉得无趣，将重点挑出稍加说明即可，如姓名、毕业学校名称、主修科目、专长等。如主考官想更深入了解家庭背景及成员，你再简单加以介绍即可。“时间就是金钱”，通常主考官都是公司的高级主管，时间安排相当紧凑，也因此说明越简洁有力越好，若是说得过于繁杂，会显不出重点所在，效果反倒不好。

与考官交谈中还要注意谈话礼貌，不要打断对方的讲话，要集中注意力认真“倾听”对方的讲话。听清和正确理解对方的一字一句，不但要听出其“话中话”，而且要听出其“弦外之音”，这样才能做出敏捷的反应。

很多应聘者在面试的时候会紧张，这很正常，但也要学会控制，尽量避免因过度紧张而导致大脑空白。有资深 HR 曾经说，所有的面试紧张都是准备不充分，经历不够。的确，在面试前，应聘人员是需要做充分准备的，所谓平时靠积累，临场靠发挥。

面试前对所应聘的企业和职位有一个全面了解，对面试中可能会被问到的问题有一个提前预演；树立自信，调整面试心态，其实，对于很多企业来说，并不是很注重所谓的出身，要给自己积极的暗示；也不要追求完美，想在面试很短的时间内，把问题想得既周到又全面是不现实的，只要能够真实地把自己的想法说出来，把自己最好的一面呈现给考官就是胜利，盲目地追求完美，乃至面试时不如人意就出现紧张焦躁的状态，是不明智也是很可惜的。

对于缓解面试情绪，除了面试前充分的准备和得体的着装，面试对答时，可以适当放慢说话速度，在与面试官交流时，求职者可能会因紧张而使说话速度变快，而这又会加重紧张，由此进入一个恶性循环。有意识地放慢说话的速度，一则可以减轻紧张情绪，更重要的是可以让考官仔细倾听你的话语，给他留下更深刻的印象。

当然，多经历面试是真正克服紧张的良药。招聘会历练多了，自然就游刃有余了。所以，在求职的路上，一定要认真准备，多多交流，尝试练习面试的情景模拟，争取发挥出自己的真实水平。

3）举止优雅，始终彬彬有礼

作为求职者，面试时举止应优雅大方，在考官面前展现职业化举止。

职业化的举止是一种无声胜有声的形体语言。许多面试者往往只注重衣着和话语，面试时，脚不停地抖动敲打地板，身体时不时地扭动，瘫坐在椅子上，拖拉椅子发出很大的声音，斜伸着腿等等，给人留下轻浮、没有教养的印象。每个人都会有一些属于自己的习惯动作，比如说挠头、揉眼睛、玩手指、双手交叉在胸前等，在面试时，都要尽量控制，它们会分散人的注意力，给面试官留下不好的印象。面试时的优雅举止展现着应聘者的自信和教养，应该用你无声的、职业化的举止，向招聘者表明“我是最适合的人选”。

面试时的一些小细节也会暴露出行为的不礼貌，而被主考官列作评判内容。如不嚼口香糖，不抽烟，不要随便乱动办公室的东西，自己随身带的物品不可放置在面试考官办公桌上，可将公文包、大型皮包放置于座位下、右脚的旁边，小型皮包则放置在椅侧或背后，不可挂在椅背上，离座时记住椅子要还原，并向主考官行礼以示谢意。

研究表明，在两人的对话中，通常相互注视的连续时间约占整个对话的 10% 到 80%，相对来说，人们往往会对注视率高的对话者持有更亲切、成熟的印象。所以，求职面试时保持充分的目光接触是非常重要的。面试时，一定要密切注视招聘方的考官，要努力与之进行频繁的相互注视，尤其是轮到你与考官对话时。当然，不是说一上来就要紧紧盯着对方，眼睛都不眨。在别的应聘者与考官对话时，要关注对话的双方，不可东张西望。

从入场向考官问候致意，到面试全过程的有礼有节，直至最后向考官礼貌告别，整个面试的始终，都必须贯穿礼仪，不仅为求得一份心仪的工作，也让考官认可你的素养品行。

4）面试后续礼仪

面试结束并不意味着求职过程的完结，求职者不仅仅翘首以待聘用通知的到来，还有三件事情要做。

一是诚心诚意地感谢主考官。面试结束，为了加深招聘人员对你的印象，增大求职成功的可能性，对想抓住每个工作机会的人来说，面试后的两三天内，最好给主考官打个电话或写封信表示感谢。

打电话表示感谢可以在面试后的一两天之内选择合适的时间进行。电话要简短，最好不要超过三分钟，电话里不要询问面试结果。因为这个电话仅是为了表现你的礼貌和让对方加深对你的印象而已。

主考官对面试人的记忆是短暂的。感谢信是你最后的机会，他能使你显得与其他求职者有所不同。面试感谢信包括电子邮件和书面感谢信。如果平时是通过电子邮件的途径和公司联系的话，那么在面试结束后发一封电子感谢信是既方便又得体的方式。大多的情况下还是写书面感谢信，特别是在面试的公司非常传统的情况下，更应如此。感谢信的开头应提及你的姓名、简单情况以及面试的时间，并对主考官表示感谢。中间部分重申你对该公司、该职位的兴趣，或增加一些对求职成功有用的新内容。结尾可表示你对这份工作的渴望，以及为公司的发展壮大做贡献的决心。

二是耐心细致地打电话询问。面试结束后两星期左右，如果没有得到任何回音，就给负责招聘的人打个电话，询问一下面试结果。打电话最得体的时间应避开对方工作繁忙时间、休息时间、用餐时间、身体疲惫时间。因为询问面试结果是公事，所以当然必须是在正常工作日的时间段内打这个电话。

在通话的过程中自始至终都要尊重自己的通话对象，待人以礼，表现得有礼有节。一定按照标准的接打电话礼仪规范进行。如果知道自己没被录用，就应请教一下原因，此时你的情绪要非常稳定，同时冷静地、仍然热情地请教一下未被录用的原因，可以说“对不起，我想请教一下我没有被录用的原因，我好再努力”。谦虚也可能赢得对方的同情，同时给你下一次面试的机会。需要说明的是，打电话询问面试结果最多打三次也就可以了。

三是心平气和地接收录取通知。得到了被录用的消息，虽然成功在望，但还有几个问题需要解决：确定聘用你的公司是不是真的适合你；录用的条件和面试时是不是相符；正式报到之前了解所要服务的公司；确认好你去报到的具体时间、地点和联系人等等。求职努力终于有了回报，应理性开始你的职场之路。

礼仪小故事

小侯跳槽后，投了几十份简历，才得到了面试机会。这家公司是人力资源公司，面试方法也与众不同，除了回答问题，还在电脑上做了约三个小时的测评题。面试结束后，让他们在两天之内等通知。小侯因做过一年多的人力资源工作，HR 将他的名字列在录取名单中等待与老板研究后定下来。第二天下午，心情急切的小侯打电话给公司说：“公司录不录取我们没关系，能否把测评结果给我们？”接电话的 HR 愣了一下，和蔼地告诉他：“测评结果只是公司用来选拔人才用的，不给个人。”小侯又补充一句：“录不录取没关系，我只想要测评结果，因为我测评了三个多小时呢！”放下电话，HR 将录取名单取出，划掉了小侯的名字。

练一练

模拟面试练习。准备书面个人简历，准备口头中英文一分钟自我介绍词进行分组模拟面试练习。设定自我介绍、姿态展示、一对一问答环节。

二、职场礼仪

现代职场越来越注重礼仪，在社交中，它越来越表现出无可替代的重要性，有“礼”走遍天下，无“礼”寸步难行，你是否懂礼仪决定了你的人际关系和发展前景，因此，用礼仪塑造自己的良好形象就成为必修课，了解并运用职场礼仪，把它融入你的工作与生活中，形成习惯，使得你人前不失礼，这样才能在职场中如鱼得水，获得周围人的认可，以助你取得更高的成就，让你的职场未来更加美好。

踏入职场，需要注意的职场礼仪包括以下几条。

1. 好的形象是职场成功的开始

个人形象的美，可以概括为“形于外，慧于中”。科学研究的结果证明，个人感受到对方仪表的魅力同希望再次与之见面的相关系数远远高于个性、兴趣等。在社会交往活动中，人的外表形象往往会起到潜移默化的微妙作用。

每一个成功者都由内外两个方面的素质组成，内在精神力量强大的成功者，同时在外表上，也应该是一个利索、精干、洒脱、举止大方的人。尤其在职场上，如果很掩沓、衣饰不整洁，就无法给人留下良好的印象。对于一个现代职场人士来说，要注意在衣着服饰上下些功夫。穿一套好的服装，会使你显得精神抖擞、信心百倍，同时还会给人留下一种干练的印象。相反，如果你自以为是，穿着一些自认为特立独行、彰显个性的服饰，不仅会给人留下不好的印象，而且对自己的事业发展也没有多大帮助。

当然，形象并不是简单的穿衣和装扮外表的概念，而是一个综合全面素质，外表与内在相结合的流动的印象。形象的内容包括你的穿着、言行、举止、修养、生活方式、知识层次、家庭出身、交友等等，这些都在清楚地为你下着定义，无声而准确地讲述着你的故事，形象的综合性和它包含的丰富内容为我们塑造成功的形象提供了很大的回旋空间。

对男人而言，在树立自己成功的形象时，不要低估你的伴侣对你形象的影响。在很多生意或社交场合，你的妻子都扮演着对你的事业至关重要的角色，她留给别人的印象如何，影响着人们对你的看法。

2. 笑脸迎人是四海通行的准则

真诚微笑是一般社交场合最佳心态的表现。微笑是一种无声的语言，它是对自己价值的肯定，对他人的宽容和友善，是稳重成熟的表现。上班时向同事、领导微笑问好，下班时微笑道别，待人接物、邀请、致谢都应有真诚的微笑，不要把喜怒哀乐都流露在脸上，否则会让人感到你不够成熟，自控力不够。

俗话说“伸手不打笑脸人”，工作中遇到矛盾、差错时，你的表情会加剧或化解这些难题。一个脸上时常挂着笑容的人，久而久之，会在周围人们的心目中形成定式，被接纳肯定的程度远远高于一个整天板着脸的人。

在工作中微笑更多的是表达对对方的尊重，尽管可能心里不赞同对方的做法，你还是要保持微笑。大部分时候，微笑与心情好坏无关，而是源自对他人的尊重和礼貌，而且，这种笑着的尊重大多会得到对方的回应。所以，在职场，不要吝啬你的笑容，洋溢着真诚的笑脸会为你打开通行四海的大门。

3. 有礼有节是言谈举止的基础

职场中，你所有的言行基于对他人的尊重，言行的礼貌表现在多方面：

首先，在与同事交际中一定要守时守约，这是对人基本的尊重，也是自己内涵的展现。在正式场合，很多人都无法接受对方的迟到。经常无故失约，不仅失礼，也是不诚信的体现。

其次，在交际时一定要专心与对方交流，不能心不在焉，这也是必备的社交礼仪。如果我们说话时，对方心不在焉，或者答非所问，我们肯定会很生气，这是对人极大的不尊重。在听人说话时，要注视对方的眼睛，面带微笑，并不时地点头，表示自己在听，并且很感兴趣。在此期间，如果没有重要的事，不要东张西望，不要频频看时间。

第三，行为举止应稳重、自然、大方、有风度，谈话时肢体动作要适度，不要手舞足蹈，过于做作。职场人士的行为举止能折射出个人良好的文化素养、较强的业务能力和工作责任心，同时也体现了企业的管理水平。

第四，步入职场，你就没有了口无遮拦的权利。“话”如其人，粗鲁低俗、随心所欲的言语会毁了漂亮的形象，让周围的人对你退避三舍。因为工作上的关系，和同事有了矛盾摩擦在所难免，应理性处理，有话好好说，力求善解人意，以理服人，以礼感人。

4. 低调虚心是融入集体的法宝

在和别人交往的过程中，每个人都希望得到别人的尊重和赞赏。法国哲学家罗西法古说过：“如果你要得到仇人，就表现得比你的朋友优越；如果你要得到朋友，就要让你的朋友表现得比你优越。”因为每个人都会在无意识的情况下本能地维护自己的尊严和形象，如果有人让他感觉到自卑，那么无形之中他就会对那个人产生一种排斥心理，严重的甚至会产生敌意。

在职场中，即便你真的比你的同事强，在心理上也要给别人应有的尊重，学会与他们相处，这样同事也就不会对你产生反感，同时他们也会慢慢认可你的能力。同时，你还要懂得适当暴露自己的劣势，减轻嫉妒者的心理压力，从而淡化危机。职场中往往会有这样一些人，他们十分机智，有很强的工作能力，但是他们锋芒太露，让别人敬而远之。

自我表现是人类的一种本性，人们喜欢表现自己是很正常的，但如果不分场合地表现自己，就会让人觉得虚伪、做作，引起其他同事的反感。工作中真正懂得表现自己的人，通常既表现了自己又让别人察觉不到。他们不会自顾自地在那里大谈特谈，不会以自我为中心，而是能给人一种“参与感”，与同事交谈时，他们喜欢用“我们”，不喜欢用“我”，因为“我”给人产生一种距离感，而用“我们”不仅无形当中把其他同事拉到同一阵营，并且更有亲和力，而且还可以按照自己的意图影响他人。

“枪打出头鸟”，“木秀于林，风必摧之”。这就告诉我们，一个人太出彩其实不是一件好事，做人要学着低调，要学会谦虚，这样才会得到别人的支持，为你的事业成功奠定基础。当你以谦逊的态度来表达自己的观点或做事时，就能减少一些冲突，还容易被他人接受，即使你发现自己有错时，也很少会出现难堪的局面。

礼仪小故事

小张是一家大公司的员工，他工作积极主动，待人热情大方，深受同事们的欢迎。可是突然有一天，一个不经意的举动让他在同事眼里的地位一落千丈。这天大家在会议室等待经理来开会。一位同事觉得地板有些脏，于是站起来开始打扫。小张并没有参与，而是一直站在窗台边往楼下看。突然，他走到拖地的同事面前说要替那位同事打扫，可是这时地已经拖完了，小张却执意要求，同事也没多想，把拖把递给了他。小张刚把拖把拿过来，经理便推门而入，正好看到他拿着拖把拖地的举动。于是，一切不言而喻。大家由此觉得小张十分虚伪，纷纷不再跟他交往。

5. 学会拒绝又不伤和气

工作中都不可避免地会遇到别人提出的要求，有的是请求帮忙，有的是解人之急，有的可能就是变本加厉地索取了。那么，如何巧妙地拒绝别人而又不伤和气呢？主要应做到如下几点：

（1）顾及对方的面子。

拒绝别人后，若彼此还要想保持良好的人际关系，必须采用同情的语调和了解对方心情的姿态来处理。在你拒绝别人的时候，一定要附带考虑到对方可能产生的想法，尽量明快而率直地说明实情，这才是最根本的拒绝法。

（2）留给对方一个退路。

你必须自始至终，很有耐心地把对方的话仔细地听过一遍。一个人在说话的时候，心里一定也留有一个空间来容纳对方所讲的话，当你完全听完对方的话后，心里应该有了打算该怎样说服对方、拒绝对方，而又不给对方难堪。这是因为你替对方预留了一个退路，不要对方话未说完，就说不行。

而向有权威的人士表示反对或拒绝，你一定要有充分的理由，还要注意技巧。你的拒绝方式要尽可能地热情友好；仔细地解释拒绝的原因；拒绝不要只针对一个人；让对方明白你是赞同的，但遗憾未能帮上忙。

（3）如果某种情况下不能直面拒绝，不妨先采取暂缓的原则。曾国藩有句经典名言叫“事缓则圆”，先拖延一段时间再答复，一来你可以再斟酌一下合适的拒绝理由，二来让对方感受到你答应的难度，说不定时过境迁，对方自己就收回了其要求。

6. 礼尚往来培养职场友谊

古人云：来而不往非礼也。我们每天和同事相处的时间最少七八小时，处理好与同事的关系，可以算是一门大学问。礼尚往来成了同事之间最为普遍的相处方式。

在办公室里，当同事带了点零食在休息时请大家吃，不要因为难为情就一味拒绝。

如果你冷坐在旁边一声不吭，或同事递过来东西时表现出一副不屑与之为伍或不稀罕的表情，时间一长，同事就会觉得你清高、做作、难以相处。

美国畅销书作家罗伯特·哈夫在《如何在这个疯狂世界里找份好工作》中一针见血地指出："人类社会主要建立在馈赠关系之上，有来才有往。"同事之间互送小礼，不仅是一种礼节性的表现，而且更能显示出彼此之间的友好，也在无形中为自己的职场铺好了宽广大道。不过切记，千万别买太贵重的礼物，点到为止，日常的礼尚往来乃人之常情。

对一些可能构成受贿罪之嫌的礼物，是万万不可收的；对实在推托不过的，也要尽快回送同等价值的礼品；不愿收受的，除退回礼物之外，应附以委婉、诚恳的感谢。需要注意的是，在送礼的时候尽量不要当着所有同事的面去送，除非你能够保证所有的同事都有份。

很多时候，职场并非"冷酷"的代名词，也是可以充满淡淡温情的。不要一味地付出，也不要一味地收受，适时地与同事之间进行友好的礼尚往来，建立在平等关系上的职场友谊才能长久，也为自己今后的职场之路更好地走下去而打好基础。

7. 适度距离是职场相处之道

1）亲疏适宜，不问隐私

为了维护融洽的同事间关系，应保持适当的距离，把握交往的分寸，不过分亲密，也不刻意疏远，涉及私人问题，严守交流的底线。

不要轻易深谈自己。关系特别要好的铁哥们儿，也会有所保留，一般同事间，你无法预知你和对方的关系会如何发展。深谈自己，会有泄露隐私的风险，也容易给对方造成误会和尴尬。

不问对方隐私。既然自己都不要深谈自己，就更不要去打听他人隐私。关系不到位，千万不要问。私密的信息如收入、年纪、婚姻、健康、个人经历等等，往往都是由人们自己说出口的，而不是旁人去挖掘的。如果你和对方关系足够好了，那么自然而然地就会交换彼此的信息，让感情更进一步，这几乎是人际交往中的潜规则了，所以不要试图去打破它。

不要过度倾诉。即使是对你的家人或者亲密好友，也不要过度倾诉。因为倾诉本身是一件让他人费力来满足自己的事情，是需要他人配合来满足你的倾诉欲。高质量的倾听可要比倾诉累得多。倾听者不但要包容你的所有情绪，还要针对你的倾诉做出正确的反应。同时，倾听者还要做出自我牺牲，比如时间上的牺牲，精力上的牺牲，以及自己倾诉欲的牺牲。而倾听者做出这些牺牲的原因，可能仅仅只是因为你和他关系很好。所以不要去过分透支双方的这份关系，不然下一次你再想找人倾诉，也许就不会再有倾听者了。

不要强行分享。我们很多人的传统观念中，都觉得不分享痛苦，而要把喜悦分享给大家。而实际上，不管是痛苦还是愉悦，都应该是在对方愿意的情况下分享出去，而不是强加给对方。因为当你在进行分享时，你一定是期待着对方能给你回应，而且一定是期待能给你心中所想的那种回应。一旦大家失去兴趣或者不耐烦，你的分享只会破坏气氛。

2）异性共事，适当距离

在如今的生活中，两性工作交流日趋频繁，曾经“男女授受不亲”的老观念已经被抛至九霄云外。过分拒绝与异性相处，不仅算不上现代人，而且也妨碍其在职场中的角色扮演。两性总是需要交流，而且人们常说“男女搭配，干活不累”，两性共事有助于工作效率的提高。当然，两性不能走得太近，接触过于亲密会造成不良的影响，办公室本身就是一个是非之地，和自己的异性同事保持适当的距离，对自己、对同事都有好处。其实，在职场中，男女搭配的工作空间往往都要比单一性别的工作环境愉快、和谐得多。而且，同事之间彼此交流也有助于工作效率的提高。

要同异性同事保持适当的距离，应在行为和言语等方面，对异性采取大方、不轻浮的态度；在穿衣打扮上要注意礼节，不能过于张扬自己的性感；在动作上要避免一些自己挑逗性的举止而导致误会；把握交往时的分寸，不要“亲密无间”地随意倾诉。

在办公室环境中，男女同事之间的相处，如果处理不当，不仅会给本人带来麻烦，而且还会对单位造成不好的影响。所以，掌握一些办公室异性相处的礼仪及原则是十分必要的。异性同事之间本来就隔着性别的差异，而且大家同处在职场这块屋檐下，如果走得太近，天长日久，流言蜚语难免会生出来，因此更应注意彼此之间的恰当距离，否则难免深受其害。

3）尊重上司，不卑不亢

职场中，与领导、上司相处，是个敏感而实际的问题。尊重上司，这是毫无疑问的，但尊重的方式和分寸，却是值得每一位职场人士思考的。

对上司的尊重体现在相遇时的礼貌问候；体现在认真倾听领导讲话；体现在努力完成领导交办的任务；体现在委婉表达不同看法。卑躬屈膝地奉承领导不可取，傲慢或胆怯而回避领导亦不可取，应该用不卑不亢的方式处理与领导的关系，主动与领导交流，让领导看到你的努力，使得你的职业生涯有更加美好的前景。

第七章　商务礼仪

学习目的：

民航企业在运营中，常常涉及不少商务活动，民航服务人员有必要了解基本的商务礼仪知识。通过本章的学习，使学员了解商务涉外礼仪的概念，并能在商务活动中遵守、运用商务涉外礼仪的原则，掌握商务接待礼仪的迎接环节、招待环节、相送环节的基本工作和礼仪规范，了解商务会议的种类，掌握相关的商务会议礼仪，能掌握并实践练习操作签字仪式、剪彩仪式和颁授仪式。

第一节　商务涉外礼仪

一、涉外礼仪的概念

国际性的交往活动中，无论是国家间的交往，还是民间往来都存在着一个礼仪问题，但礼仪的地域性特点又影响到礼仪在不同国家、不同地区的不同规范要求及不同使用方法。这就需要了解世界各国的礼仪标准，同时遵守国际礼仪惯例，尊重理解对方的礼仪习性，以便更好地开展对外交往工作，维护我国“礼仪之邦”的自身形象和国家尊严。

涉外礼仪是指国家或个人在对外交往和涉外工作中，在维护国家及个人形象的前提下，所执行的向交往国或个人表示尊重、友好与礼貌的礼仪规范。涉外礼仪是在长期的国际交往中逐步形成的，属于国际通行的一种专用性礼仪规范。

涉外礼仪按主体不同可分为外交礼仪（即国与国之间）、商务涉外礼仪和个人涉外礼仪三个层次。

外交礼仪是指外交活动中一整套交往的仪式标准与程序、行为的礼仪规范与准则。相比较而言，外交礼仪规范要求最严、最细，在礼节、礼貌各方面要求也最高。外交礼仪的主要作用是维护每一个独立国家或地区的发言权和自由生活的权利。

商务涉外礼仪是企事业单位与外企商务活动中，为了体现互相尊重，为了商务活动顺利进行而在双方交往过程中应当遵守的礼仪规范。

个人涉外礼仪指个人与外宾交往时应在言行举止等方面注意的礼仪规范。

二、商务涉外礼仪的原则

1. 尊重外宾但不卑微

商务活动中，对有业务交往的外宾，在尊重的前提下，应不卑不亢。在国际交往中，无论是国与国之间，还是企业与企业之间、人与人之间，都应当是平等的和相互尊重的。一味地“亢”并不一定会使自己高大强势，反而会给人以虚张声势之感，甚至会伤害交往对象的自尊心。一味地“卑”，也并不一定真能委曲求全，讨好交往对象，反而有可能使对方得寸进尺，欲壑难填，同时也会严重地危害企业甚至国家的利益。

尊重外宾就是不论对方的国家、民族大小，企业实力强弱，或者风俗习惯、宗教、法律等是否和我们相同，都不能歧视对方，做到在人格上平等相待，但同时更要明白尊重别人的前提就是要学会自尊，要敢于、善于对自己进行正面的评价和肯定，在言行举止方面做到从容得体。

中国人待人接物一般讲究含蓄和委婉，还特别客套、热情，而西方人则一般较外向且讲究实事求是。因此在涉外交往中，要把握好热情友好的分寸，不能给人留下自大狂傲、放肆嚣张的印象，也不能有卑躬屈膝、低三下四的感觉。

2. 主随客意与客随主便

在涉外双方交往中，存在着“主场”、“客场”。站在不同的立场，展现不同的礼仪风范，都是本着有利于双方交往的出发点，求同存异，互相理解，使得商务交往顺利进行。

作为主人，理应热情好客，待客要彬彬有礼，讲究规格，同时也要充分了解外宾的习俗差异。既要遵守国际通行的礼仪惯例，也要尊重交往对象所在国的特殊礼仪与习俗，尤其要尊重宗教礼仪。当发现我们的接待方式不适应客人时，可适当地采用对方习惯的礼节、礼仪，让客人感觉舒服自在，有“宾至如归”的感觉，以表示对客人的体贴和尊重。

当我们作为客人参加涉外活动时，则不能一味地我行我素，给主人增添麻烦，或让主人无所适从，而应客随主便，做到“入乡随俗”，这才是真正体现我们的礼仪风范。也只有这样，才能成为受欢迎的客人。

3. 遵循国际惯例

1）礼宾次序

所谓礼宾次序，是指国际交往中对出席活动的国家、团体、人士的位次按某些规则和惯例进行排列的先后次序。它体现东道主（东道国）对宾客所给予的礼遇。礼宾次序在国际性集会上还体现各国的平等地位。

礼宾次序的排列主要依据如下：

按宾客的身份与职务高低来排列。社交、国际交往活动中，礼宾次序主要按宾客的身份与职务的高低来依次排列。

按字母顺序排列。有的多边活动对来宾的礼宾次序的排列，可以参加国的国名字母（一般以英文字母为准）为排列顺序。有的多边活动中，礼宾次序可按宾客的姓氏顺序来排列。

按通知代表团组成的日期先后排列。按通知代表团组成的日期先后排列礼宾次序，也是常用的礼宾次序排列方法之一。日期先后有三种情况：

第一，东道国对同等身份的外国代表团，按派遣国通知东道国该国代表团组成的日期排列。

第二，按派遣国决定应邀派遣代表团参加该活动的答复时间先后排列。

第三，按各国代表团抵达活动地点的时间先后排列。

当然，采用何种排列方法，东道国在致各国的邀请信中均应加以注明。礼宾次序的排列往往不能用一种方法，可几种方法交叉，考虑包括国家之间的关系、活动性质与内容、对活动所做的贡献及参加活动者的资历、威望等因素。

选择礼宾次序的最佳方案。礼宾次序的安排应慎之又慎，在安排时应尽量避免因礼宾次序安排不周而产生矛盾，这就要求多拟出几种方案，从中选择最佳或最满意的方案。

在实际操作时，礼宾次序是一个政策性较强、较敏感的问题，若礼宾次序不符合国际惯例及安排不当，就会引起不必要的误解，甚至损害到两国之间的关系。

总之，在外事交往工作中，外事接待人员和其他有关成员必须了解礼仪、礼宾方面的基本知识与社交规范、礼节及仪式，遵循外事工作基本原则，掌握礼宾次序的基本要求，才能更好地为对外交往做出努力与贡献。

2）*右高左低*

以右为尊是国际通行的惯例，无论是国与国的交往层面，还是涉外的企业与企业间交往层面、个人与外宾的交往层面，都应该遵循右高左低的国际惯例。现代社会的国际间交往，用右高左低的原则解决了排序的操作标准问题，成为共同遵循的规范，有据可依才能避免误会和矛盾，才能使交往活动顺利展开。

3）*国旗礼仪*

国旗是国家的一种标志性旗帜，是国家的象征，它通过一定的样式、色彩和图案反映一个国家政治特色和历史文化传统。在国际交往的重要场合，依据国际法和国际惯例，正确悬挂相关国旗，是涉外礼仪的重要组成部分。

悬挂双方国旗，按国际惯例，以右为上，左为下。两国国旗并挂，以旗本身面向为准，右挂客方国旗，左挂本国国旗。汽车上挂国旗，则以汽车行进方向为准，驾驶员左手为主方，右手为客方。所谓主客，不以活动举行所在国为依据，而以举办活动的主人为依据。国旗不能倒挂。见图 7.1。

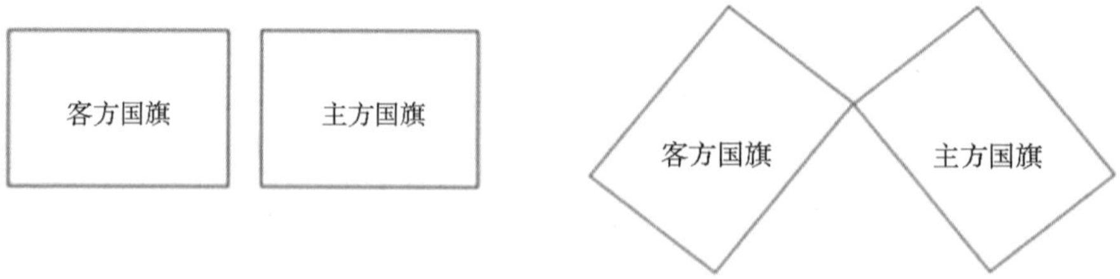

图 7.1　国旗礼仪

有些国家的国旗由于文字和图案的原因，也不能竖挂或反挂。有的国家明确规定，竖挂需另制旗，将图案转正。在某些特殊场合下，国旗需要垂直悬挂，大部分国家对此无特殊要求，但也有少数国家作出了特别规定，例如，加拿大（枫叶顶端朝左侧、柄朝右侧）、美国（蓝底白星必须位于左上方）。

4. 慎承诺，守约定

古今中外人士都推崇做人应该“言必信、行必果”。特别是在对外交往中，言行一定要谨慎，表态要慎重，切不可说大话、空话，更不能信口开河，作不负责任的承诺。西方人常常把信誉、商誉和荣誉连在一起。他们做事很认真、很有计划性，一旦做出决策，不轻易改变。

在社交场合有两种人是最不受欢迎的：第一种就是失约并且未事先打招呼的人，在西方的上流社会，这种人不大可能被再次邀请；第二种人就是那些不守时的人，尤其是常常迟到的人，他们不尊重别人的时间，没有礼貌，所以也不受欢迎。一些人对迟到、改约、失约甚至违约习以为常，认为这些都是小事，算不上什么失礼。但是在今天这个生活和工作节奏越来越快捷的社会，在国际交往越来越密切的新时代，这种落后观念必须改变。在涉外交往中，必须认真而严格地遵守自己的所有承诺，做到言而有信。如果言而无信、有约不守或守约不严，不仅是不尊重对方，更是缺乏文明教养的表现，会使个人形象、企业形象、国家形象受损。

三、商务涉外礼仪的应用

在涉外商务交往中，商务礼仪受到国别、地域、宗教信仰、文化背景、民族习俗、社会风俗和政治制度等多方面的影响而千差万别。因此，我们在涉外商务交往中，必须了解和尊重有关国家的礼仪习俗，以此作为入国随俗的依据，从而成功地与交际对象建立良好的关系。

商务涉外活动中所表现的形象举止礼仪，不仅代表着个人和企业形象，也事关国家形象。尤其是在出国商务访问中，相关人员要尊重对方的习俗，还要检点自己的言行，不给自己的企业、国家抹黑。出国人员要做到以下几点。

1. 讲究礼貌

在一些出国人员身上，看不到对他人起码的尊重及礼仪。如对为他提供服务的服务生傲慢无礼，问完路没有一句“谢谢”就扬长而去等等，这样的行为体现的低素质应该引以为戒。

礼仪小资料

“付小费”礼仪

相传，付小费之风源于18世纪的伦敦。当时，在有些饭店的餐桌上，摆着写有“保证服务迅速”的小碗。顾客一旦将零钱投入其中，便会得到服务员迅速而周到的服务。久而久之，就形成“小费”之风。这种做法渐渐扩展到其他服务行业，并逐渐演变成一种固定的用来感谢服务人员的报酬形式，成为今天世界上许多国家约定俗成的一种常规礼仪形式。客人付小费，表达的含义颇为丰富。它既能代表客人对服务人员付出劳动的尊重，也可以表达客人对服务工作的一种肯定和感谢之情。从另一层面来说，也体现了客人的文化修养。

按照惯例，诸如为你打扫房间的服务生、帮你提行李的行李员、导游、司机、为你服务的餐厅服务员等直接为你提供服务的人，你都要付给小费。

付小费有一些技巧和惯例，不应张扬，在私下进行即可。所付小费有时放在菜盘、餐盘下；有时放在杯底下；有时放在房间床头，忌放在枕头底下，那样会被服务生误认为是客人自己的东西；有时放在写字台上，若能同时留张“Thank you”的字条，会备受服务生的欢迎和尊重；有时以找零的钱不收作为小费付给服务员；付小费给行李员，最好是在与他握手表示感谢的同时将小费悄悄给他；给导游、司机的小费，则要由团员一起交齐后放到信封里，由一位代表当众给他们。付小费时最忌讳给硬币，随身携带一些小额现钞，非常必要。

向服务人员给付小费的具体金额，国际上通用的计算小费方法之一就是小费通常由消费者按照本人的消费总额的一定比例来支付。此外，还有一些约定俗成的规矩，因为每个国家的具体情况略有不同，所以，各项服务要付多少小费，还是在到达这个国家时向当地的导游咨询较为妥当。

2. 注重仪表

衣着不整洁不雅观，与衣着光鲜却举止不适当，同样令人尴尬，如有的人西装革履蹲在街头；有些人身穿睡衣在酒店房间串门，引起其他乘客误解。仪表美是一个人最好的名片，商务人员的形象从注重仪表开始。

3. 注意卫生

个别出国人员在国外不注意公共卫生，所到之处留下满地垃圾，把一些卫生的坏习惯带出国门，由此造成国际上对中国人的坏印象。养成良好的卫生习惯，不仅有利于个人和公众健康，也是社会交往的前提。

4. 保持安静

一些出国人员在飞机上、车船上、餐厅，甚至在酒店大开着房门，毫无顾忌地大声喧哗。这样的行为影响了他人，也违背了国际社会普遍认同的不打扰他人的自律原则，现代中国人应该注重这些公共场合的惯常礼仪规范。

5. 维护秩序

大多数西方国家注重秩序，排队井然有序，公共资源的使用上，也比较谦让，但我们时常在航班上看到有人争抢行李架空位、任意摆放行李、堵塞通道等。有序是文明的一种体现，维护秩序是文明人必要的修养。

6. 文明理智

一些出国人员在海外遇到纠纷的时候，显得火气特别大，碰到不顺心的事时，不能很好地控制自己的情绪，粗鲁的言行并不利于事情的解决。讲文明、有理智，理性处理在国外的异常情况，是商务涉外礼仪的重要内容。

第二节 商务接待礼仪

现今社会，商业越来越成为人际交往的核心内容，随着企业间业务往来的增多，对外交往面的扩大，企业的接待工作越来越重要，商务接待事关交往双方的未来关系与合作前景，每一个接待的环节都应引起重视。前期准备中，应注意邀请的方式，落实各项准备工作，合理安排接待日程，注意接待的规格；接待中，除了妥善安排主题内容，还要重视生活招待，确保宾客安全。

一、商务迎送礼仪

迎来送往是常见的社交礼节。按主体不同，迎送分为官方迎送、商务迎送和个人迎送三个层面。

官方迎送级别最高，仪式也最全面、隆重。对来宾的迎送规格各国做法不尽一致。确定迎送规格，主要依据来访者的身份和访问目的，适当考虑两国关系，同时要注意国际惯例，综合平衡。常见的最高规格的官方迎送有仪仗队检阅、升国旗奏国歌、鸣放礼炮等等。

迎送是商务接待服务中最常见的礼仪活动。商务迎送活动的规格有高低，仪式有简繁。接待中通常根据其身份地位、来访性质及其与当地的关系等因素，安排相应的迎送活动。

商务接待应充分做好接待准备，合理规划接待的迎接环节、相送环节和交通车辆的安排。

1. 迎接环节

如果客人远道而来，且又比较重要，那主方对等身份的负责人亲自去车站或者机场迎接是必要的礼仪。对于前来访问、洽谈业务或者参加会议的外地客人，你一定要先了解清楚对方到达的车次、航班，提前到达接待地点恭候客人的到来，决不能迟到让客人久等。如果你迟到，会让对方觉得你对他不够重视，内心必然很不舒服，这将严重影响之后的交谈与合作。不管你有多么重要的理由都不能消除客户对你产生的失职和不守信誉的印象。

未曾谋面客人的接机、接站工作，可以在候机楼、车站的出口，举牌迎接，让客人从远处就能看到，以便客人主动前来接洽，牌上信息注意保护客人隐私，如有需要，可以准备鲜花迎客，或在主方场地安排主方列队迎接，以示隆重。如用鲜花，注意保持花束整洁、鲜艳，忌用菊花、杜鹃花、石竹花、黄色花朵。

在接到客人后，首先应该有礼貌的客套语，比如“一路辛苦了”、“非常欢迎你们来到这个城市”、“欢迎你们来到我们公司指导工作”等。如果是第一次见面，还要做自我介绍，并把自己的名片递给对方。客人与迎接人员见面时，互相介绍。通常由最先接触客人的接待者将前来欢迎的人员介绍给来宾，也可以由欢迎人员中身份最高者介绍。客人初到，一般较拘谨，主人宜主动与客人寒暄。

任何公司都会经常接待客户或访客，而迎接是接待的第一步，如果从这一步开始，你的礼仪就没有到位，或者显得很业余，又如何在正式的场合赢得客户的信赖？与客人见面后，接待的任务并没有完成，接下来就应该注意交通工具座次的安排礼仪，这样才能表现出你对客人的真诚和热情。

2. 交通车辆的安排

迎送车辆的安排要体现礼仪规范。从客人抵达到商务活动结束，整个过程中交通车辆方面，有的安排主方相关人员陪同乘车，也有不陪同乘车。乘车礼仪贯彻的是右高左低的原则，一般车的右门为上、为先、为尊。如果主方对等身份负责人陪车，应请客人坐在主人的右侧。司机旁边一般为秘书、助理的座位。当主方对等身份负责人开车时，可以请客人坐在副驾驶位。

上车时，最好请客人从右侧门上车，主人从左侧门上车，避免从客人座前穿过。遇客人先上车，坐到了主人的位置上，则不必请客人挪动位置。接待工作人员要主动打开车门，并以手示意，待领导和客人坐稳后再关门，关门时切忌用力过猛。

在接待来访的客人时，不管乘坐何种车辆，就座时均要相互谦让。抢座、争座、不对号入座，都是非常失礼的行为。在相互谦让座位时，不但要给予尊者特殊礼遇，对同行人中地位、身份相同者也应该以礼相让。

3. 相送环节

俗话说：出迎三步，身送七步。迎来送往是日常礼仪的重要部分，可是许多人只注重“迎”，而忽略了“送”。去别人家做客，主人让座、敬茶、寒暄极其周到热情，告别的时候，客人一出门，没走两步，关门的巨响从身后传来，让你的心冷了下来，这样的情况，相信许多人都曾碰到过。商务活动结束，送客也要注重礼节，千万不可忽视相送环节的末轮效应，有时，它甚至直接决定着该单位或个人的整体形象是否完美，以及完美的整体形象能否继续得以维持。

在一般情况下，不论宾主双方会晤的具体时间的长度有无约定，客人的告辞均须由客方首先提出。主人首先提出来送客，或是以自己的动作、表情暗示厌客之意，都是极其不礼貌的。当来宾提出告辞时，主人通常应对其加以热情挽留。若来宾执意离去，主人可在对方率先起身后再起身相送。主人在送客时可送至大门外、电梯口甚至送上车并帮客人关车门。身份地位愈高的贵宾通常也愈有礼貌，往往于上车后将车窗摇下挥手道别，因此接待人员不可于客人上车后就离去，应等待客人座车离开视线后再离去。

二、商务招待礼仪

商务接待礼仪撑起的是一个公司的门面，要想公司有发展，接待的礼仪必须做到周全到位。招待环节是商务接待的中心环节，也是重中之重，对于双方建立联系、发展友情、促进合作起着关键作用。

1. 会见的座次

会见，国际上一般称接见或拜会。凡身份高的人士会见身份低的，或是主人会见客人，这种会见，一般称为接见或召见。凡身份低的人士会见身份高的，或是客人会见主人，这种会见，一般称为拜会或拜见。拜见君主，又称谒见、觐见。我国国内不做上述区分，一律统称会见。

商务接待中的会见一般属于主宾之间礼节性的会见，寒暄客套一下相见之欢，时间较短，话题较为广泛，便于双方尽快熟悉，加深情感。企事业单位一般都有接待重要客人的贵宾室，偶尔接待贵宾也会安排在最高负责人的办公室。

招待宾客时，要注意座次的安排，这是体现礼仪规范的重要方面。会见的座次安排视场地类型的不同，而要具体情况具体应对，一般来说，右高左低是国际惯例。以马蹄形会见场所为例，里面中间的两个座位，主宾坐在主人的右手侧，主人一边是主方陪同，主宾一边是客方陪同。如图 7.2 所示。

在贯彻以右为尊时，应当说明的是，按照国际惯例，在接待外宾时，当主人去外宾下榻的地方进行拜会或送行时，主人的身份应当是“客人”，这时外宾就“反客为主”了。在有必要进行并排排列时，要使主人居右，让外宾居左。实际的含意是：外宾在主人为他提供的下榻的地方，应该被看作“主人”，而不是“客人”。

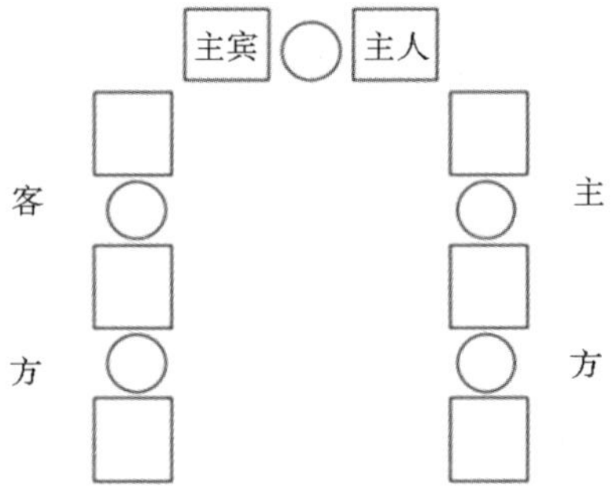

图 7.2　马蹄形会见场所座次安排

2. 奉茶

迎接客人，奉茶的礼节少不了。当今中国社会，客来敬茶已经成为人们日常社交和家庭生活中普遍的往来礼仪。奉茶是家庭礼仪中待客的一种日常礼节，也是社会交往的一项内容。

客人坐下后，我们一般都会奉上一杯热茶。其实为客人奉茶，也不是那么简单的。你倒茶的动作不仅体现了自身的教养，同时也是待客是否礼貌的体现，否则，一不小心也许就得罪了客户。商务接待中，奉茶的礼仪有：

（1）茶具的选择。很多人喜欢用一次性杯子招待客人喝茶，如果对方是非常重要的客人，这是非常不礼貌的，这么做是对客人的怠慢。

（2）茶具的清洁。用脏的茶具给客人倒茶，是对客人的大不敬。人家一看到茶壶、茶杯上的斑斑污迹就反胃，谁还愿意喝你的茶呢？

（3）了解客人的嗜好。倒茶之前最好让客人有所选择，每个人的喜好不同，如果能提前询问一下，不但能体现出你对对方的尊重，还会避免出现对方恰好不爱喝什么偏偏你倒了什么的尴尬局面。因此在以茶待客时，尽量依照客人的爱好奉茶。

（4）敬茶的讲究。敬茶要注意从客人的右后侧，将茶杯递到客人面前，尽量避免从客人的正前方上茶，这样不礼貌。忌将手指搭在茶杯杯口上，或是将其浸入茶水。上茶的同时一定要轻声附上一句："请您用茶。"

（5）上茶的规矩。接待重要的客人时，应由本单位在场的职位最高者亲自为之上茶，以表重视。上茶也是有规律可循的，先为客人上茶，后为主人上茶；先为主要宾客上茶，后为次宾上茶；先为女士上茶，后为男士上茶；先为长辈上茶，后为晚辈上茶。如果来宾人数比较多，那么就采取以进入客厅之门为起点，按顺时针方向依次上茶最为妥当。

（6）把握好续水时间。为客人勤斟茶、勤续水才是以茶待客的完整礼仪。在客人喝过几口茶后，就应该立刻为之续上，绝不可以让其杯中茶叶见底。倒茶时应注意：茶水不要太满，以八分满为宜。水温不宜太烫，以免客人不小心被烫伤。壶中茶叶可反复冲泡三四次，客人杯中茶饮尽，主人可为其续茶，客人散去后，方可收茶。

（7）咖啡或红茶。以咖啡或红茶待客时，杯耳和茶匙的握柄要朝着客人的右边。此外，要替客人准备好糖和奶，方便客人自行取用。

（8）还礼。喝茶的客人也要以礼还礼，点头致谢。另外，可适当称赞主人茶好。

（9）慎"端茶送客"。交谈中，主人不可频频端茶喝茶，中国古代有"端茶送客"惯例，尽管现在不那么讲究，但当着客人面，频繁地端起茶杯喝茶，会有不耐烦的感觉，让客人误会。

礼仪小故事

这是一则颇为著名的民间故事。

熙宁四年（1071 年），苏轼任杭州通判。在杭为官三年中，他经常微服以游。一日，他到某寺游玩，方丈不知底细，把他当作一般的客人来招待，简慢说道："坐。"叫小沙弥："茶。"小和尚端上一碗很一般的茶。方丈和这位来客稍事寒暄后，感到这人谈吐不凡，并非等闲之辈，便急忙改口道"请坐"，重叫小沙弥 "泡茶"。小和尚赶忙重新泡上一碗茶。及至最后，方丈终于明白来人就是本州的官长、大名鼎鼎的苏轼，便忙不迭地离座恭请道"请上座"，转身高叫小沙弥"泡好茶"。这一切，苏轼都看在眼里。临别时，方丈捧上文房四宝向苏轼乞字留念。苏轼心里一转，即爽快地答应了，提笔信手写了一副对联：

上联为："坐请坐请上座"，

下联为："茶泡茶泡好茶"。

方丈见此的羞愧、尴尬之色，一言难尽。

练一练

贵宾室迎客、引导、让座、奉茶服务实训。安排贵宾室或仿贵宾室场地，分角色扮演主方代表，客方主宾，客方陪同，引领服务人员，上茶服务人员：

1. 门口迎接，主宾相见，迎客致意。

2. 引导入座，座次安排。

3. 上茶（不同茶品）。
4. 续茶。
5. 送客。

3. 食宿招待

商务接待的内容，除了迎送、奉茶，还有食宿安排、宴请、观看文艺演出、参观游览等。现就食宿招待方面的礼仪展开论述。

来宾的食宿安排应符合对应的接待规格，依据活动的目标、性质、接待方针并综合考虑来宾的身份、地位、影响等实际因素来确定。确定接待规格要适当，涉外接待的规格应严格按照有关外事接待的规定执行。

来宾饮食的安排要注意：饮食卫生、规格适中、照顾特殊。饮食安排要按照有关食品卫生的要求和规定，采取得力措施，实施严格管理，确保饮食安全，从而保证活动的顺利进行和圆满结束。活动中的饮食一定要根据既定的饮食标准来安排，贯彻勤俭节约的原则，反对大吃大喝和铺张浪费。来宾中如有不同饮食习惯的人员，要特别予以照顾，尽可能满足他们的需要。持续时间较长的大型活动，要事先依据活动整体要求制定一套详细的饮食工作方案，落实就餐程序的每个细节，餐前检查，餐后反馈，完善招待的饮食环节。

安排来宾住宿时要注意住地选择合理、交通方便；设施齐全、确保安全；合理分配、照顾特殊；规格适中、勤俭节省。预订和分配房间之前，还要仔细分析来宾的基本情况，如来宾的性别、年龄、职务、职称、专业以及生活习惯、相互关系等。一般情况下，应当适当照顾女性、年长者和职务较高者。如果安排两人一间房间，专业相同或相近的与会者同住一间，有利于他们之间进行交流。来宾如果带随行工作人员，可将他们安排在一起或相邻房间，这样可便于他们开展工作。

总之，招待环节复杂而烦琐，需要细心的计划和周到的考量，内容的安排应当服从于整个接待计划的大局，并有利于来宾的休息、调整，同时也能够为活动创造轻松和谐的气氛。

第三节　商务会议礼仪

一、商务会议概述

会议属于工作性群体聚会，它是为实现一定的组织目标，由会议组织者召集一定规模的公众共同参与的一项事务性活动。虽然它的形式较为规范，也有明确的会议目的，但无论是组织者还是参加者都必须遵守相应礼仪，这是会议成功与否的重要保证。

据载，会议起源于原始社会晚期的部落民主议事制度。古希腊、古罗马时期，会议已有了较大的发展，并且形式繁多，如百人团会议、元老院会议、平民会议、法庭论辩会议、胜利庆功会议、体育竞赛会议等等。近代以来，还有各种类型的纪念性会议、新闻发布会、记者招待会、产品博览会、订货会以及座谈会、茶话会、报告会、联欢会等等。会议本身是各种与会人员交流、沟通、认识、了解的场所，故也形成了自身所特有的礼仪。

在现代社会里，会议是人们从事各类有组织的活动的一种重要方式。

在商界之中，由于会议发挥着不同的作用，因此便有着多种类型的划分。依照会议的具体性质来进行分类，商界的会议大致可以分为如下四种类型：

第一，业务型会议。它是商界的有关单位所召开的专业性、技术性会议，例如，展览会、供货会等等。

第二，行政型会议。它是商界的各个单位所召开的工作性、执行性的会议，例如，行政会、董事会等等。

第三，社交型会议。它是商界各单位以扩大本单位的交际面为目的而举行的会议，例如茶话会、联欢会等等。

第四，群体型会议。它是商界各单位内部的群众团体或群众组织所召开的非行政性、非业务性的会议，例如，职代会、团代会等，旨在争取群体权利，反映群体意愿。

一般而论，以上四种类型常见于商界的会议，除群体型会议之外，均与商界各单位的经营、管理直接相关，因此世人称之为商务会议。在商务交往中，商务会议通常发挥着极其重要的作用。

在许多情况下，商务人员往往需要亲自办会。所谓办会，指的是从事会务工作，即负责从会议的筹备直至其结束、善后的一系列具体事项。

商务人员承接会务时，必须注意两点：一是办会要认真。奉命办会，就要全力投入，审慎对待，精心安排，务必开好会议，并为此而处处一丝不苟；二是办会要务实。召开会议，重在解决实际问题，在这一前提下，要争取少开会、开短会，严格控制会议的数量与规模，提高开会的效率。

二、商务会议服务礼仪

1. 会前筹备礼仪

会议的前期会务工作是会议能否达成预期目标的首要条件。

（1）确定会议主题与目标。会议的核心议题应鲜明、具体，避免造成任何歧义或误解。任何会议都有一定的目的，或是就某个主题征求各方意见，或是寻求一个统一的解决方案，也有的是通过会议形成或落实某个决策方案。

（2）时间、地点确认。应按照主题及会议目的要求确定会期，有些综合性带有休闲性质的会议则须充分考虑休闲的时间要求。会议地点的选择取决于参加者人数、性质，兼顾会议主题、与会者交通便利程度及休闲要求这三方面。

（3）人员确认。与会人员的确定应与会议主题密切相关，或者是会议主题的解答者，或接受者，或者是会议主题的相关感兴趣者。与会人员的确定应与会议目的、会议内容的机密等级要求、会议成本预算密切相关。

（4）议程确认。会议的议程必须事先准备妥当，并分发给与会者，这样可以使他们心中有数，做好倾听、发言的准备，以达到会议目的，提高会议效率。必要时还可以向与论题有关的部门收集信息，以便会上提出准确的数据和资料。

（5）有关资料准备。有关资料包括：会议日程安排；会议议程；相关文字资料；

需要使用的幻灯片、投影仪、录像带、光碟等。

（6）确定会议主持人。重要会议由最高负责人兼任会议主持；一般会议应设主持人，最高负责人以发言人或成员身份参与。

（7）其他准备工作。后勤、会务、保安、服务礼仪人员准备；物质准备：食宿、茶水、交通、器材设备及办公用品准备；礼品、赠品准备。

（8）详细编制会议费用预算。要根据会议所要达到的效果来考虑费用的标准，并对于所需的总费用有一个大致的估算，并有计划地分配会议的各项费用，防止超支和浪费。

（9）发出会议通知。提前发出会议通知，要注意对与会人员的正确称呼，不要写错姓名和职务，注意礼貌用语，通知时不要遗漏，通知错或通知事项不全，事后又问询，给他人增添麻烦，也是失礼的。

2. 会场布置礼仪

会场布置一方面直观传达着本次会议的主题、主办方对本次会议的重视程度；另一方面形成一定的会议氛围，督促与会者集中精神参加好会议。因此，会场布置工作也是会议礼仪的重要内容。

1）会场内设备和物品检查

这是会议进行的必要程序，检查内容包括：会场的桌椅及装饰设备，会场的通风条件，会场的冷、暖气设备或空调设备，讲话扩音设备；主席台或讲台，会场的采光或灯光条件，银幕、放映室或投影仪、幻灯设备；电源、电线，黑板、指示棒、插图，粗笔及书写用笔，网络系统；姓名牌、记录纸、烟灰缸、大衣架、水及其他有关设备。

2）会场布置

会场的标记布置：主题横幅应悬挂在主席台正上方。会标应在主席台正背上方，按照要求可在两侧或四周布置一些带有鼓动性、号召性的口号。大型会议可在会场外悬挂彩球、直幅，以示隆重。

会场座位布置有剧场式、圆桌式、会见式、U形式（单U形、双U形）、口字式、回字式、课桌式、鸡尾酒会式、鱼骨式、董事会式等方式，各有特点，最好能适合会议的主题风格和气氛。

会场席次的安排优先考虑尊者坐尊位，依据尊位的排列原则，国际性会议依据国际惯例，同时体现对其他与会者的平等。

3）会议桌摆台

（1）准备工作。

了解预订会议的时间、地点、台型，人数、接待级别、特殊要求及更多客人的信息等。根据预定参会人数及其他要求备齐摆台所需桌椅、台布、茶杯、茶叶、席卡、杯垫、水杯、玻璃杯纸盖、毛巾、毛巾碟、矿泉水等物品。如有需要，在每个茶杯内放入适量茶叶。根据会议特点、要求设计出会议台型，要求台型美观、合理。

礼仪小资料

会议室的大小设置依照参会人员的人数来设定，一般一个公司该具有能承办三种规格的会议桌。它们分别是：五人以下会议桌，十人左右会议桌，二十人会议桌。

1. 五人以下会议桌

采用这种会议桌一般开的是高端会议，领导层的会晤之类。一般五人以下的会议桌尺寸和餐桌的尺寸大小差不多。尺寸一般是 180 厘米 ×60 厘米、130 厘米 ×40 厘米，高端会议一般采用圆桌会议，圆桌会议不存席次争执，表示参加各方地位平等起见，圆桌会议人人平等，直径在 50~120 厘米左右。

2. 十人左右会议桌

采用这种会议桌一般可能是部门之间、小组之间进行内部的业务讨论，这类会议桌一般适用于六至十人的会议，尺寸是 220 厘米 ×110 厘米或者 240 厘米 ×110 厘米左右，还有就是 240 厘米 ×120 厘米、180 厘米 ×5590 厘米等。

3. 二十人左右会议桌

一般适用于大型对外会议，或者大型企业的重要会议，尺寸一般有 600 厘米 ×200 厘米、480 厘米 ×160 厘米。

（2）摆台。

根据设计出的台型摆放会议桌，桌与桌拼连时横竖须成一条直线且摆放整齐平稳，台型对边距会议室墙壁距离一致，台型四周与会议室墙壁四周分别平行，行与行间距、宽窄适度。铺上台布，左右边缘下垂距离一致。

会议桌上物品的摆放视情况而定，不同大小的会议桌、不同的会议要求会使桌上物品的摆放略有差异。

下面介绍一种会议桌的摆台：

摆椅子：视会议桌大小，合理摆放椅子，椅子正前边缘轻靠桌布，间距一致，横竖成一条直线，颜色统一，干净无破损。

摆纸笔：在每把会议椅正中前方距靠近座位桌边距离 1 厘米处摆放便笺纸，要求摆放端正、整齐；在便签纸边 1 厘米处摆放笔，或在距便笺纸右下角 5 厘米的 45° 线上斜摆上笔，笔尖、店徽统一向上。

摆杯垫：一般会议摆放的茶水杯、空玻璃水杯、矿泉水瓶都需要放置杯垫，杯垫摆放的位置视情况而定，习惯上放在纸的右上方，店徽正面朝向客人，杯垫有序排列后放上茶水杯、空玻璃水杯、矿泉水瓶，并处于杯垫正中。杯把统一朝向客人右侧，杯盖上如有店徽的，店徽正面朝向客人，杯盖上如有气孔的，气孔统一朝向杯把。注意空玻璃水杯上要盖上纸盖。水平放置的物品注意其中心线在同一直线上。

摆毛巾碟：在距离杯垫 1~2 厘米处摆放毛巾碟。

茶杯、水杯、矿泉水、毛巾碟、烟缸、笔和便笺纸（或文件）均须使用托盘操作。

最后放席卡，要用双面文字的席卡，要综合考虑与会人员面前所有物品来定席卡的位置，有时是放在电脑的前端，如果没有电脑就一定是与会人员的正中前端。

会议桌摆台不是绝对的，要视物品的多少、桌面的大小合理放置，以有利于会议、方便与会人员为前提。图 7.3 为会议摆台的一种。

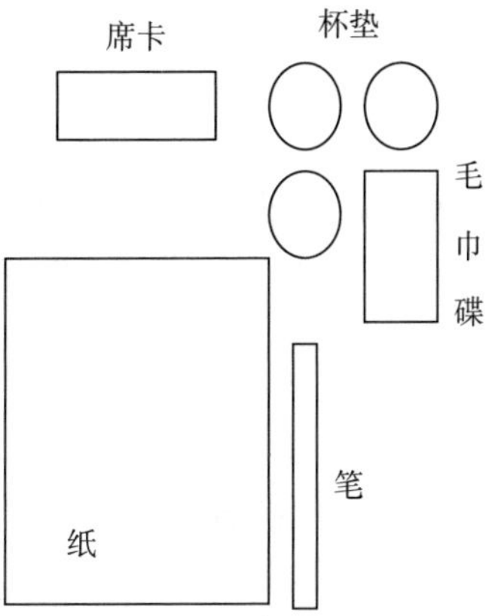

图 7.3　会议摆台示例

3. 会议服务礼仪

1）准备工作

服务人员提前 30 分钟到岗，检查自己的仪容仪表是否符合规范，将会议室门、空调打开，拉好窗帘，并根据预定要求检查会议所需设备是否全部准备就绪。检查灯光是否完好、话筒是否正常，如有问题立即通知工程人员进行维修处理。检查会议室清洁卫生是否达标。备好服务所需用具。提前 15 分钟打好开水。会前完成茶水冲泡。

2）迎宾与服务

面向客人到来方向，规范端正站立于会议室门口迎接客人到来，见到客人礼貌问好，并引领客人进入会场，拉椅用手势请客人入座。

3）会场服务

客人进入会场后，立即进行茶水服务，参会首要领导或 80% 的客人入座后开始上毛巾，如果会议已经开始或客人正在讲话，上毛巾时就不再使用礼貌用语，只需直接将毛巾放入毛巾碟即可。大型会议，可在会前将毛巾放入毛巾碟。

会议开始后，服务人员端庄立于会场不影响客人开会的位置，注意观察客人喝水情况，勤为客人斟倒茶水，客人杯内茶水不能低于茶杯的 1/2，大型会议可每间隔 20~30 分钟续水一次。勤整理台面，台面上不能有废纸屑、果皮等其他废弃物。客人在会议中场休息时，整理会场台面卫生，补充和更换各种用品。

练一练

会议桌摆台练习。

用具准备：180 厘米 ×90 厘米会议桌两张，8 把会议椅，8 套用品包括 A4 纸、带橡皮头的铅笔、杯垫、矿泉水、玻璃水杯、玻璃杯纸盖、瓷盖杯、毛巾、毛巾碟、席卡。

8 人一组分别练习摆台。

2 人一组分两边练习用暖壶往瓷盖杯中倒水、续水。

三、主持人礼仪

会议主持人的关键职责是控制会议议程，把握会议气氛，掌握会议进度及时间，促使与会者齐心协力使会议达到预期的目标。会议结束时主持人应请指定发言人做总结性发言，或者主持人自己做概略性总结发言。

1. 主持人的基本礼仪

主持人一般来说都是由具有一定职位的人担任，不管是什么性质、什么规模的会议，主持人都应保持正式的形象。主持人的服装、修饰、走姿、落座、发言等，都应符合身份，自然大方。会议主持人由于其特定的身份，他的仪态将直接影响着与会者对会议的看法。因此，主持人在整个会议中的坐姿、站姿和谈吐，必须表现得令人信服。

会议主持人走向主持位置时，应表现出沉稳、自信的风度，步伐均匀有力、稳健庄严，视会议性质决定步伐的缓急、步幅的大小，如紧急会议、重要会议可加快步伐；而纪念、悼念类会议，则应步幅略小、节奏放慢。这样的目的并不是因为时间的缘故，而是主持人营造会场气氛的一种方式。

重要会议开始前，主持人步入主持位置过程中不要与熟人打招呼，一般工作会议例外。若是持稿主持，以右手或双手持稿，与胸等高，在读讲稿的同时，目光应间隔性地扫视与会者。主持人与讲话者不同，一般不要有手势，即使有，动作也不可过大。讲话应口齿清晰，内容明确，能够把握会议进程的缓急，思维敏捷，善于引导并能够及时穿插，使会议不空场、冷场。

2. 主持人的主持技巧

要限制开会的时间，其中一个办法是限定时间长度，事先宣布会议的起始和结束时间，按时开始，按时结束。会议期间尽可能减少干扰。

按照主次先后安排会议议程，留意先讨论紧急的事项，而把较为次要议题的讨论放在会议的后期进行。要对每一个议程设定时间限度，适时地引导与会者归纳、总结并做出决议，这样才能避免无休止的讨论，创造出一个富有建设性成果的环境。

主持人应该以一种鼓励所有与会者都参与的方式主持会议，像催化剂那样使会议活跃起来，自己的发言时间不要超过整个会议时间的25%。不要偏离议题，使会议各项目的讨论循序渐进。应尽量避免让会议成员进行投票表决。

会议记录的任务应该指定专人记录或由参会者轮流承担，每个与会者会后都应该有一份会议纪要。

四、与会者礼仪

参加会议应懂得并遵守必要的礼仪，会议本身也包含了一定的礼仪内容，带有一定的礼仪色彩。不同类型的会议，礼仪要求也不同。一般而言，参加会议应遵守如下礼仪要求：

（1）准时到会，不迟到，不早退。遵守会议各项准则和要求，尽力参与。会议成员时常缺席对会议的效果是非常有害的。不得不缺席或迟到的会议成员应尽可能打电话通知另一位会议成员或打电话到开会地点，以免拖延会议时间。

迟到就像缺席一样，通常意味着对抗。当会议成员经常迟到或缺席时，组织应该寻找这种对抗情绪的根源，因为经常迟到可能是对更深层的控制问题所做出的一种消极的咄咄逼人的反应。从表面上看，迟到可能对组织的工作和与会成员缺乏尊重，但事实上，这种现象通常反映出迟到者本身存在着个人的更深层的意识冲突。

（2）服饰得体，注意仪容仪表仪态，举止大方自然，待人彬彬有礼。

（3）虚心听取别人发言，不随便打断别人的谈话，万不得已要插话，应使用礼貌用语。讲话应顾及全体在场人员，力求突出重点，简洁明快，不能乱发议论，耽误别人的时间。

（4）营造民主、自由、平等的会风，以协调、讨论、沟通为要旨，切忌死气沉沉，以势压人和争吵斗殴；切忌离开会议主题去从事其他私人性的事情。

（5）有序就座。不能随便在会议进行过程中离开会议室。当会议进行过程中有来访者和电话时，当事人应先与会议主持人打招呼，然后再离开会议室。打招呼不妨用耳语或便条等形式，以不引起大家的注意、不影响会议进行为原则。离开会议室后，应尽快简单地处理完事务，然后及时返回参加会议。

（6）集中注意力。不交头接耳，不打瞌睡，不翻阅无关资料，保持会场安静，严禁大声喧哗。尊重会议组织者的安排。

（7）积极发言。如果有讨论最好不要保持沉默，这会让人感到你对事件漠不关心；发言要先举手，以引起主持人的注意，经主持人示意后再发言。

对与会者来说，应视会议为一次难得的自我展示机会，应该乐于接受会议的召开，借此你能展示你的专业才能。如果你一向给人害羞的印象，可以借此提出有用或有创意的建议，改变别人对你的成见，也让主管知道你的潜能。看同事竞相辩论，观察他们之间如何以理相驳，这样的会议是很好的思维训练。总之，好的会议对人生是一种享受，对组织是一笔财富，对社会也是一大贡献。与会者应当遵循和讲究会议礼仪。

第四节　商务仪式礼仪

商务仪式是企业为了庆祝或纪念某个重要日子、重大事件而举行的气氛热烈而隆重的仪式，如开业典礼、剪彩仪式、签字仪式、交接仪式、欢迎欢送仪式、馈赠仪式、颁奖仪式、各种庆典仪式等等。

举办商务仪式既可表明企业对此项活动庄重、严肃的态度，又可借此扩大企业的社会影响，提高企业的知名度和美誉度。如果企业能抓住这个有利时机，借助商务仪式的特定内容、主题和场景气氛来树立企业形象，往往会收到意想不到的效果。

本节主要介绍的是签字仪式、剪彩仪式和颁授仪式。

一、签字仪式

商务签字仪式，是商务活动中的合作伙伴经洽谈，就彼此之间进行商务合作、商品交易或某种争端达成协议或订立合同后，由各方代表正式在有关的协议或合同上签字并互换正式文本的一种庄严而隆重的仪式。签字是对特定的书面意见表示确认的行为。会谈中产生的正式文件只有经过会谈各方的签字才能生效。因此，会谈的最后文件一般都要举行签字仪式正式签署，以示确认并据此生效。

1. 签字前准备

1）文本的准备

签字文本即通过讨论和磋商确定正式文件的文字内容的打印稿。文本排版后，必须经过严格的校对，确认无误后，才能交付印刷、装订。如果是涉外谈判，还要对不同文字的文本内容及具体表述进行磋商，达成共识。双方并列缔约、在用本国文字写成的文本中并提双方国名或领导人姓名时，本国的国名和姓名列在前面。

缔约双方如使用不同的语言，签字文本应当用两种文字写成；按主权平等的原则，两种文字文本具有同等效力。除了用双方的语言制作文本外，还可以用双方共同熟悉的第三种语言增加一种文本，三种文本具有同等效力。一些技术性较强的专门文件，经双方同意也可只用某一国际通用语言写成。多边谈判文件的起草，可使用一种或几种国际通用语言。

签字的文本如用各签字国的文字同时印制，应将各方的本国文字置于各方自己保存的文本的前面（从右向左竖排文字则在右侧）。比如，中美双方签字，中方保存的文本，中文在前，英文在后；美方保存的文本，英文在前，中文在后。多边签字缔约，则以英文国名的顺序确定各国文字的次序。

各方签字的位置应当安排在各方自己保存的文本签字处的前面（从右向左竖排文字则在右侧），如果双方签字的位置是左右并排，则安排在左边。但如果双方的名称用“甲方”、“乙方”等表示顺序的词、词组或字母来简称，则一般按其顺序签字。

签字文本分正本与副本，正本签字后由各方各自保存。双边签字，双方各保存正本一份。有时为了方便工作，也可以印制若干副本。副本的数量由双方根据实际需要协商确定，也可在条款中加以说明。多边签字，正本也可以仅制作一份，各方签字后，由东道国（方）或发起缔约的组织保存。

一般在举行签字仪式前，先在文本上盖上双方的公章，这样，文本一经签字便具有法定效力。外交方面的签字文本需事先加盖火漆印。

2）人员准备

签字人可以是双方参加谈判的主谈人，为了表示对谈判成果的重视，也可另派更高级别的领导人作为签字人，但也应当注意规格大体相等。确定签字人要考虑以下几方面的因素：签字人必须具有代表一级政府或组织的法定资格。企业之间的合同签字，必须由法人代表签字，或者由法人代表所委托的人员签字。委托签字必须出示委托人亲笔签署的委托书。

见证人主要是参加会谈的人员，各方人数应当大致相等。有时也可邀请保证人、协调人、律师、公证人员参加。

助签人主要职责是在签字过程中帮助签字人员翻揭文本，指明需要签字之处。由于涉外签字的文本由中外文印成，各方签字的位置不一，一旦签错，文本就会失效。故助签人必须参加文本的整理、起草和制作工作，且非常熟悉业务。双边签字时，双方助签人的人选应事先商定。多边签字时，也可由主方派一名助签人，依次协助各方签字。

签字仪式礼仪性极强，所有参加签字仪式的人员都应注意自己的仪表、仪态，穿着打扮要整洁、得体，举止要大方、自然，既不能严肃死板，也不能过分喜形于色。

3）会场准备

举行签字仪式的场地，一般视参加签字仪式的人员规格、人数多少以及协议中的商务内容重要程度来确定。多数是选择在客人所住的宾馆、饭店，或东道主的会客厅、洽谈室。无论选择在何处举行，都应征得对方的同意。

签字场地的布置，一般是在签字厅内设置长方桌作为签字桌，桌面覆盖深绿色的台布，桌面上放置桌花用以装饰，签字桌后放两把椅子，为双方签字人员的座位，一般应当面对正门。如签字方较多，则加长桌子，增加座位。多边签字也可将桌排成圆形或方形，或仅放一张椅子，由各方代表依次签字。

涉外双边签字仪式的座位按主左客右的惯例摆放，即客方的座位安排在主方的右边。多方签字则按礼宾次序，各方签字代表的座次按英文国名首字母的顺序排列，排在第一位的居中，第二位排在其右边，第三位排在其左边。

签字桌上可放置各方签字人的席卡。席卡一般写明签约的国家或组织的名称、签字人的职务及姓名。涉外签字仪式应当用中英文两种文字标示。

各方保存的文本置于各方签字人座位前的桌子上。

双边参加签字仪式的人员分成左右两边站立于主签人的后面，各方身份最高的领导人并排站立于中间，其他人员按双方职务高低向两侧顺排。人数较多时，可分成若干排站立于前低后高的梯架上。有时，也可在签字桌的对面或前方两侧摆放座位，供参加人员就座。多边签字仪式，各方领导人按礼宾次序排列。

签字仪式开始后，助签人应站在各自签字人员外侧协助签字，不要站在中间，以避免挡住后排领导人的视线。

如果签字仪式还安排各方领导人致辞，可在签字桌的右侧摆放讲台，或放置落地话筒。

涉外签字仪式一般要挂各方的国旗。国旗可以交叉插在签字桌中央的旗架上，也可以分别插于签字桌的两端或并挂在背面的墙上。举行多边签字仪式，则放在各方签字人座位前的桌上。

签字仪式的会标要求醒目，并反映签约各方的名称、签约内容。涉外签字仪式的会标应用中文和外文书写。

签字用的文具包括签字笔、吸墨器。用笔必须符合归档的要求，签字笔要防止墨水堵塞，确保签字时书写流畅。

2. 签字仪式程序

（1）司仪对来宾的介绍之后，签字各方在司仪的安排下进入预定的位置。

（2）签字人在己方保存的文本上签字，助签人为签字人员翻揭文本，指明签字处，并用吸墨器吸干。文本如系多种文字写成，每种文字的文本均需逐一签字。

（3）双方在各自保存的文本上签字后，由助签人互相传递文本，签字人员再在对方保存的文本上逐一签字。多边缔约如果只需在一份文本上签字，可由司仪按英文国名首字母的顺序报国家名称和签字人姓名、职务，由助签人依次请各缔约方签字。

（4）签字完毕后，各方签字人员应起立，交换文本，并相互握手致意。

签字结束，应先请双方的最高领导人以及客方先退场，然后东道主再退场。整个仪式以半小时为宜。

复合性签字仪式程序，会在双方签字仪式之前或之后，增加主客双方的致辞环节。签字之后举行小型酒会，举杯庆贺签字成功，工作人员应事先准备好香槟酒、酒杯等。有时在签字仪式结束后，还会增加双方联合举行记者招待会或新闻发布会的程序。

练一练

模拟签字仪式练习。

用具准备：长方形签字桌，文本，签字笔，双方国旗，吸墨器，桌花等。

人员设定：双方主签人、双方助签人、司仪、礼仪引导、香槟酒服务生。

分组练习展示。

二、剪彩仪式

剪彩仪式是为了庆贺公司的成立、企业的开工、宾馆的落成、商店的开张、银行的开业、大型建筑物的启用、道路或航线的开通、展销会或展览会的开幕等而隆重举行的一项礼仪性庆祝活动。因其主要活动内容是邀请专人使用剪刀剪断被称为“彩”的红色缎带，被人们称为剪彩，以期剪出“光彩”来。在各种开业庆典仪式中，剪彩是一项极其重要、不可或缺的内容，剪彩可以在开业典礼中进行，也可以举行专门的剪彩仪式，以期扩大宣传，提升形象，并引起社会各界的关注。

剪彩仪式上有众多的惯例、规则必须遵守，其具体的程序亦有一定的要求。按照惯例，剪彩既可以是开业仪式中的一项具体程序，也可以独立出来，由其自身的一系列程序所组成。

1. 剪彩的准备

1）物品准备

与举行其他仪式相同，剪彩仪式也有大量的准备工作需要做好。其中主要涉及场地的布置、环境的卫生、灯光与音响的准备、媒体的邀请等等。

除此之外，尤须对剪彩仪式上所需使用的某些特殊用具仔细地进行选择与准备。

（1）红色缎带。亦即剪彩仪式之中的“彩”。按照传统做法，它应当由一整匹未曾使用过的红色绸缎，在中间结成数朵花团而成。为了节约，可代之以细窄的红色缎带，或者红布条、红线绳、红纸条。

一般来说，红色缎带上所结的花团，不仅要生动、硕大、醒目，而且其具体数目往往还同现场剪彩者的人数直接相关。一般花团的数目较现场剪彩者的人数多一个或少一个。前者可使每位剪彩者总是处于两朵花团之间，尤显正式。后者则不同常规，亦有新意。

（2）新剪刀。是专供剪彩者在剪彩仪式上正式剪彩时所使用的。它必须崭新、锋利而顺手。在剪彩仪式结束后，主办方可将每位剪彩者所使用的剪刀经过包装之后，送给对方以资纪念。

（3）白色薄纱手套。在正式的剪彩仪式上，剪彩者剪彩时最好每人戴上一副白色薄纱手套以示郑重其事。在准备白色薄纱手套时，除了要确保其数量充足之外，还须使之大小适度、崭新平整、洁白无瑕。

（4）托盘。是托在礼仪工作人员手中，用作盛放红色缎带、剪刀、白色薄纱手套的。剪彩仪式上所使用的托盘，最好是崭新、洁净的。它通常首选银色的不锈钢制品，可在使用时上铺红色绒布或绸布。

就其数量而言，在剪彩时，可以用一个托盘依次向各位剪彩者提供剪刀与手套，也可以为每一位剪彩者配置一个专为其服务的托盘，同时使每一朵红色花团专由一个托盘盛放。

（5）红色地毯。主要用于铺设在剪彩者正式剪彩时的站立之处。其长度可视剪彩者人数的多寡而定，其宽度则不应在一米以下。有时，亦可不予铺设。

2）剪彩人员选定

剪彩者，即在剪彩仪式上持剪刀剪彩之人。根据惯例，剪彩者可以是一个人，也可以是几个人，但是一般不应多于五人。一般来说，剪彩者多由上级领导、合作伙伴、社会名流、员工代表或客户代表所担任。需要由数人同时担任剪彩者时，应分别告知每位剪彩者届时他将与何人同担此任。必要时，可在剪彩仪式举行前，将剪彩者集中在一起，告知对方有关的注意事项，并稍事排练。

助剪者，指的是在剪彩者剪彩的一系列过程中从旁为其提供帮助的人员。一般而言，助剪者多由东道主一方的女职员担任。现在，人们对她们的常规称呼是礼仪小姐。

在剪彩仪式上服务的礼仪小姐，可以分为迎宾者、引导者、服务者、拉彩者、托盘者。迎宾者的任务，是在活动现场负责迎来送往。引导者负责带领剪彩者登台或退场。服务者的任务，是为来宾尤其是剪彩者提供饮料、安排休息之处。拉彩者是在剪彩时展开、拉直红色缎带。托盘者的任务，则是为剪彩者提供剪刀、手套等剪彩用品，并在剪彩时用托盘托住花团。

在一般情况下，迎宾者与服务者应不止一人。引导者既可以是一个人，也可以为每位剪彩者各配一名。拉彩者通常应为两人。托盘者的人数则需要视花团的具体数目而定，一般应为一花一人，有时，托盘的人数也要考虑剪彩者的人数。

2. 剪彩的程序

独立的剪彩仪式，通常应包含如下的程序。

1）请来宾就位

在剪彩仪式上，通常只为剪彩者、来宾和本单位的负责人安排座席。一般情况下，剪彩者应就座于前排。若其不止一人时，则应使之按照剪彩时的具体顺序就座。

2）宣布仪式正式开始

在主持人宣布仪式开始后，乐队应演奏音乐，现场可燃放鞭炮，全体到场者应热烈鼓掌。此后，主持人应向全体到场者介绍到场的重要来宾。

3）奏乐曲

可以奏国歌，也可演奏本单位标志性歌曲。

4）进行发言

发言者依次应为东道主单位的代表、上级主管部门的代表、地方政府的代表、合作单位的代表等等。其内容应言简意赅，每人不超过三分钟，重点分别应为介绍、道谢与致贺。

5）进行剪彩

在剪彩前，主持人须向全体到场者介绍剪彩者。剪彩时，全体应热烈鼓掌，必要时还可奏乐或燃放鞭炮。

6）进行参观

剪彩之后，主人应陪同来宾参观被剪彩之物。随后，可向来宾赠送纪念性礼品，也可安排宴请。

3. 剪彩的标准做法

当主持人宣布进行剪彩之后，礼仪小姐即应率先登场。在上场时，礼仪小姐应排成一行从两侧同时登台，或是从右侧登台均可，这里的右侧指的是面向观众席的右侧。登台之后，拉彩者处于两端拉直红色缎带，托盘者各自用托盘托住剪刀与手套，托盘者应站立在拉彩者身后一米左右，并且自成一行。

在剪彩者登台时，引导者应在其左前方进行引导，使之各就各位。剪彩者登台时，宜从右侧出场。当剪彩者均已到达既定位置之后，托盘者应前行一步，到达前者的右后侧，剪彩者从托盘中自取手套戴上，并拿起剪刀。

若剪彩者仅为一人，则其剪彩时居中而立即可。若剪彩者不止一人时，应执行右高左低的国际惯例。若剪彩仪式无外宾参加时，执行我国“左侧高于右侧”的传统做法，亦无不可。

剪彩者若不止一人，则其登台时亦应列成一行，并且使主剪者行进在前。在主持人向全体到场者介绍剪彩者时，后者应面含微笑向大家欠身或点头致意。

在正式剪彩前，主持人统一指令，倒数剪彩，同时，剪彩者应首先向拉彩者、托盘者示意，待托盘者用托盘托住花团，有所准备后，右手持剪刀，表情庄重地将红色缎带一刀剪断。若多名剪彩者同时剪彩时，其他剪彩者应注意与主剪者的动作协调一致，力争同时将红色缎带剪断。

剪彩以后，红色花团应准确无误地落入托盘者手中的托盘里，而切勿使之坠地。剪彩者在剪彩成功后，可以右手举起剪刀，面向全体到场者致意。然后放下剪刀、手套于托盘之内，举手鼓掌。接下来，可依次与主办者握手道喜，并列队在引导者的引导下退场。

退场时，一般宜从右侧下台。待剪彩者退场后，礼仪小姐方可列队由右侧退场。

4. 对剪彩者的礼仪要求

剪彩者是剪彩仪式的主角，由于他们的特殊身份，更易于为人们和媒体关注。他们在仪式上的举止行为，要特别注意做到符合礼仪规范。

第一，修饰自己的仪表着装。剪彩者的仪表要庄重、整齐，着装要正规、严肃。着中山装、西装或职业制服均可，以剪彩内容的需要而选定。不允许戴帽子或者戴墨镜，也不允许穿便装。头发要梳理，颜面要洁净。

第二，注意剪彩中的举止行为。剪彩者在仪式全程中，应始终保持稳重的姿态、洒脱的风度和优雅的举止。

第三，尊重主办单位，尽力配合仪式进程。剪彩者一定要按照约定的时间提前来到仪式现场，应当理解此时主办单位盼望嘉宾到位的心情。到现场后，可与主办单位或其他先到一步的嘉宾交流谈心，不宜独坐一隅。仪式开始后，则应专心听取别人发言，关注仪式进展程序，不宜喋喋不休地与人谈笑。剪彩归来回位之前，应先和主办单位的代表握手致贺，礼节性地谈几句，或与他们在一起长时间地鼓掌。在后续活动中，也应善始善终，听从主办单位的安排。

5. 对礼仪小姐的礼仪要求

剪彩仪式上，通常都有礼仪小姐参加，她们承担着装点仪式、具体参与仪式的服务等重任，在仪式上虽说是配角，但却体现着举办单位的形象和员工的素质，礼仪在她们身上显得尤其重要。

首先是仪容要高雅。剪彩仪式上的礼仪小姐，多数情况下统一身着旗袍（也有穿深色或单色的西式套装），鞋袜、发型、妆面的修饰应该与服装相符，给人以美的感受。

其次是举止行为要规范。在仪式进行中，礼仪小姐应训练有素，仪态优雅，整齐有序，动作一致。尤其应注意做到的是，始终保持应有的微笑，这一点最重要，又最不容易做得好，主办单位必须加以强调。

最后是工作责任心要强。礼仪小姐在剪彩仪式中，应以规范的举止在服务中展示本单位的形象和风采，她们应当意识到，自己在仪式上的一点点粗心大意都会给来宾留下深刻的印象，给本单位带来损失。

礼仪小故事

某企业为了使剪彩仪式隆重热烈，特意邀请了一位78岁高龄的著名人士参加剪彩，仪式当天当主持人宣布“剪彩”开始，老人颤抖着手拿剪刀，却怎么也剪不断红彩带。当其他四位剪彩者已剪断彩带，把剪刀放回托盘了，这位老人还未剪断彩带，情急之下，主持人过去才帮着老人剪断彩带。

练一练

模拟剪彩仪式练习。

用具准备：新剪刀、白色薄纱手套、托盘、红色缎带与花团。

人员设定：剪彩人、各类助剪人、司仪。

根据不同的人数设定，分组练习模拟剪彩仪式。

三、颁授仪式

各种颁奖、颁证、授勋仪式统称为颁授仪式。颁授仪式运用十分广泛。几乎每个社会组织（包括政府、国际组织、企业以及民间组织）都会设立各种勋章、奖章、荣誉称号、奖励基金、证书等，授予本组织内外的领导人、社会活动家、专家学者、劳动模范、先进工作者、各种竞赛或评选活动的优胜者等，以表彰他们在某个领域的卓越贡献，同时通过树立正面典型，弘扬时代精神，鼓舞人们积极向上、不断进取。有时，颁授仪式也是一种公关活动，有助于联络感情，树立社会组织的良好形象。

颁奖仪式和颁奖典礼都属于颁授仪式，各自仪式的规格和影响力不同。颁奖仪式一般比较简单，往往是内部召开的。颁奖典礼一般是公开的，面向大众媒体的，甚至是电视直播。

1. 准备工作

世界上各种授勋和颁奖仪式名目繁多、形式多样，既可以单独举行，也可以作为会议活动中的一项程序出现。无论以何种形式举行，一般都要做好以下准备工作：

（1）确定出席对象和范围。

（2）确定授勋人、颁奖人和主持人。

勋章、奖章、荣誉称号和奖励基金的等级和社会影响是确定授勋人、颁奖人（又称主礼人）身份的主要依据，主持人要有一定的身份，一般由主办方担任。社会性评选活动的颁奖仪式，可以聘请一些明星担任主持嘉宾。

（3）确定颁奖或授勋仪式的形式。

（4）发出邀请或通知。

（5）现场布置和物品准备。

颁授仪式繁简不一，现场布置的要求也不尽相同。一般来说，授勋或颁奖仪式都在室内举行，会场要根据事先的要求进行布置。不同类型的仪式要体现不同的风格。

重要的颁授仪式现场要升、挂国旗。如向外国的政府官员授勋，可悬挂双方国家的国旗。

颁奖或授勋仪式也可以布置会标，会标要醒目，应写明颁授仪式的内容或性质。

简单的颁授仪式，主席台上可以不设桌椅，颁授人和领受人多站立进行。大型颁授仪式，颁授人和领受人在主席台上就座，也可安排领受人在主席台下的前排就座。领受人的座位应根据颁授次序安排，并事先设计好上台领奖的路线，以保证上台领奖时秩序井然。讲台一般设在主席台的右侧，并配备话筒。晚会类的颁授仪式设舞台，不设主席台，领导人、主要嘉宾、领受人均坐在观众席的前排，舞台上设一讲台，供主持会议、讲话、致辞使用。

要根据授勋或颁奖的内容准备好勋章、奖章、奖杯、奖牌、奖状、奖金支票以及鲜花、托盘（盛放奖章和奖励品等）、音乐伴奏带等物品。奖状的书写一定要规范，具体写明领受人的姓名、奖励的项目名称、等级、发证机关名称、发证日期，并加盖发证机关的印章。颁授对象较少时，可以由礼仪人员在颁授仪式开始时，用托盘将奖品端上，由颁授人一一颁授。

专门举行的颁授仪式，还要做好签到等各项准备工作。

2. 典型的颁授仪式程序

（1）群众代表先入场就座。

（2）观礼嘉宾签到，礼仪人员引导入座。

（3）主持人或主要嘉宾以及颁授对象入席。

（4）主持人介绍主要领导人和来宾。

（5）主持人宣布仪式开始。

（6）全体起立奏国歌。涉外颁授仪式可安排仪仗队护送两国国旗与勋章进入会场，并将两国国旗树立在主席台两侧，由乐队奏两国国歌。

（7）主办方宣布颁奖或授勋决定。

（8）主礼嘉宾向颁授对象颁奖或授勋。颁授对象较多时，可以依次分批颁授，一般从低等级奖项开始，最后颁授最高等级奖项。在分批颁授时，工作人员要细心引导，使每个颁奖对象上台后与各自的颁授人的位置准确对应，以免出现发错奖的情况。

（9）安排少年儿童或女性礼仪人员献花。也可由颁授人亲自献花，以示崇高的敬意和诚挚的祝贺。

（10）颁授对象的代表致答谢词。

（11）群众代表致辞。

（12）主办方领导致辞。

（13）主持人宣布仪式结束。

3. 颁授仪式服务礼仪

1）领、授过程设计合理

应根据具体领受人数和奖项，以及颁授人的安排，结合场地的具体情况，合理设计上场、退场路线与颁奖过程。

2）引领的位置、顺序准确

在颁授仪式现场，最关键的是做好及时准确的引领。领奖人尚未登台，颁奖嘉宾已先上场，这可能是源于现场主持人不专业，现场引导错位，或是主办方安排不周所致。要知道颁奖人通常都是比获奖人更为德高望重的名流名家或长者，为了彰显尊贵，他们通常要比获奖人后上场才会更好。

3）物品准备妥当

颁授仪式上所需物品一般是奖品、证书、奖杯等，除此以外，还有鲜花，事先都应准备妥当，尤其一定要将物品与获奖人数一一核对，以免出现遗漏。

4）背景音乐恰当

颁授仪式追求的是喜庆、欢快、愉悦的氛围，在颁授环节中一定要有合适的音乐来烘托气氛。如果在颁奖环节没有任何喜庆性质的背景音乐，现场气氛就会变得庄严肃穆，丝毫感觉不到任何的荣誉感和愉悦感。颁授仪式也要保证有足够的人员参加，以免有冷冷清清的感觉。

5）礼仪人员不抢镜

在颁授仪式现场，礼仪人员是配角，要注意低调不抢镜。有时礼仪人员出场时机或站位不正确，会影响获奖者和颁奖者的荣誉气氛营造和现场摄影摄像的拍摄效果。

6）颁奖后切记拍照留念

颁奖、领奖当然是为了荣誉的展示和分享，并且还为了能在日后的某些关键时刻向当日未能到场的朋友传递荣誉。然而有很多颁奖现场经常出现颁奖刚一结束就有嘉宾三三两两跑下台去，而影响了合影。获奖者在合影时站位往往也参差不齐。主办方需在嘉宾上场前向大家交代一下站位，拿奖杯、鲜花、证书等物品的姿势等，以便获得良好的集体拍摄效果。

练一练

模拟颁奖仪式练习。

用具准备：奖状、奖杯、鲜花等。

人员设定：颁授人、领受人、礼仪人员、司仪。

给出颁授人、领受人、礼仪人员的不同人数的配备，根据场地的实际情况，设计上场、退场路线，模拟练习颁奖仪式。

第八章　餐饮礼仪

学习目的：

餐桌礼仪是对一个人礼仪和修养的最好考验。中餐、西餐都很讲究礼仪，中西餐从菜点、餐具的使用、用餐姿态、用餐氛围等方面都存在差异。通过本章内容的学习，使学员了解必备的中西餐餐饮常识，理解其背后的中西餐餐饮文化，掌握中西餐餐具的使用方法和摆放要求，并在日常生活中展示优雅得体的用餐礼仪。通过学习航空餐饮的特点和餐饮服务礼仪，使学员能够在客舱服务过程中更熟练自然地为乘客提供餐饮服务。

餐饮，既催生人类文明，又展现人类文明。餐饮礼仪是指人们在赴宴进餐过程中，根据一定的风俗习惯约定俗成的仪式和行为，在仪态、餐具使用、菜品食用等方面表现出的自律和敬人的行为，是餐饮活动中需要遵循的行为规范与准则。

食礼在古代社会发挥过重要作用，并在漫长的社会实践中不断得到完善，现代的餐饮礼仪虽不如古代烦琐，但诸如吃饭时嘴里不要发出声响，不要盛过多的饭菜，不要在饭桌上剔牙等礼仪，则与古代是一脉相承的。

每个民族的饮食文化各具特色，对于饮食的喜好、烹饪方法、菜式菜肴都有着不同的表现，在用餐礼仪方面也有着迥然不同的规则。现代餐饮礼仪已经越来越被人重视，从四五岁的儿童到职场中的成年人都在不断学习餐饮中的礼仪细节，可见餐饮礼仪对现代社会仍然产生着影响，成为文明时代的重要行为规范。

第一节　中餐礼仪

一、中餐菜点知识

中餐文化历史悠久、源远流长，伴随中国数千年历史的发展逐步丰富、逐步深化而来。中餐具有色（色泽）、香（香气）、味（味道）、形（形状）、质（质量）、营（营养）、器（盛器）俱佳的七大特点。从烹调工艺和技术上讲，中国菜肴又具有选料严谨、制作精细、风味多变的特点，享誉全世界。

中餐从口味上讲，有东辣、西酸、南甜、北咸的特点。从菜系上说，有山东菜系、四川菜系、江苏菜系、广东菜系的四大菜系；也有加上安徽菜系、湖南菜系、福建菜系、浙江菜系的八大菜系，还有加上湖北菜系和北京菜系的十大菜系。每种菜系各有自己的特色原料和独特的调味方法，使得中餐具有花样繁多、色香味形丰富多彩的特点。八大菜系的特点和代表菜肴如下。

1. 川菜

川菜享有“一菜一格、百菜百味”的美誉，素有“食在中国、味在四川”之说。川菜多使用辣椒、胡椒、花椒、豆瓣酱等主要调味品，各种调味品根据不同的配比，形成麻辣、酸辣、椒麻、麻酱、蒜泥、红油等多种味型，以味的多、广、厚著称，历来有“七味”（甜、酸、麻、辣、苦、香、咸）“八滋”（干烧、酸、辣、鱼香、干煸、怪味、椒麻、红油）之说。

川菜的代表菜有鱼香肉丝、水煮肉片、水煮鱼、宫保鸡丁、毛肚火锅等。

2. 鲁菜

鲁菜是“北食”的代表，是中国覆盖面最广的地方风味菜系，遍及京、津及东北三省，影响北方大部分地区。鲁菜口味咸鲜、取料广泛、选料考究，突出烹调方法为爆、扒、拔丝等。鲁菜精于制汤，讲究清汤、奶汤清浊分明。

鲁菜的代表菜有糖醋鲤鱼、九转大肠、汤爆双脆、孔府一品锅等。

3. 粤菜

粤菜用料广、博、奇、杂，采用炒、煎、炸、焗、炖等多种烹调技法，用料讲究生猛鲜活，不仅主料丰富，配料和调味也十分丰富。口味随着季节时令的不同而变化，清而不淡、鲜而不俗、嫩而不生、油而不腻。以特有的菜式和韵味，独树一帜，在国内外享有盛誉，影响深远，港、澳以及世界各国的中菜馆，多数是以粤菜为主。

粤菜的代表菜有龙虎斗、烤乳猪、盐焗鸡、白灼虾、白切鸡等。

4. 淮扬菜

淮扬菜又称苏菜，江苏为鱼米之乡，物产丰饶，饮食资源十分丰富。淮扬菜具有讲究选料、注重火工、强调本味、咸甜适中、口味平和的特点。

淮扬菜的代表菜有松鼠鳜鱼、大煮干丝、清炖蟹粉狮子头、金陵丸子、盐水鸭等。

5. 闽菜

闽菜的特点是色调美观、滋味清鲜。烹调方法主要是炒、熘、煎、煨，尤以“糟”最具特色。福建盛产各种海鲜，故闽菜多以海鲜为原料。

闽菜的代表菜肴有佛跳墙、醉糟鸡、酸辣鱿鱼等。

6. 浙菜

浙菜是以杭州、宁波、绍兴、温州等地的菜肴为代表发展而成的。浙菜的特点是清、香、脆、嫩、爽、鲜。浙江盛产鱼虾，又是著名的风景旅游胜地，湖山清秀，水光山色，淡雅宜人，故其菜如景，不少名菜来自民间，制作精细，变化较多。烹调技法擅长于炒、炸、烩、熘、蒸、烧。

浙菜的代表菜肴有西湖醋鱼、生爆鳝片、东坡肉、龙井虾仁、干炸响铃、叫花童鸡、清汤鱼圆、干菜焖肉、大汤黄鱼等。

7. 湘菜

湘菜是以湘江流域、洞庭湖区和湘西山区的菜肴为代表发展而成的。其特点是用料广泛，油重色浓，多以辣椒、熏腊为原料，口味注重香鲜、酸辣、软嫩。其烹调方法擅长腊、熏、煨、蒸、炖、炸、炒。

湘菜的代表菜肴有腊味合蒸、东安仔鸡、麻辣仔鸡、剁椒鱼头、冰糖湘莲等。

8. 徽菜

徽菜又称皖菜，主要由安徽沿江、沿淮、徽州地区的地方菜为代表构成。其特点是选料朴实，讲究火功，重油重色，味道醇厚，以火腿为佐料，以冰糖调鲜等，保持原汁原味。其烹调方法擅长于烧、焖、炖。

徽菜的代表菜肴有符离集烧鸡、火腿炖甲鱼、腌鲜鳜鱼、奶汁肥王鱼等。

我国地大物博，各个地区人们的饮食习惯不尽相同，除了上面提到的“八大菜系”，还有一些地区的菜系也有自己的显著特点，比如京菜、湖北菜、河南菜等。总的来说，中式菜肴非常注重口感和烹饪技巧，在传承悠久历史和文化的基础上，融各国、各民族饮食精华于一炉，不断推陈出新，满足不同人群的各类饮食需求。

二、中餐餐具

中餐的餐具主要有筷、杯、盘、碗、碟、匙六种。参见图 8.1。

根据宴请规格选用不同的餐具，最好选择成套餐具，大小要合适，不宜过大或过小。

图 8.1 中餐的主要餐具

1. 筷

中国是筷子的发祥地，中国人使用筷子至少已有三千年的历史了，是世界上以筷取食的母国。筷子，不仅仅是每一个中国人共同的饮食工具，它还是一个中国符号，一种对中华五千年文明史的文化传承。各种与筷子有关的故事，无时无刻不在向人们传递着中华文明。谚语“一根筷子容易折，十根筷子硬如铁”让人们在孩提时就明白了团结就是力量的道理。

筷子摆上桌准备吃饭时，长辈没动筷，晚辈是不能先动的，这是对长辈的尊敬。夹菜不能一个盘子里到处夹，吃饭时不能用筷子敲击盘子叮当作响，吃完饭不能将筷子架在碗上，要两根筷子并齐在桌子上放好。父母都是这样言传身教，孩子们耳濡目染、上行下效。生活中常听到“多一个人，多一双筷子的事”这样质朴的语言，不知不觉道出了“睦邻友好”的深刻哲理。

此外，同一餐桌应使用相同长度、相同花色、相同材质的筷子。桌中应摆上一副公筷，筷子摆放的时候要整齐，不能歪斜，不要一长一短，一横一竖，一正一反，或者交叉乱放。

用餐持筷时，通常使用右手，同时两根筷子要对齐，筷尖靠拢。握筷时，不要太低，要握在筷子上方三分之一的位置。左手持筷者应向邻座说明，以免两人吃饭时手相碰，出现筷子打架的现象。吃饭时，一手持筷，另一只手如果不持碗，则轻扶菜盘，或将手腕轻靠在桌边。用餐时，筷子要轻拿轻放，如果有筷架，用餐中稍停或完毕时，应将筷子架在筷架上。众人围桌吃饭时，一定要养成使用公筷公匙的良好习惯。与人交谈时，要暂时放下筷子，不能一边说话，一边像指挥棒似的舞筷子。用餐前主人先持筷请客人开动，客人才可以持筷进食，用餐完毕也要由主人先放下筷子，大家再落筷，结束用餐。

2. 杯

杯有水杯、酒杯和茶杯之分。

水杯主要用于盛放白开水、果汁和饮料。注意不要用水杯来盛酒，也不要倒扣水杯。

酒杯，根据不同的酒的类型选择不同的酒杯。喝白酒通常用小酒杯，敬酒时无论男女都要用双手，右手持杯，左手轻托杯底。喝葡萄酒要用高脚杯，敬酒、喝酒时用单手，持杯时应捏杯腿而不是杯身。

饮茶的茶杯必须十分干净，主人或者服务人员负责斟茶。

3. 盘

中餐的盘子有很多种，稍小点的盘子叫碟子，主要用于盛放食物，使用方面和碗大致相同。用餐时，盘子在餐桌上一般要求保持原位，而且不要堆在一起。

食碟是一种用途比较特殊的盘子，主要作用是暂放从公用的菜盘中取来享用的菜肴。使用食碟时，一般不要取放过多的菜肴在食碟里，那样看起来既繁乱不堪，又十分不雅。不吃的食物残渣、骨头、鱼刺不要吐在饭桌上，而应轻轻取放在食碟的前端，取放时不要直接从嘴吐到食碟上，而要使用筷子夹放到食碟前端。如食碟放满了，可示意让服务员换食碟。

4. 碗

中餐的碗可以用来盛放食物、汤、羹。在正式的宴会上，使用碗应注意五点：第一，不要端起碗来进食；第二，不能用嘴吸食碗里食物；第三，不能将碗内食物直接倒入口中，也不能舔碗；第四，暂时不用的碗不宜乱扔东西；第五，不能将碗倒扣在餐桌上。

5. 匙

中餐里匙的主要作用是舀取菜肴和食物。有时，在用筷子取食的时候，也可以使用匙来辅助取食，但是尽量不要单独使用匙去取菜。在用匙取食物时，不要舀取过满，以免溢出弄脏餐桌或衣服。在舀取食物后，可在原处暂停片刻，等汤汁不会再往下流再移过来享用。

用餐期间，暂时不用匙时，应把匙放在自己面前的食碟上，不要把匙直接放在餐桌上，不要让匙在食物中“立正”。

如果汤是单独由带盖的汤盅盛放的，表示汤已经喝完的方法是将汤匙取出放在食碟上，把盅盖反转平放在汤盅上。

中餐宴会台面的个人席位餐具摆放，参见图 8.2。

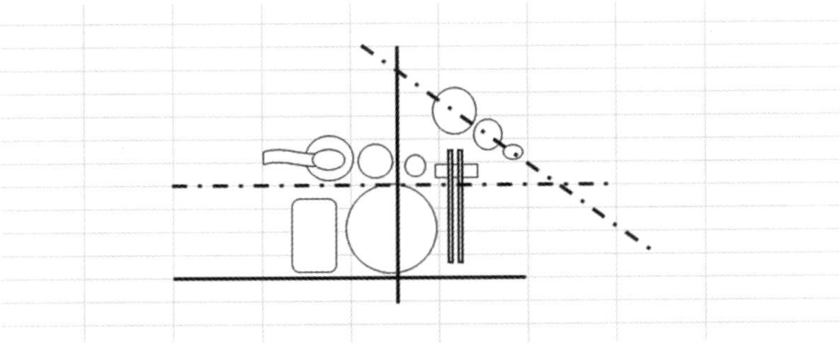

图 8.2　中餐宴会台面个人席位餐具摆放

三、宴请分类

宴请是一种常见的社交活动。根据举行活动的目的、性质、规模、参加人数以及当地风俗习惯，选择运用合适的宴请方式，以期达到较好的效果。常见的宴请方式有以下几种。

1. 宴会

中国有句古话：“民以食为天。”饮食既是为了满足人的基本生理需求，也是秉承传统习俗。所谓宴会是以宴请为形式的一种重要的社交活动，中国人设宴的原因可以是庆祝、祝贺，也可以是为了某一特定目的或重要事情，以食物为媒介搭建的情感、事务交流平台。

宴会在规格上分为国宴、正式宴会、便宴、家宴；在餐别上分为中餐宴会、西餐宴会和中西合餐宴会；在用途上分为欢迎宴会、答谢宴会、国庆宴会、告别宴会、招待宴会等；在时间上分为早宴、午宴和晚宴。

1）国宴

国宴是国家元首或政府首脑为国家的庆典或为外国元首、政府首脑来访而举行的正式宴会。国宴的隆重就在于一个“国”字，以国家名义招待外国贵宾，处处体现国家形象，因而是最高规格的宴请形式，如宴会厅内正面悬挂国旗，演奏国歌，国宴请柬、菜单、席位卡、席间乐的曲目单，甚至所使用的餐具上均饰有国徽图案等。

中餐的国宴菜博采国内各菜系之众长，按“以味为核心，以养为目的”的要求，上及宫廷肴馔谱录，下采民间风味小吃，外涉世界各国名菜，内及国内八大菜系，广采博取，撷英集精，形成独具特色的系列菜肴。口味中西结合，科学合理配膳，注重保健养生之功效。

礼仪小资料

国宴菜单

2018年6月9日至10日，上海合作组织成员国元首理事会第十八次会议在山东省青岛市举行。历次国家级活动，国宴都成为大众最为关心的“大”新闻，毕竟吃饭无小事，何况是宴请来自全世界的各国领导元首吃饭。请客人吃好，是每一个中国人坚持的待客之道。

2018年6月9日晚，各国嘉宾在青岛国际会议中心举行的欢迎宴会上品尝了精心准备的孔府宴，央视直播透露了国宴的部分菜单如下：

主菜四菜一汤

1. 孔府一品八珍粥；
2. 孔府焦熘鱼；
3. 孔府神仙鸭；
4. 孔府酱烧牛肋排；
5. 孔府蔬菜。

所有上桌的菜品都做到极致，比如说一品八珍粥就需要经过八个小时的炖煮，加上两个小时的调试，十个小时以后方可上桌。

孔府菜始于公元前272年，孔府的历代成员，秉承孔子“食不厌精，脍不厌细”的遗训，对菜肴的制作极为考究，要求不仅料精，细作，火候严格，注重口味，而且要巧于变换调剂，应时新鲜。

孔府宴融合古今烹调技艺，汇聚南北饮食精华，在食料选择、菜肴烹饪、宴席设计、糕点制作以及饮食礼仪等诸方面都达到了极高的文明境界，尤以做工精细、善于调味、讲究盛器而著称，给人以雄浑尊严、华贵典雅、大味醇厚的感觉。

2）正式宴会

正式宴会安排与国宴大致相同，但不挂国旗、不奏国歌，宴会规格也不同。宾主均按餐桌上写有姓名的席卡入座。礼仪要求也比较严格，席间一般有致辞或祝酒，有时也可安排乐队演奏席间乐。

3）便宴

便宴一般形式比较自由随便，多用于招待熟识的宾朋好友。便宴的特点是比较简单、灵活，席间可不安排座位、不做正式讲话，菜肴可根据宴会人员安排高低丰简。

4）家宴

家宴作为家庭内部增进交流、加强感情的一种方式，其目的明确，范围确定，宴会的规格也就随之确定。家宴地点，若无特别的事以家中为宜，往往由家人亲自下厨烹饪，既能体会家庭的温暖，又显得亲切、自然。若有特别需要庆贺的事宜，可以选择饭店等地方设宴。

其实，中国节日家宴的习俗古已有之，是人们的一种生活习惯和社交礼仪。在中国传统文化里，家宴被赋予了身份、礼制、情感等多重内涵和仪式感。就中国人一年最喜庆团圆的春节家宴来说，将丰富的营养成分、赏心悦目的艺术形式和深厚的文化内涵巧妙地结合起来，形成了典型的节日饮食文化。

西安市社科院历史文化与旅游研究所所长周荣在央视的一次采访中说道："不是随便炒个菜坐在一起吃饭，或是朋友间的小聚就叫家宴，家宴是以血缘关系为纽带的家族内部的聚会，要有敬酒、祝福的话语、家长里短的谈话等礼仪性的行为。家宴这个节日性的仪式，本身就是一种家风的体现。"

从筷子的摆放、上菜的次序，到入座的顺序、敬酒的先后，尽管每个春节家宴之上的饮食礼仪不一而同，但都是一种社会规范和秩序的体现。而在每一个年节之日，以家宴中的团聚，让人们有了交流的契机，从而能更好地接受长辈的言传身教，感受家风的传承。

以上内容可以看出，宴会与日常进餐有一个明显不同之处，即具有一定的仪式。古代天子、诸侯、大夫、士庶飨宾客，仪式非常复杂，后世日趋简化，但总有一定的仪式。民间的婚宴、寿宴、接风、饯行等宴会，都有东道主或司仪简单说明举行宴会的意义。综上所述，宴会可以说是在疗饥、品味之外，另含某种目的、意义的，具有一定仪式的集体进餐活动。

2. 招待会

招待会是一种灵活简便、经济实惠的宴请形式。常见的招待会主要有冷餐会和酒会两种。

1）冷餐会

冷餐会多是自助的立餐形式，所以又称为自助冷餐会。冷餐会基本上以格调高雅、风味独特的冷菜、饮料、低度酒为主，并非以进餐为主要目的，它通常适用于节日招待会、新闻发布会等。冷餐会要准备自助餐台，餐台上同时摆放着各种餐具，菜品、饮品都集中放在自助餐台上。

通常所说的自助餐，菜的款式以冷菜为主，荤素皆有，热菜的比例一般根据季节变化和客人需求进行调整。这些菜品造型美观大方，卫生清爽，并且可以尝到多种独特的地方风味。

自助餐就餐过程中，要注意排队取菜，不能插队。掌握"多次取菜，每次少取"的原则，取菜的先后顺序一般为：冷菜、汤、热菜、点心、甜品和水果。轮到自己取餐时，就用公用的餐具将喜欢的食物装入自己的餐盘内，然后迅速离去。切勿在众多的食物面前犹豫，让身后的人久等，更不应该在取餐时挑挑拣拣，甚至直接下手或用自己的餐具取餐。不能把食物带出餐厅，在用餐结束后，自觉将餐具送至餐盘回收处。在用餐过程中，对于其他相识或不相识的用餐者要以礼相待，在排队、取菜、寻位及行进过程中，要主动谦让。

2）酒会

酒会又称鸡尾酒会，也是一种立餐形式。酒会一般不设座椅，客人可随意走动，相互交流。着装打扮非常重要，不能像平时一样随意，牛仔裤、运动鞋是禁忌，男士应该西装革履打领带，女士要化淡妆，并且应该穿套装或者礼服，配高跟鞋，打扮要大方得体。

酒会通常有小点心、面包等作为茶点放在桌上。酒会上，有很多食物都是小块儿的，都配有牙签。吃完食品后，忌把使用过的牙签又放回去。有的食品需要用手直接去拿，所以手里要拿张餐巾纸随时擦手。最好是用左手拿杯子，右手有时需要和别人握手。

3. 工作餐

工作餐通常是工作时间在工作单位提供的餐厅用餐或者外出简便就餐，利用进餐时间边吃边谈工作的一种进餐形式。用餐过程中，要自觉做到文明用餐，自觉遵守用餐秩序，按先后顺序排队领取食物，不得拥挤插队。养成勤俭的习惯，不浪费食物。在餐厅内不抽烟，不大声喧哗、吵闹等。

乘务员的工作餐比较特殊，因为工作原因，航空公司会给乘务员配机组餐，机组餐也会考虑多种饮食习惯，准备好几种选择。乘务员无论是在航班上还是驻外用餐都要注意自己的用餐形象，养成良好的用餐习惯。

4. 茶会

茶会是一种最简便的招待形式，茶会的种类是按茶会的目的而划分的，通常可以分为节日茶会、纪念茶会、喜庆茶会、研讨茶会、品赏茶会、艺术茶会、联谊茶会、交流茶会等，多为社会团体举行纪念和庆祝活动所采用。

茶会通常在客厅内举行，不用餐厅。厅内设茶几、座椅，周围摆放花卉。入座时，有意识地将主宾同主人安排坐在一起，其他人随意就座。茶会期间，宾主共聚一堂，品茶叙谈，气氛和谐轻松，席间常安排一些短小的文艺节目助兴。

会议茶歇是一种为会间休息兼气氛调节而设置的小型简易茶话会。会议茶歇对于一般的大型会议而言可能不需要，中、小型会议，特别是公司或者组织高层会议，会间茶歇是很重要的。大致上茶歇的分类有中式和西式。中式茶歇的饮品包括矿泉水、开水、绿茶、花茶、红茶、奶茶、果茶、罐装饮料、微量酒精饮料，点心一般是各类糕点、饼干、袋装食品、时令水果、花式果盘等等。西式茶歇一般会增加各式咖啡、牛奶、甜品等。

图 8.3　会议茶歇

四、座次安排

就设宴而言，一般都要事先安排好桌次和座次，以方便参加宴会的人都能各就各位，也体现出对客人的尊重。当然也要根据用餐场地的安排、人数的多少、宴请的目的等具体情况做出妥当安排。

1. 桌次排列

通常，桌次地位的高低以距主桌位置的远近而定。以主桌位置为准，与主桌距离相等的两张桌子，右高左低；与主桌在同一方向的两张桌子，近高远低。

2. 座次排列

中餐一般用圆桌，在安排座位时通常遵循以下原则：

面门为上，面对门的座位为上座；远门为上，远离门的座位为上座；居中为上，居于中部的座位为上座；居右为上，主人右侧的座位位次高于主人左侧座位的位次；开阔为上，座位周围空间开阔者为上座；观景为上，方便看到风景者为上座。

安排宴会的席位时，有些国家忌讳以背向人，特别是安排长桌席位时，主宾席背向群众的一边和正面第一排桌背向主宾的座位，均不宜安排坐人。许多国家，陪同、译员一般不上席，为便于交谈，译员坐在主人和主宾的背后。

五、用餐礼仪

大多数饭局不只是为了吃饭而吃饭，而是作为人际交往的平台，更是展现个人修养的平台。很多国外讲究体面的机构，会把面试的最后一关放在餐桌上，在录取之前会客气地邀请你去高档的餐厅进餐，你的一言一行、一举一动都将在别人的仔细“品位”中。

1. 用餐形象

在几千年的餐桌礼仪之中，着装是非常重要的一个环节，因为通过观察一个人的着装，便可以看出其人的口味、内涵、态度。尤其是参加一些比较正式的宴会，诸如婚宴、重要的单位聚餐以及各类商务宴请时，更是对人们的着装有着十分特殊的要求。

选择与宴会的形式相符的服装，这也是餐桌礼仪必须具备的要求之一。首先，服装整洁、外表干净清爽是最起码的要求，也是对主人的尊重。参加正式宴会，应当严格区分职业套装、晚礼服以及休闲装。参加正式宴会，应避免穿着无领、无袖、过紧、领口开得太低的衣服。穿着打扮一定要遵循 TPO 原则。男士应穿深色西服，女士应穿正式的西装套裙或晚礼服。男士的头发一定要保持整洁，女士的发型应梳理整齐、显得高雅，并佩戴与整体的服装相搭配的饰品。

对女士而言，还要特别注意妆容。以淡妆为宜，切不可浓妆艳抹，也不可以不化妆。

2. 准时抵达

准时是一种美德，如果是参加较为正式的宴会，赴宴务必要准时，绝不能迟到，而且要视实际情况携带恰当的礼物赠送主人。如果因为某些客观原因不得已而迟到，也要提前电话告知主人，到场后向主人致歉。

如果应邀到别人家做客，不能迟到也不能太早到，以免主人尚未准备好，使其慌乱而造成窘迫，最好准时出现。

3. 物品放置

餐桌是公用的，用来摆放餐具和菜肴，以便人们享餐用宴，除了吃饭的餐具之外，其他任何与吃饭无关的物品都不应该出现在餐桌上。很多人习惯把手机和墨镜放在餐桌上是不妥的。用餐是主题，如果把手机拿到餐桌上，时刻在发微信、打游戏、发微博等，对其他人是很不礼貌的。

4. 优雅用餐

在用餐过程中，要注意以下几点：

（1）入座时要轻缓柔和，自椅子的左侧入座。坐在餐桌旁时，身体应该保持挺直，两脚轻松放在地板上。腹部与桌子保持一个拳头的距离，不要弯腰驼背。

（2）餐巾的使用礼仪参见本章第二节西餐礼仪。

（3）就餐时，如果他人正转动桌上的转盘，你不可按相反方向转动，否则转盘将出现尴尬局面。也不能用手固定转盘，不停地夹取自己喜欢食用的菜，这样有失礼貌，容易引起他人的不满。

（4）吃东西的时候应闭嘴细嚼慢咽，不要发出咀嚼的声音。以食就口，将食物迎向你，而不是你迎向食物。

（5）饮汤时要用公用的汤匙先舀到自己碗里再食用。如果汤太热，待稍凉后再饮，不要用嘴吹，这样做不雅观。

（6）要是吃到鱼刺、肉骨之类的东西，可用餐巾或手掩口，取出放在食碟里，不可直接外吐，鱼刺、肉骨、果核、用过的牙签和餐巾纸等物，不能直接堆置桌上，可以用手、筷子或匙承接一下搁在放残渣的食碟内。剔牙时要用牙签，并以手遮口。

5. 斟茶倒酒

常言道“茶满欺人，酒满敬人”，掌握斟茶倒酒的规矩，一举一落间方显礼仪。

斟酒的顺序一般是先主宾后主人，然后才是其他客人。在斟酒时，酒杯应放在餐桌上，酒瓶不要碰到杯口。如果领导给你倒酒，那么拿酒杯的姿势就需要注意：如果是高脚杯，那么就应该以手指捏住杯腿，而小酒盅则应用手掌托住酒盅。至于斟多少酒，当然是要斟满，酒要满，茶要浅。当然，这里说的都是传统的白酒。至于葡萄酒、香槟等，是不宜斟满的，其目的是使饮者在饮用时能让酒在杯中旋起来，使酒香充分地挥发出来。斟酒时，一定要注意自己的态度，不能看着他人一边斟酒还一边说着话，这是对他人的一种不尊敬。在敬对方酒时，喝完以后要主动去帮对方斟酒。

倒茶也是一门大学问。一般来说，在饭局上都会有服务员倒茶，但当服务员不在场的时候，一般是桌上地位最低、年龄最小的人倒茶。倒茶的次序跟斟酒同样。斟茶不可过满，八分即可。茶斟得满满的，客人不好拿杯喝，而且有厌客之意。当别人为你斟茶时，不能无动于衷，不理不睬，应道谢、点头或采用“叩手礼”。

礼仪小资料

叩手礼

以“手”代“首”，二者同音，这样，“叩首”为“叩手”所代，三个指头弯曲即表示“三跪”，指头轻叩九下，表示“九叩首”。至今还有不少地方如港澳地区行此礼，每当主人倒茶之际，客人即以叩手礼表示感谢。

早先的叩手礼是比较讲究的，必须屈腕握空拳，叩指关节。随着时间的推移，逐渐演化为将手弯曲，用食指、中指或者食指单指，轻叩桌面几下，以示谢忱。

茶间三种叩手礼：

（1）晚辈向长辈：五指并拢成拳，拳心向下，五个手指同时敲击桌面，相当于五体投地跪拜礼。一般敲三下即可。

（2）平辈之间：食指中指并拢，敲击桌面，相当于双手抱拳作揖。敲三下表示尊重。

（3）长辈向晚辈：食指或中指敲击桌面，相当于点下头即可。如特欣赏晚辈，可敲三下。

主人斟酒时，客人亦可行“叩手礼”，表示感谢主人斟酒。

第二节　西餐礼仪

一、西餐菜点知识

西餐是中国及其他东方国家对欧美等西方国家菜点的统称，是一个泛指。欧美各国菜系自成风味，各有各的风格，其中尤以法国菜最为突出。西餐大致可以分为三类：一是以英、法、德、意等国为代表的“西欧式”，又称“欧式”；二是以俄罗斯为代表的“东欧式”，也称“俄式”；三是在英国菜基础上发展起来的“美式”。如进一步细分，则还可分为英式菜、法式菜、俄式菜、美式菜、意式菜以及德式菜等。

1. 法式菜

一般来讲，西餐在选料上有一定的局限性，但法式菜选料却比较广泛，如各种海鲜、海味、蜗牛、野生的黑蘑菇等均用来入菜。法式菜非常讲究沙司，一般要由专门的厨师制作。有些基础汤汁要煮制 8 小时以上，而且根据不同的菜肴选择汤汁。法式菜还追求鲜嫩，要求菜肴水分充足、质地鲜嫩。比如牛排一般只要求三分熟、五分熟，有些海鲜生食。法国盛产酒类，所以烹调中还会根据不同的菜肴选择不同的酒类，这就是一些法国菜都带有酒香的原因。

典型的法国菜有鹅肝酱、牡蛎杯、红酒牛扒等。

2. 意式菜

意式菜很早就讲究制作沙司，后来这种做法才传入法国。意式菜着重食物的本质，菜味浓厚。意大利菜肴中有很多是以面条为原料，如通心粉色拉。另外，禽、肉类的菜肴也常用面条做配菜。总的来说，意式菜历史悠久，在菜肴制作上比较保守。

典型意大利菜有意大利汤菜、焗菠菜面条、佛罗伦萨焗鱼、比萨饼等。

3. 英式菜

英式菜讲究清淡，很少有浓汁、浓味的菜肴。英式的汤要求没有浮油；煎鸡蛋一般煎一面，色泽雪白，盘内不能带油。虽然英国是岛国，却不讲究吃海鲜，比较偏爱禽类、羊肉、牛肉、野味等。英式菜烹调相对比较简单，调味也很少用香料，也不大用酒，但餐桌上备有较多的调味品。

典型的英式菜有土豆烩羊肉、牛尾汤、烤牛羊蹄等。

4. 美式菜

美式菜是在英式菜基础上发展起来的，但又有自己的特点。由于美国盛产水果，美式菜的色拉中用水果非常多，在热菜中也用水果。美式菜的甜食很讲究，如各种布丁、苹果派、南瓜派等，品种很多，而且装饰特别。

典型的美式菜有菠萝焗火腿、苹果烤鸭等。

5. 俄式菜

由于俄罗斯气候寒冷，人们需要补充较多的能量，俄式菜一般用油比较多，多数汤菜上都有浮油。俄式菜口味浓厚，而且酸、甜、咸、辣俱全，喜欢吃大蒜、葱头。俄式菜很讲究小吃、各种冷菜，其特点是生鲜、味酸咸，如酸黄瓜、冷酸鱼等。

典型的俄式菜有鱼子酱、莫斯科红菜汤、红烩牛肉、黄油焖鸡等。

二、座次安排

西餐一般都使用长桌。安排多桌宴请的桌次时，和中餐规则一致。以主桌位置作为基准，与主桌距离相等的两张桌子，右高左低；与主桌在同一方向的两张桌子，近高远低。

西餐的座次安排，男女主人通常分坐于长桌的两端，或在长桌横面的中央面对面坐。西方人遵循“女士优先”的原则，整个宴席都以女主人为第一主人。背靠墙，离入口、卫生间远，或者能看到优美风景的座位都可能成为主座。服务员在引领客人入座时通常走在最前面，后面跟着女士，男士则走在女士的后面。

在座位排列时，以右为尊，男女主人右边的席次高于左边的席次。距离主人近的座位高于远处座位。在可能的情况下，男士和女士间隔排列，这样男士可以随时为身边的女士服务。

如果是方桌，就座于餐桌四面的人数应相等。如在一般情况下，一桌共坐 8 人，每侧各坐两人的情况比较多见。进行排列时，应使男、女主人与男、女主宾对面而坐，所有宾客均与自己的恋人或者配偶坐成斜对角。

三、西餐摆台

1. 餐具的认识

广义的西餐餐具包括刀、叉、匙、盘、杯、餐巾等。狭义的餐具则专指刀、叉、匙。刀叉是餐刀、餐叉两种餐具的统称，通常配合使用。西餐餐具中无论是刀、叉、汤匙还是盘子，都是手的延伸，例如盘子，它是整个手掌的扩大和延伸，而叉则更是代表了整个手上的手指。

2. 西餐摆台的基本要求

基本要领是：餐盘正中、盘前横匙、左叉右刀、先外后里、叉尖向上、刀口朝盘，各种餐具成线，餐具与菜肴配套。台面上花瓶放在桌子中央，所有附加用品摆放有序美观。摆台前，应将摆台所用的餐、酒用具进行检查，发现不洁或有破损的餐具要及时更换，用时要保证用品符合干净、光亮、完好的标准。摆放时，手不可触摸盘面和杯口。

图 8.4　西餐餐具摆台

摆台时，要用托盘盛放餐具、酒具及用具。摆放金、银器皿时，应佩戴手套，保证餐具清洁，防止污染。

每套餐具摆放的宽度在 58~60 厘米之间。所有的餐具和杯具都要用拇指、食指和中指三根手指捏住固定，另两根手指辅助。这样做拿得稳、不易打翻，而且比较美观。

3. 摆放餐、酒用具的顺序与标准

1）摆展示盘

可用托盘端托，也可用左手垫好口布，口布垫在餐盘盘底，把展示盘托起，从主人位开始，按顺时针方向用右手将餐盘摆放于餐位正前方，盘内的店徽图案要端正，盘边距桌边 1.5 厘米，餐盘间的距离要相等。

2）摆餐刀、叉、匙

从展示盘的右侧顺序摆放餐刀、叉、匙。摆放时，应手拿刀、叉、匙柄处，从主刀开始摆。

（1）主刀摆放于展示盘的右侧，与餐台边呈垂直状，刀柄距桌边 1 厘米，刀刃向左，与展示盘相距 1 厘米。

（2）鱼刀、汤匙、头盘刀等餐具摆放间距 0.5 厘米，除鱼刀手柄距桌边 5 厘米外，其余手柄距桌边 1 厘米，刀刃向左，匙面向上。

（3）主叉放于展示盘左侧，与展示盘相距 1 厘米，叉柄距桌边 1 厘米。

（4）所有叉的叉面向上，摆放鱼叉时，鱼叉柄距桌边 5 厘米。头盘叉（开胃叉）叉柄与主叉柄平行。甜点叉，放在展示盘的正前方，叉尖向右与展示盘相距 1 厘米。

（5）甜点匙，放在甜点叉的正前方，与叉平行，甜点匙头向左，与甜点叉的叉柄相距 0.5 厘米。

（6）黄油刀放在面包盘上，刀刃向左，刀柄朝下。

3）摆面包盘、黄油碟

展示盘左侧 10 厘米处摆面包盘。面包盘与展示盘的中心轴取齐，黄油碟摆在面包盘右前方，距面包盘 1.5 厘米，图案摆正。

4）摆杯具

摆杯具时，要拿杯具的杯托或杯底部。

（1）水杯摆在主刀的上方，杯底中心在主刀的中心线上，杯底距主刀尖 2 厘米。

（2）红葡萄酒杯摆在水杯的右下方，杯底中心与水杯杯底中心的连线与餐台边成 45° 角，杯壁间距 0.5 厘米。

（3）白葡萄酒杯摆在红葡萄酒杯的右下方，其他标准同上。

5）摆放餐巾

为了美观、突出主次关系，通常在餐盘、杯具上有餐花点缀。餐花分为杯花、盘花和环花。在展示盘内需折放盘花或环花，花型搭配适当，将观赏面朝向客人。

图 8.5　餐巾折花示例

练一练

餐巾折花专项练习

物料准备：每组六块餐巾（尺寸 56 厘米 ×56 厘米）。

练习要求：小组练习、合作展示。
评价标准：造型美观、整齐规范、富有创意。

6）摆蜡烛台和椒、盐瓶

西餐宴会一般摆两个蜡烛台，蜡烛台摆在台布的中线上、餐台两侧适当的位置。椒、盐瓶要在台布中线上按左椒右盐对称摆放，瓶壁相距 0.5 厘米，瓶底与蜡烛台台底距离 2 厘米。

7）摆烟灰缸

烟灰缸要放在正、副主人的正前方，它的中心在正、副主人展示盘的中心垂直线上，距椒、盐瓶 2 厘米。摆放时，从第一主人右侧开始，每隔一位摆放一个烟灰缸。

4. 西餐摆台的要领

西餐宴会摆台平面示意如图 8.6 所示。

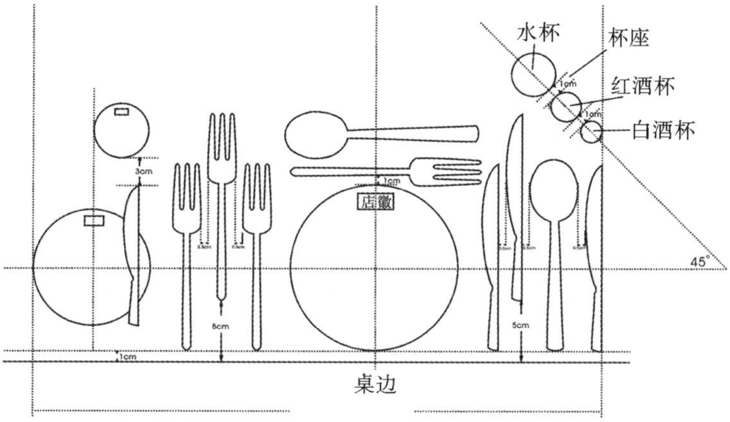

图 8.6　西餐宴会摆台平面示意图

西餐宴会附加用品摆放如图 8.7 所示。

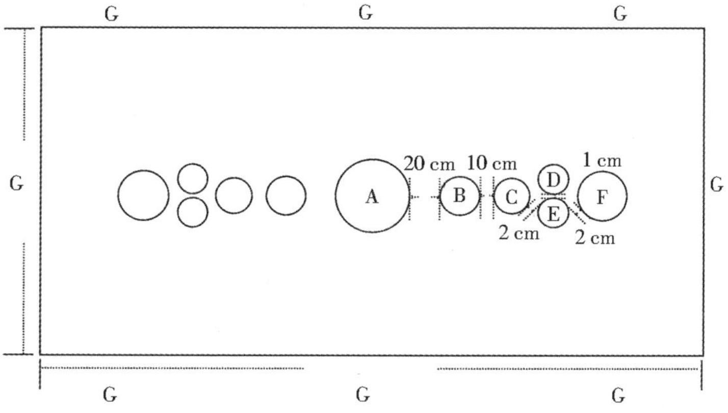

图 8.7　西餐宴会附加用品摆放示意图

A：花瓶或花座；B：烛台；C：牙签筒；D：盐瓶；E：胡椒瓶；F：烟缸；G：座位。

西餐餐具摆放的顺序；先摆餐盘（展示盘）定位，后摆各种餐刀、叉、匙，再摆面包盘等，最后摆各种酒杯。餐具摆好后，在餐盘中摆上餐巾花，桌子中间摆上花瓶、胡椒粉瓶和盐瓶，还有糖缸和蜡烛台等。摆台时注意手拿瓷器的边沿、刀叉匙的把柄。西餐具的摆法在各地不尽一样，在国外又有法式、美式、俄式等之别，并且根据餐台尺寸和用餐人数，灵活设计餐具摆放，既方便用餐，又整体和谐美观。

练一练

1. 课前物品准备

（1）西餐长台（如长 180 厘米 × 宽 90 厘米，高度为 75 厘米）；

（2）西餐椅（4 把）；

（3）工作台（备好台布、餐布、展示盘、面包盘、黄油碟、刀、叉、匙、杯具及宴会附加用品）。

2. 学员小组合作准备

（1）防滑托盘（4 个）；

（2）台布（1 块）；

（3）餐巾（4 块）；

（4）装饰盘（4 只）；

（5）面包盘（4 只）；

（6）黄油碟（4 只）；

（7）主菜刀（肉排刀）、鱼刀、开胃品刀、汤匙、甜品匙、黄油刀（各 4 把）；

（8）主菜叉（肉叉）、鱼叉、开胃品叉、甜品叉（各 4 把）；

（9）水杯、红葡萄酒杯、白葡萄酒杯（各 4 个）；

（10）花瓶；

（11）烛台；

（12）盐瓶、胡椒瓶（各 2 个）。

3. 练习要求

（1）小组合作完成，准备餐具、摆台操作、记录评价等。

（2）评价内容包含：

仪容仪表（头发、面部、手及指甲、服装、鞋、袜、饰物）；

摆台操作（台布、餐椅定位、展示盘、刀叉匙、面包盘、黄油刀、黄油碟及杯具的摆放位置与操作要求规范有序，附加用品的摆放和谐美观规范）。

四、酒类服务礼仪

西餐宴会用酒较多，几乎每道菜搭配着一种酒，吃什么菜配什么酒，一般来说就是“红酒配红肉，白酒配白肉”。红酒指的是牛肉、羊肉、鸭肉等，白肉指的是鸡肉、猪肉、海鲜、兔肉等。换句话来说就是味道浓郁的食物搭配厚重的酒，味道清淡的食物搭配淡雅的酒。

1. 示酒

服务员持工作巾，一手托住瓶底，一手握着瓶颈。面带微笑站立于主宾右侧，标签对着客人，介绍酒品名、酒精度、出产地、生产日期、推荐理由等。

示酒的目的是让客人接受核实自己所点的酒水准确无误，同时让客人通过酒瓶的商标和外观进一步验证所销售酒水货真价实。如果是葡萄酒需要倒入葡萄酒杯 1/5 为宜，让客人品鉴，开下来的瓶塞应放在身份最高的人餐盘内，请他闻嗅。

品鉴葡萄酒需要充分调动感觉器官：眼睛、鼻子和嘴巴。将酒杯在纯白色的背景前倾斜 45°，以分辨色调和浓淡。将酒杯靠近鼻端，轻轻闻嗅葡萄酒的香气。再用手指夹住底座，将酒杯逆时针轻晃三五秒钟，摇杯后的葡萄酒会在酒杯的内壁留下一条酒痕，酒痕越密、越长、越持久，葡萄酒就越浓、越甜美。再次闻嗅葡萄酒，有时会出现水果香、花香及其他各种香气，此时可继续向杯中倒葡萄酒，让客人品尝。这套服务过程是西餐宴会服务程序的开始，通过示酒也可以向客人表明服务人员的周到和对客人的尊敬。

2. 醒酒

醒酒，就是把木塞打开之后，把酒倒进醒酒器里促进酒的氧化，这个氧化过程可以使酒更加圆润，柔化单宁，让昏睡的葡萄酒美人从睡梦中“醒”过来，散发出应该有的芳香和美色。经过醒酒，有效过滤了酒中的沉淀物与开瓶时偶尔掉在酒中的酒塞碎末。

一般来说以新鲜的果香为主的白酒、新酒、餐酒都不需要醒酒，可以即开即饮，甜白酒和贵腐酒最好在饮用之前一小时开瓶，但不需倒进醒酒器，让瓶身直立透气即可。

未到成熟期的红葡萄酒单宁比较重，最好倒入醒酒器里醒上一至两小时，刚到成熟期的红葡萄酒则花上半小时便可以醒过来。陈年的老酒，由于在瓶中成熟时间较长，大约醒酒 0.5~1 小时就可以了。

3. 斟酒

用餐前，应先斟酒后上菜。斟酒的时候，酒瓶的瓶口不要碰触到杯口。斟酒的顺序一般是先主宾，后主人，先女宾，后男宾。

斟酒时，香槟酒斟至七八分，并让泡沫满至杯口。甜酒倒至八分满。葡萄酒如果使用较普通、容量也较小的葡萄酒杯，则倒至八分满。白兰地等烈酒，一般以一盎司为单位，通常只倒十分之一的量。

如果不想再饮酒，只需在服务生倒酒时用右手手掌做轻覆杯口状即可。

五、餐具和杯具的礼仪

西餐和中餐在餐具使用上差别很大，中餐自始至终使用一双筷子，特殊情况才会换一副筷子，而西餐是每一道菜都要换一副餐具。

1. 餐巾的使用

餐桌的礼仪从餐巾的使用开始。第一，它可以帮助我们保持衣服的清洁，将餐巾适当折放在大腿上，可以避免食物脏污衣服。第二，它可以起到遮掩的作用，当需要吐出较烫食物或不喜欢的食物时，可用餐巾遮掩，以免出现不雅观的举动。第三，它可以用来擦拭，当嘴部周围有面包渣等食物痕迹时，可以用餐巾轻轻沾擦。餐巾不可用来擦拭餐具、酒具或者擦脸。第四，餐巾能体现用餐的节奏。不是入座后即展开餐巾，要待女主人宣布开始后方能进行，否则也应该在点餐完毕之后再打开餐巾，最好在第一道菜尚未端来之前打开。

餐巾应在展示盘中，如果不在展示盘中，则左侧的餐巾是属于你的。千万不要拿错餐巾，拿起餐巾的时候应避免触碰到其他餐具，轻手轻脚是用餐时一定要谨记的。拿起餐巾后，不要在展示盘中抖落，也不要用展示盘压住餐巾一角，而是将餐巾在大腿上方对折成三角形或长方形，折好的餐巾应将开口朝外铺在大腿上。用餐过程中需离席时，应将餐巾稍折放至椅面上或搭至椅背上，而用餐正式结束时应将餐巾稍折放回餐桌。

2. 刀叉匙的使用

（1）使用刀叉进餐时，从外侧往内侧取用刀叉，要左手持叉，右手持刀。切东西用左手拿叉按住食物，右手执刀将其切成小块，然后用叉子送入口中。

（2）每次送入口的食物不宜过多，一口的量为宜。不要用刀直接扎起食物送入口中，不要挥舞玩弄刀叉，而且在咀嚼时尽量不要说话，更不要主动与他人说话。

（3）双手使用餐具的活动范围不要超过摆放的餐具范围，肢体活动范围应尽量小。

（4）使用刀时，刀刃不可向外。不用刀时，也可以用右手持叉。进餐中放下刀叉时，应将刀叉左右分开，分别放在餐盘两侧。

（5）拿汤匙时用右手，握住勺柄中间偏上部位，手指姿势像拿钢笔一样。

（6）如果不慎用错餐具或者将餐具掉在地上，可请服务员帮忙换一份新的来代替，不要自己钻到桌子下捡拾。

（7）每道菜食用完毕，将刀叉并拢，刀刃向内，叉背向下并拢平行排放在盘子内。如果未吃完，则摆成八字或交叉置于盘上，刀口应向内。汤匙横放在汤盘内，匙心向上，也表示用汤餐具可以拿走。任何时候，都不可将刀叉的一端放在盘上，另一端放在桌上。

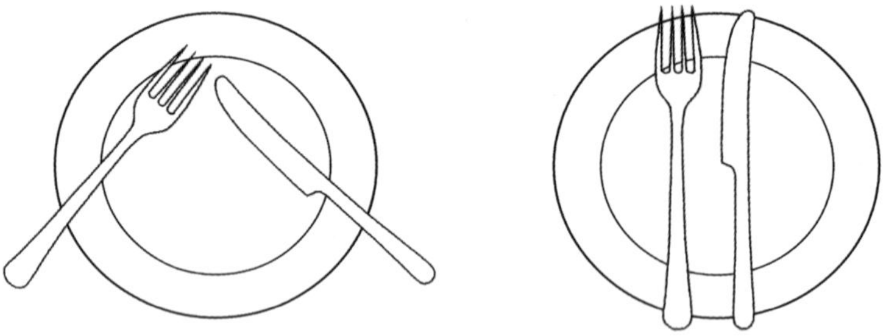

图 8.8　刀叉摆放礼仪

六、用餐过程中的礼仪

在用餐礼仪方面，应保持良好的坐姿，不要将胳膊肘支在餐桌上、用手撑头，也不要趴在桌子上或斜靠在椅背上。每次切食物只切一块，每块的大小要适宜，以能够一口吃下为宜。咀嚼食物、喝汤时不要出声，也不要大声讲话，以对方能听见为宜。招呼服务员时，不要喊“喂”或“服务员”，应待服务员走近时以眼神示意或者举手示意，注意举手示意掌心朝向对方。根据用餐食物的不同，还需注意以下细节。

1. 喝汤的礼仪

享用汤的时候不能端起来直接喝。装在汤盘里端上来的汤，应当用汤匙一勺一勺舀着喝。使用汤匙时，英国人通常由内向外舀汤，汤匙横向将汤送入嘴里；法国人通常由外向内舀汤，汤匙直接以匙尖先入口，将汤送入嘴里。汤盘里还剩少许汤时，可以略倾斜汤盘，舀起最后一口汤。

2. 享用面包的礼仪

一般来说，面包会在开餐前 5 分钟左右送上。吃面包的时候应先以手撕下一口大小的量再送入口中。用来蘸面包吃的黄油、蘑菇酱等调味酱应用专用的黄油刀挖取后抹在撕下的面包块上。直接用嘴咬面包是违反西餐礼仪的。

3. 吃牛排的礼仪

点用牛排的时候，服务员会询问你要的牛排几分熟，你可依自己的喜好选择。切牛排时，用叉子把肉叉到底，刀紧贴着叉背切下去，这里要从左向右切起。切的时候用刀沿着叉子在肉上面已叉出的缝隙切下去，牛排很容易就切开了。

礼仪小资料

牛排到底吃几分熟？

首先，牛排熟度分为一分、三分、五分、七分、全熟 5 种；常见的牛排种类有菲力牛排（牛里脊）、肋眼牛排、西冷牛排（牛外脊）、T 骨牛排。至于要几分熟，通常的原则是“嫩者贵，老者廉”。其中肉质比较嫩的菲力牛排三分熟就够了，T 骨牛排肉质稍老，就要吃七分熟了，最重要的还是看个人喜好。

一分熟：正反两面稍微热熟，这时牛排内部还是血红色。

三分熟：表面呈现煎烤过的颜色，一刀切下去还会流出带血的肉汁。

五分熟：在三分熟和七分熟之间的熟度。

七分熟：按压时，具有弹性，切口呈现淡淡的红色。

全熟：整块肉完全烤熟。

4. 吃沙拉的礼仪

大片叶子不易入口时，可以先用叉子叉住蔬菜，用刀将叶子一层一层折成小块，大片叶子不经切碎，直接入口是不雅观的。细碎的蔬菜叶可刀叉共用聚集起来。

5. 吃水果料理的礼仪

吃水果也与吃面包、牛排的方法相同，用刀切成一口大小，然后叉起来一小块一小块地放入口中，如果有籽、核等不要直接吐在盘子里，轻轻放到盘子靠边的地方。

6. 吃意大利面的礼仪

吃意大利面时，将叉竖起来，每次叉上几根面条（一口的量），慢慢旋转叉子，直到把这几根面条结实地绕成一卷，然后送到嘴里。也可以用汤匙辅助，先把少量面条叉在叉子上，用汤匙抵住面条，旋转叉子卷好面条，再用叉子将卷好的面条送到嘴里。

7. 吃比萨的礼仪

吃比萨有三种方法。第一，用刀叉将比萨切成小块，用叉子送入口中。第二，直接用两只手取食。一只手拿住比萨饼的一端，另一只手放在饼下托住，从尖角部位开始食用。第三，把比萨饼纵向折起来，从尖角一头开始吃。

第三节　机上餐饮服务礼仪

一、机上餐饮概述

根据航班飞行时间及航线的长短等，航空公司通常为乘客提供的餐食有正餐、早餐、便餐、点心等。目前，多数航空公司机上餐食以传统的“老三样”为主，即鸡肉饭（面）、鱼肉饭（面）、牛肉饭（面）等。中国美食千万，但到了空中却相对趋同，各个航空公司纷纷推出特色餐食，为乘客提供更好的餐饮服务体验。

2016年4月1日起，昆明航空尝试差异化服务，在机上推出“味道昆航”特色餐食系列。昆航此举，一方面是为了给乘客提供不同的体验，另一方面也可以提高航空公司在服务方面的竞争力。

2017 年 9 月，东航在宁京精品航线和宁昆快线上，为乘客提供淮扬特色餐食，如红焖狮子头、少帅红烧肉、金陵大碗面以及辣油小馄饨等特色小吃。

川航的航空餐极具特色。从餐食品类到更新频率，从地域特色到兼具国际，在航班上为乘客提供老干妈辣酱、串串香、担担面、小炒肉、水煮牛肉饭、香肠腊肉、牛肉干、烤土豆、茉莉花茶等，在春运期间还提供过火锅冒菜，深受乘客喜爱。

自 2017 年下半年起，吉祥航空在航班上提供暖心汤粉，乘客长时间处于干燥的客舱内，易导致人体水分流失、身体疲劳感加剧，暖心汤粉既可以提振精神、温暖身体，同时也补充能量与水分，可谓一举两得。有温度、有特色的机上餐食一经推出，深受乘客好评。

总的说来，航空餐饮的种类日趋多样化，各个航空公司在餐食特色、餐食种类方面下了不少功夫。各具特色的餐食开始在航班上推广，满足了乘客不同需求的同时，也使航空公司在乘客心目中留下了深刻的印象。

二、机上餐饮的特点

1. 餐具餐食品种少

机上餐饮由于机上环境的特殊性，受到空间密闭、高空颠簸以及客舱服务的可操作性等综合因素限制，很多原材料和餐具无法配供上机。所以餐具选择精简实用，餐具的大小和材质都有所限制。

因为飞行途中可能会遇到颠簸等意外情况，航空餐的肉类选择必须遵循一个原则，那就是“无锋利骨刺”。原因是如果锋利的骨刺卡伤乘客，在高空飞行中很可能会影响航空安全甚至乘客的生命安全，食物方面如排骨、鸡、鱼等此类带骨带刺的原材料，再如韭菜、大蒜等口味重的原材料，还有豆腐、豆干等易产气类的原材料，基于航空安全都不允许配供上机。

螃蟹、虾蛄、带壳的蚬等，它们的壳也是高空飞行的不安全因素，被禁止上机。机上餐饮的原材料都是需要经过层层筛选后才能上机，如西瓜选择就比较挑剔，熟透后易流汤汁，不熟又影响口感；为防止串味，太酸的水果不能用；容易氧化的水果，会影响色泽也不能用。飞机餐中高蛋白、高脂肪以及油炸的食物也是被严格控制的，由于在高空中人的胃口会变得挑剔敏感，再加上飞机上的活动空间狭小，容易消化不良，所以飞机餐必须有较多素食辅助，而且分量不能太多，才能确保人体在飞机上进餐后的舒适度。

此外，飞机上的原材料由专门的检疫部门层层把关、工作流程的层层监控，航空餐食里的食品安全隐患相对较少。

2. 机上多烤制加热

飞机上没有明火，不能采用现场烹饪的方式为乘客供餐，基本上是配好的餐食送上飞机再经过“二次加工”送给乘客。飞机上的餐食很多以西餐为主，冷盘是很重要的一部分，需要进行二次加热的只是部分主菜，而烤箱加热对于热狗、汉堡等西式餐点的口感影响并不会太大。但中式热食经过烤箱回炉后，菜品色香味都会流失一大部分，烤箱这样的加热方式显然不完全适合中式菜肴的烹调，所以飞机上的中餐口味很难获得乘客的高评价。

在航空餐制作的整个过程当中，不单要考虑口味，更多是关乎安全，温度的控制非常严格，30℃左右是微生物繁殖最危险的一个温度。食品烹饪一定要达到80℃制作，完成后的食物需快速降温至5℃以下，然后再运送到飞机上。所以，乘客在飞机上吃到的餐食是速冷后在飞机上二次加热的“剩饭”，味道和口感都受到影响。

3. 按舱位区分餐食等级

不同等级舱位的飞机餐，在菜式、分量及成本各方面都有差别。头等舱及商务舱的飞机餐，在食物及进餐程序上皆尽量模仿高级餐厅，虽然如此，与真正的餐厅始终有别。而经济舱的飞机餐，则与快餐较为相似，以分发效率、储存体积及成本等为主要考虑因素，食物的味道自然难以符合乘客的高期望。

4. 高空影响味觉

据《华尔街日报》报道，德国科学家进行的一次模拟飞行试验验证了在高空飞行时，人对于甜味和咸味的感知程度下降 30%。另外，机舱内干燥的空气影响乘客鼻腔内的嗅觉细胞，嗅觉变得迟钝，对于气味的感知度下降。如果再加上舟车劳顿、时差等原因造成的生物钟紊乱，味觉下降的比例将更大。所以，尽管航空公司想尽办法更新飞机餐，但机上餐食还是难以赢得大众的好评。

5. 航空餐饮两极分化

目前，民航乘客运输日益呈现出两极分化的趋势，即低成本航空与高品质航空并存。低成本航空意味着航空公司在各个方面都要降低成本，而取消免费的餐饮服务就是降低成本的做法。国内春秋航空航班上不提供免费餐食，但是提供可选择的付费餐食，天津航空宣布 2018 年 6 月份开始逐步取消国内航线经济舱免费餐食。

高品质航空意味着在餐饮服务方面，餐饮产品的种类更多、更具特色、服务更加多样化等，在为经济舱的乘客提供质量上乘、经济快捷的餐饮产品的同时，更积极地适应头等舱、商务舱等高端客户对飞行中品味特色美食的需求。

三、机上餐饮服务礼仪

1. 安全第一

安全是民航的生命线，也是服务的第一要旨，安全与服务并不是相互对立的。但如果两者产生冲突，就要确保安全第一的原则。

有的乘客觉得乘务员就是为他们送餐送水的，其实保证客舱安全才是做好服务工作的重要前提。做好服务工作需要细心、耐心，而确保客舱安全则是需要强烈的责任心。飞行中难免会有气流颠簸，颠簸时提供餐食饮料是有很大安全隐患的。一旦发生颠簸，尤其是中、重度颠簸，乘务员会进行客舱广播，提醒乘客系好安全带，并需要暂停餐饮服务，这样做也是为了保证所有人的安全，所以在确保安全的情况下为乘客提供餐饮服务是必须要考虑的。

礼仪小故事

2012 年 7 月 4 日，一航班由北京飞往上海，航班落地前 30 分钟发生突发性颠簸，事发时客舱乘务员正在客舱回收餐具，被抛起后摔倒在客舱和厨房，两名客舱乘务员腿部肿胀变形不能行走，一人躺在地上无法动弹。

从上述惨痛的教训中，我们不难发现，强调服务的重要性而忽略民航运输的安全本质，一旦出现问题，就要付出惨痛的代价。客舱服务产品不断推陈出新无疑是争抢客源的重要手段，各个航空公司也纷纷使出各种“招数”，比如乘务员身着民族服饰在客舱中跳民族舞，乘务员在客舱内进行乐器表演，还请专业厨师进入客舱进行现场烹饪表演等等。当服务产品和服务程序超过了一定的度，跨过了安全的底线时，矛盾就不期而至了。

2. 服务贴心，话语暖心

尽管乘客在餐饮方面的需求各不相同，但是对服务的要求都希望是贴心的。茶杯上未洗净的一点茶渍、乘务员眼神里流露出的一丝心不在焉等，都会给乘客带来极大的不快。因此在服务的细节上要特别注意细心、贴心、暖心。例如在飞机上用餐时，多数乘客会遇到这样的情况：端着热饭盒烫手，放在小桌板上吃又有点儿使不上劲，感觉不舒服。而乘坐大韩航空公司的航班，在热饭盒下，有一个配套的小瓷盘，乘客可以把饭盒端在手上而无烫手之感，这就是贴心的服务。乘务员在为乘客提供餐饮时，应关注乘客有无对饮料、餐食过敏的情况；在为儿童提供热饮时往往只倒半杯以防止烫伤，并时常关注儿童乘客的需求和状态。乘务员看到怀抱婴儿的乘客，提供餐食时主动询问是否需要帮助冲泡奶粉，这些都是贴心的服务。

服务中的交流话语不能局限于服务模板式语言，有情感的话，有温度地说，能够站在乘客的立场上，想乘客所想，急乘客所急。对乘客的一句温馨提醒、一个关切问候、一个真诚建议，都可以让乘客感觉无比温暖。比如当发现乘客身体不舒服时及时询问："您好些了吗？"不但可以拉近与乘客的距离，还能有针对性地提供后续帮助。

礼仪小故事

2017 年 7 月 12 日 08:29，FM9123 航班顺利抵达唐山，顺利快速完成后续航班的客舱准备后，乘务员精神饱满地迎接乘客登机。

正值酷暑，舱门口吹来阵阵热浪，让乘务人员瞬间汗水盈盈。待 149 位乘客登机完毕后，乘务长突然接到机长通知，由于飞机机械故障，且一时难以修复，乘客需下机等候。于是，乘务组打起十二分精神，机上广播、细致解释、耐心致歉……一一将乘客送下了飞机。

临近午餐时间，考虑到依旧在候机楼等候的乘客可能已经饥饿不堪，再加上闷热的环境，乘务长咨询地面工作人员是否能为乘客提供餐食，当得知无法提供的时候，乘务长陷入了沉思，"我们可以为乘客做些什么？是否可以将机上的餐饮送到候机楼正在等待的乘客手上呢？"乘务长立即将这一想法跟组员们进行商量，想法得到了组员们的一致赞同。

方案拟定后，乘务长立即组织实施。乘务员分工合作、互帮互助，依次将沉重的三辆餐车从飞机上搬下来再推到候机楼，一次、两次……酷暑下的停机坪上，就这样出现了乘务组忙碌的身影。

带着所有乘客的餐食，乘务员们出现在乘客面前。看到乘务员们的出现，乘客都高兴极了，"终于有饭吃了"、"你们真是太贴心了"……纷纷对乘务组贴心的举动、用心的服务表示由衷的感谢。乘务组也将机上餐食服务"搬"到了候机楼，这也成了当天一道特殊的"风景线"。近一个小时的忙碌，餐饮已全部发放完毕，乘务员的衣服几乎湿透了，但看着每一位乘客都吃上了热饭，心中便多了一份宽慰。

16:20，FM9124 航班又开始登机了，乘务组的优质服务仍在继续……

3. 姿态优雅，善于观察

一线接触乘客的民航服务人员，他们的一举一动都代表着航空公司，良好的职业形象和职业意识至关重要，尤其是客舱乘务员，除了每天精致靓丽的装扮、热情大方的微笑问候，在执行的每个航班上，还要在客舱服务中展现优雅的姿态，为乘客带来舒心的乘机体验。哪怕是长时间的站立会让双脚酸胀不已，乘务员也要保持优雅挺拔的站姿、端庄的坐姿、蹲姿等，因为作为乘务员在工作状态中能否始终保持良好的职业形象，一举一动是否规范都代表着航空公司形象。举手投足间、服务巡视时、耐心交流的每一刻，无一不是风景，真正让乘客感受到乘务人员的职业风采。

除了优雅姿态，乘务员还必须有一双会发现问题的眼睛，细心观察，耐心行事。看到有的老人欲言又止，就应主动上去询问，是否可以提供帮助。比如登机时，人流十分缓慢，大部分人都站在狭窄的过道里整理行李，其他人也就无法通行，如果作为乘务员视若不见依旧热情地向客人问候，那么你注定只能是一个平庸的乘务员，一个不善于观察的乘务员。乘务员不是花瓶，优雅的姿态也不是虚假的花架子，而是切实及时地发现问题，积极地解决问题，这才是乘客希望得到的服务。

4. 兼顾乘客个性需求

服务的个性化源于标准化，又高于标准化。兼顾乘客的个性需求，需要根据乘客的年龄、性别、爱好、饮食习惯、宗教信仰、身体状况、乘机时间等提供有针对性的餐饮服务。比如某位乘客需要一份素食餐，但又没有提前预订，乘务员可以根据情况，灵活处理，将现有的水果拼成一份"水果素食餐"提供给乘客。比如中国南方航空公司针对不同的人群，推出了六大个性化餐谱供商务舱和头等舱的乘客选择。根据不同的节日为乘客送上不同的餐食：春节期间送上年糕、饺子，端午节为乘客送上粽子等。

许多航空公司通过 IPAD 信息库逐步建立起乘客食谱档案，尤其是高端乘客的食谱档案，皆在为乘客提供超越预期的餐饮服务。阿联酋的阿提哈德航空公司更是在机上专门设立了独一无二的"餐饮管家"这一职位，以帮助乘客更好地享用空中美酒和美食。

5. 乘务组高效协作

由于乘务工作的特殊性，每次执行飞行任务的乘务组成员之间不固定也不熟悉，乘务员根据航班任务、号位分工来完成相应负责区域的工作，但很多时候分工不分家，团队成员之间的高效协作是完成客舱服务工作的重要保障。乘务长是飞行服务活动的管理者，在整个乘务组中起着衔接、均衡、协调和领导的作用。有时在客舱服务中，乘务组的某个成员在处理问题时有不妥之处或与乘客发生矛盾争执，乘务组的其他成员还要积极进行服务补救工作，组员之间坦诚相待、彼此理解、相互信任，对乘客的不满和抱怨积极做出补救性反应，重新建立乘客满意度和忠诚度，这样才能增强凝聚力，才能更好地服务乘客。

四、机上用餐礼仪

飞机是公共交通工具，每一位机上成员都应该自觉维护飞机客舱安静温馨的良好氛围，做到不大声喧哗，不打扰其他乘客休息，在用餐方面，要顾及身边乘客的需求，不给别人添麻烦，理解并尊重乘务员工作，这是一个文明人最基本的道德修养，具体说来有以下几点。

1. 就餐环境狭小，谦让有礼

由于机上座位固定，尤其是经济舱座位空间有限，在机上用餐可用空间很小，有的乘客会感觉不方便。而且乘客年龄、身材、性格各异，乘客和乘客之间应该有序谦让，进餐时尽量不影响他人为宜。

飞机上的座椅靠背是可以调整的，目的是保证乘客有一个舒适的旅程。飞机在起飞和降落时段，乘务员安全检查时会提醒乘客调直座椅靠背，除了起飞和降落阶段外，乘客也应考虑后排乘客的感受。如果后排乘客正在用餐，前排座椅靠背的突然调整可能打翻其桌上的餐食。也许后排坐着的是怀抱婴儿的乘客，前排乘客调整座椅靠背无疑缩小了后排空间，给后排乘客带来很多不便。

所以，比较适宜的做法是当需要调整座椅靠背时，与后排乘客打个招呼，看其是否方便，避免矛盾；当身后的乘客因为前排的座椅而感到不适的时候，前排乘客应及时将座椅靠背调直；后排的乘客也留意少用膝盖顶前排椅背，避免让别人不舒服。出门在外，与人方便就是与己方便。

礼仪小故事

某日，宁波飞西安的航班上，一位独自带孩子的妈妈，一上飞机就给大家发小礼物，里面装着耳塞和小糖果，背面还打印了一段话，“你好！我是来自宁波的Wendy，我刚刚一岁半。这不是我第一次出门旅行了，可是独自带我的妈妈还是担心我的哭闹会打扰到您，毕竟飞机气压变化会让我感到很烦躁。在公共场合打扰别人的可不是好孩子，我会尽力保持安静的。这里有耳塞和小糖果，希望能减轻您的困扰。Wendy祝您旅途愉快哟。”

妈妈的举动不仅让飞机上的空姐很感动，更是感动了无数人。虽然宝宝还小，他并不知道他可爱的父母为他做了这件温馨的事情，相信在他以后的成长过程里，肯定会受到其父母文化素养的熏陶。

2. 就餐时间有限，速战速决

打开热食包装时，注意烫手或有汤汁溅出，免得溅到旁边乘客的身上。考虑到空乘工作流程的安排，不宜吃得太久，最好能速战速决，确保乘务员回收餐盒时能及时回收。就餐也不宜吃得太饱，因为在高空消化液分泌会减少。哪怕飞机餐的口味不是很满意，怀着愉悦的心情品尝食物，也许会发现另有不同。

3. 免费酒水饮料，适可而止

常喝水，能让味觉保持敏锐，空乘在航班的餐前、餐中、餐后都会送茶水饮料。通常餐食饮料按照乘客数量配置，若没吃饱或还需要喝饮料，请等乘务员发餐饮完毕后再去询问是否还有多余的餐食和饮料，多要餐食应适可而止。高空氧气较少，饮用酒类要注意适量，以免酒气熏人，引发头痛等诸多不适。

4. 尊重空乘劳动，互相理解

登上飞机后，要尊重、支持、配合空乘工作。提到空乘，人们的印象是长相美丽，说话文雅，彬彬有礼，有的还会用羡慕的眼光去看待这个职业。但其实日复一日地高空飞行，乘务员是很辛苦的。当乘客在登机区等候休息时他们已经早就做好迎客的准备了，微笑迎客、安全设备示范、安全检查，飞机起飞到平飞的餐饮服务，发餐、收餐、送饮料，下降检查，送客等等，看似简单其实很烦琐的工作他们要多次重复，还要精神饱满地为乘客服务。如果遇到延误、航班取消等情况，乘务员的工作难度更加大。如果乘客在乘机时能为乘务员的服务说一声“谢谢”、“辛苦了”，回敬一个理解的微笑，给他们一个鼓励的眼神，延误时能够耐心等候，不要给乘务员找麻烦，就是对他们最大的尊重和理解。每个人都有各自的工作岗位，应当经常换位思考一下，多为别人着想，在尊重别人的同时也是在尊重自己。

第九章　宗教礼仪

学习目的：

宗教是人类发展到一定阶段的历史现象，对人类的社会生活有着深远的影响。通过本章的学习，使学员了解宗教的基本概念和相关政策，明确宗教与礼仪的关系，掌握世界三大宗教的基本礼仪知识，掌握道教和中国宗教礼仪的基础知识，为做好民航服务储备基本的宗教知识。

第一节　宗教礼仪概述

一、宗教的概念与分类

宗教是一种社会意识形态，它包括信仰、宗教组织、祭礼、文化（宗教建筑、宗教绘画、宗教音乐）等方面的内容。

宗教的种类很多，按其形态可大致分为个人心理的宗教与集团社会的宗教。个人心理的宗教，指个人独自的宗教信念与体验，而不论其是否参与特定的宗教组织，或具有何种特定的信仰形态。若经由个人的信仰、体验，而向他人弘传，集合具有相同信仰的人群，即成为宗教团体，产生新兴宗教，主倡者称为此宗之开祖。

集团社会的宗教，大致可分为原始宗教、国民宗教、世界宗教等。

（1）原始宗教，又称部族宗教，指太古时代的宗教及未开化社会的宗教，如自然崇拜、图腾崇拜等。

（2）国民宗教，又称民族宗教，指行于部族、民族、国家等一定地域内的宗教，如日本的神道教、印度的印度教、以色列的犹太教、中国的道教等。国民宗教多与所处地域的社会风俗、习惯、制度等有密切的关系，而未必有宗教开祖或依据之经典，如日本神道，并无特定之教祖，而是以原始宗教为基础，根据国家组织而发展。又如中国的道教，有其特定的教祖，亦有其特殊的教格而适合国民的传统，故只流传于特定地域。

（3）世界宗教，如世界三大宗教——佛教、基督教、伊斯兰教等。此类型宗教多随个人的自由意志接受信仰，而顺从组织内之信条、仪礼、戒律等。通常多由特定的开祖所创倡，并以开祖的行迹及教说为中心，形成该教之教理与经典。教团的成立，多站在超越民族、国家等立场而创立，故其教法系以人类全体为中心，具有世界性与普遍性的特征。

宗教在人类生活中具有多种功能，随着人类智能的发展和科学水平的提高，世人渐排斥与科学、理性相对的宗教信仰，认为其中多含有迷信色彩，各个宗教也正在接受来自新时代的考验并随之革新。如基督教自中世纪以来乃至今日，不断受到科学合理性要求的挑战，亦不断革除本身不合理性之处。

二、宗教的政策

《中华人民共和国宪法》涉及宗教的规定有两条：

第三十四条　中华人民共和国年满十八周岁的公民，不分民族、种族、性别、职业、家庭出身、宗教信仰、教育程度、财产状况、居住期限，都有选举权和被选举权；但是依照法律被剥夺政治权利的人除外。

第三十六条　中华人民共和国公民有宗教信仰自由。任何国家机关、社会团体和个人不得强制公民信仰宗教或者不信仰宗教，不得歧视信仰宗教的公民和不信仰宗教的公民。国家保护正常的宗教活动。任何人不得利用宗教进行破坏社会秩序、损害公民身体健康、妨碍国家教育制度的活动。宗教团体和宗教事务不受外国势力的支配。

为了保障公民宗教信仰自由，维护宗教和睦与社会和谐，规范宗教事务管理，根据宪法和有关法律制定的《宗教事务条例》中提到：信教公民和不信教公民、信仰不同宗教的公民应当相互尊重、和睦相处。宗教团体、宗教活动场所和信教公民应当遵守宪法、法律、法规和规章，维护国家统一、民族团结和社会稳定。宗教团体、宗教活动场所、宗教教职人员在友好、平等的基础上开展对外交往；其他组织或者个人在对外经济、文化等合作、交流活动中不得接受附加的宗教条件。涉及宗教内容的出版物，应当符合《出版管理条例》的规定，并不得含有：破坏信教公民与不信教公民和睦相处的；破坏不同宗教之间和睦以及宗教内部和睦的；歧视、侮辱信教公民或者不信教公民的；宣扬宗教极端主义的；违背宗教的独立自主自办原则的内容。全国性宗教团体可以根据本宗教的需要按照规定选派和接收宗教留学人员。信仰伊斯兰教的中国公民前往国外朝觐，由伊斯兰教全国性宗教团体负责组织。

全面正确地贯彻宗教信仰自由政策，一方面要求尊重每个公民信仰宗教的自由和不信仰宗教的自由，对不尊重公民宗教信仰自由权利和损害宗教界合法权益的错误行为，必须坚决予以纠正；另一方面要求坚持权利与义务的统一。宗教信仰自由不等于宗教活动可以不受约束。宗教界人士和信徒群众首先是中华人民共和国的公民，要把国家和人民的根本利益放在首位，承担遵守宪法、法律、法规和政策的义务。宗教必须在宪法和法律规定的权利和义务范围内活动，任何人不得利用宗教反对党的领导和社会主义制度，宗教活动不得妨碍社会秩序、工作秩序和生活秩序。

三、宗教与礼仪

1. 宗教与礼仪的关系

宗教信仰的行为化即为一种礼仪。作为一种宗教若没有礼仪就不能长期存在下去，就有消亡之虞；若其礼仪不适合时代和群众的要求，就不能争取信徒，求得发展。

礼仪不一定全部来自宗教。某些普遍被认可的思想、学说的行为化，也形成礼仪。

宗教的传播，思想、学说的传承，礼仪这种可操作的外在形式功不可没；宗教和思想、学说也由此而形成教育体系。

2. 宗教礼仪的种类

宗教礼仪，是指宗教信仰者为对其崇拜对象表示崇拜与恭敬所举行的各种例行的仪式、活动，以及与宗教密切相关的禁忌与讲究。宗教礼仪是宗教信仰的外在形式。世界上存在着多种宗教，自然也就存在着多种宗教礼仪。宗教礼仪分为物象礼仪、示象礼仪和意象礼仪三种。

四、学习宗教礼仪的意义

学习宗教礼仪，一来要对宗教有正确的认识，更重要的是，民航服务人员面对的乘客来自世界各地，有着不同的民族、国家和宗教背景，要与他们和谐相处，完成服务交往过程，不能不对其文化、宗教知识有所了解。掌握不同的宗教礼仪知识，能在服务中理解乘客的行为喜好，能避免一些特殊的宗教禁忌，有助于圆满完成对不同宗教信仰的乘客的服务工作。

第二节　佛教

一、佛教的起源

佛教相传在公元前 6 世纪至公元前 5 世纪由悉达多・乔达摩创立于古印度，即今日尼泊尔南部的蓝毗尼，因为他属于释迦族，后人尊称他为释迦牟尼，意为释迦族的圣人，人称为佛祖。

作为一种最古老的世界性宗教，佛教在今天仍有一定的影响。很多文献把世界三大宗教定义为基督教、印度教和伊斯兰教。而把世界三大宗教定为基督教、佛教和伊斯兰教是中国的一个通俗说法，就信徒的数量来说，印度教徒超过佛教徒，但佛教的地域性还是比印度教广泛，因为印度教有强烈的民族种姓因素，“外人”是很难加入这个宗教的。所以从世界宗教的角度讲，世界三大宗教，佛教应该是其中之一。

二、佛教的派别与佛教在中国的发展

1. 原始佛教

佛陀示现涅槃后的数百年间，佛教传遍印度次大陆，这段时间称为原始佛教时期。

2. 部派佛教

自佛陀入灭百年后起，原始佛教内部由于对教义的理解不同，曾发生多次分裂，进入部派佛教时期。在第一次佛教分裂后，原始佛教分成了上座部和大众部。

（1）上座部佛教。上座部诸派向南传播，盛行于斯里兰卡，遍传缅甸、泰国等东南亚地区，后传入中国云南、广西等地，称为南传佛教。现代中国傣族、布朗族、阿昌族、佤族的大多数群众信仰南传佛教。

（2）大众部佛教。大众部佛教是后世大乘佛教的先驱，主要向北传播。北传佛教传入藏族地区，称藏传佛教，又称藏语系佛教，或俗称喇嘛教。藏传佛教与汉传佛教、南传佛教并称佛教三大地理体系。

藏族地区古老的原始宗教“本教”有着悠久的历史，印度佛教与本教之间互相吸收了许多对方的内容而各自得到了发展。印度佛教大量吸收了本教的内容，使其能够更深入地根植于当时的社会并逐渐发展成为现代的藏传佛教。藏传佛教的流传地集中在中国藏族主要聚居地区、蒙古、尼泊尔、不丹，以及印度和俄罗斯的部分地区。

汉传佛教，又称汉语系佛教，主要来自北传佛教。后经中国，汉传佛教又流传于日本、朝鲜半岛等地。东汉永平十一年（公元68年）修建的中国第一座佛寺洛阳白马寺，是印度佛教传入中国后兴建的第一座官办寺院，有中国佛教的“祖庭”和“释源”之称。1953年在北京成立中国佛教协会，会址设于北京广济寺。

中国四大佛教圣地为山西五台山、浙江普陀山、四川峨眉山、安徽九华山。这四大名山随着佛教的传入，自汉代开始建寺庙，修道场，延续至清末。中华人民共和国建立后受到国家的保护，并对寺院进行了修葺，已成为蜚声中外的宗教旅游胜地。

汉传佛教在中国的传播中，结合本地文化进行了适当改变，在日渐融入的同时，不仅在宗教方面，还对文学、建筑、雕塑、音乐等文化的多方面产生了深远的影响。

三、佛教的教义和经典

1. 佛教的基本教义

佛教的基本教义主要有：

（1）“缘起”即“诸法由因缘而起”。佛教的根本原理，是成立于无常、无我的缘起。

（2）“十二因缘”亦称“十二缘起”。包括无明、行、识、色、入、触、受、爱、取、有、生、老死。

（3）“四谛”指苦谛、集谛、灭谛、道谛。其中苦谛是根本。

（4）“涅槃”是佛教的最高境界。

2. 佛教的经典

现在所说的佛教经典是指《大藏经》，一般由经、律、论三部分组成，故也称“三藏经”。

《大藏经》是在佛教发展的漫长历史中逐渐积累而成的，其内容博大精深，除佛教教义外，也包含了政治、伦理、哲学、文学、艺术、习俗等方面的论述，是人类历史上一笔丰厚的文化遗产。

与古印度的文化传统不同，佛教一传入中国即开始了佛典翻译事业。中国翻译收藏的佛教典藏是世界上最全面、系统和完整的。在众多的佛经翻译者中，具有突出贡献的中国四大佛经翻译家是鸠摩罗什、真谛、不空、玄奘。佛经的翻译促使历代高僧辈出，证者无数，从教理研释证悟到民间百姓的广泛传弘，世界佛教的中心也渐转移到了中国，并进而向各国传播，成为世界性宗教。

四、佛教礼仪

佛教各派别的礼仪禁忌有所不同，以下主要介绍的是汉传佛教的礼仪。

1. 敬佛礼仪禁忌

顶礼拜佛。拜佛具有忏悔罪过、修持禅定与感恩礼敬的意义。拜佛的动作，是心诚意敬地将双手合掌，低头弯腰，五体投地将两肘两膝以及额头着地，完成头面接触佛足的最高敬礼，故又称为顶礼。

佛寺是清净的圣地，所以进入寺庙时衣履要整洁，不能着背心、打赤膊、穿拖鞋。无论是否信仰佛教，都应尊敬佛像，不在公共场所非议宗教问题。

2. 敬法礼仪

敬法如敬佛，佛教徒对于请经、持经、诵经有着严格的礼仪，对经书、袈裟、衣钵、锡杖、念珠、佛尘及一切法器，皆当恭敬处置。

3. 敬僧礼仪

1）称谓

佛教的教制、教职在各国不尽相同。在我国寺院中，一般有“住持”（或称“方丈”，是寺院负责人）、“监院”（负责处理寺院内部事务）、“知客”（负责对外联系），可尊称“高僧”、“大师”、“法师”、“长老”等。出家的佛教徒俗称“和尚”（僧）和“尼姑”（尼），最好尊称“法师”、“师太”。不出家而遵守一定戒律的佛教信徒称“居士”，可尊称为“檀越”、“护法”、“施主”等。

2）礼节

顶礼大德要在佛殿时才行礼，不要在大路旁、水沟边或火车站等不宜之处。合十礼节，对佛法信众而言，不仅能够起到收摄表面的作用，也给人一种谦和的印象，是佛教徒日常生活中最常用的礼仪之一。

3）四威仪

佛教有“三千威仪，八万细行”的说法，认为种种威仪皆不出行、住、坐、卧四者，所谓行如风、立如松、坐如钟、卧如弓，此四威仪，正是行者日常举止所应遵循的仪则。四威仪要求行、住、坐、卧这四种身体形态要具备一定的仪态，当心存正念而具威仪之相，不容许表现举止轻浮。

4）佛教的饮食禁忌

汉传佛教中的饮食禁忌有：过午不食，不食荤腥，不饮酒。过午不食是佛陀在世时的制度，汉传佛教也有将此作为修行生活的内容。素食是汉传佛教的重要标志，“荤”指的是如蒜、葱等气味浓烈、刺激性强的食物，“腥”指的是鱼、肉类。

五、佛教的节日

（1）佛诞节。也称“浴佛节”，是纪念释迦牟尼诞生的节日。佛寺届时举行诵经法会，并根据佛诞生时有九龙出香水浴其身的传说，以各种名香净水灌洗佛像，并供养各种花卉。另外，还举行拜佛祭祖、施舍僧侣等庆祝活动。佛诞的时间，各国各地有不同的说法，中国汉族地区一般定为农历四月初八。

（2）佛成道节。是纪念释迦牟尼成佛的日子，也称成道节、成道会、腊八。中国佛教徒于农历十二月初八，以米和果物煮粥供佛，称为“腊八粥”，后来吃“腊八粥”遂演变成为中国民间的风俗。

第三节　基督教

一、基督教的起源

基督教产生于公元一世纪中叶，创始人是耶稣(Jesus)。基督教传播到世界各地，成为全世界信仰人数最多的一种宗教，它的信徒，分布于150多个国家之中。在西方各国，基督教的影响举足轻重。

二、基督教的发展和派别

16世纪后基督教逐渐形成了天主教、东正教、基督新教三大教派鼎立的局面。

基督教传入中国最早的确切记载是唐太宗贞观年间。利玛窦（1552—1610），意大利的天主教耶稣会传教士、学者，于明朝万历年间来到中国传教。利玛窦是天主教在中国传教的最早开拓者之一，也是第一位阅读中国文学并对中国典籍进行钻研的西方学者。他的著述不仅对中西交流做出了重要贡献，对日本和朝鲜半岛上的国家认识西方文明也产生了重要影响。

三、基督教的教义、经典

基督教的教义包括十诫、三位一体、信原罪、信救赎、因信称义、信天国和永生、信地狱和永罚、信末世等。

《圣经》（Bible）相传是神所默示的，是犹太教、基督教的经典，包括《旧约圣经》和《新约圣经》。《圣经》还是一部史学巨著，是考察希伯来民族史、古代犹太教和初期基督教发展史的首要依据。

四、基督教的标志、圣地

十字架是现今基督教的标志，于公元431年开始在基督教会中出现，代表着上帝对世人的爱与救赎，是神圣不可侵犯的标志。

耶路撒冷、梵蒂冈、圣地亚哥（西班牙）是基督教的三大圣地。

五、基督教的礼仪

1. 基本礼仪

基督教最基本的礼仪是祈祷、祭祀、讲道。

2. 七圣事

圣事亦称“圣礼”，是基督教的重要礼仪。

天主教和东正教认为“圣事”有七件，即圣礼（洗礼）、坚振、告解、圣体、终敷、神品和婚配。新教一般仅承认洗礼和圣餐为“圣事”。

3. 基督教的禁忌

基督徒有守斋的习惯。基督教规定，教徒每周五及圣诞节前夕(12月24日)只食素菜和鱼类，不食其他肉类。天主教还有禁食的规定，即在耶稣受难节和圣诞节前一天，只吃一顿饱饭，其余两顿只能吃得半饱或者更少。基督徒在饭前往往要进行祈祷，如和基督徒一起用餐，要待教徒祈祷完毕后再拿起餐具。

基督徒忌讳“13”这个教字和星期五。在基督徒眼中，“13”和“星期五”是不祥的，要是13日和星期五恰巧是同一天，他们常常会闭门不出。在这些时间，千万别打扰他们。

凡进入教堂参观的游客，都应自觉保持庄重、肃穆的仪表，衣着不整或穿拖鞋、短裤入教堂是绝对禁忌的。同时也禁止在教堂内来回乱窜、大声喧哗、交头接耳、东张西望、打情骂俏、争抢座位等，更不允许在教堂内吃东西、抽烟。因此，非教徒进入教堂时一定要遵守教堂规则，以免造成不良影响。

六、基督教的节日

基督教有许多节日和节期，节日是每年庆祝一次，比如圣诞节、复活节等；而节期却不然，它可以在一年内循环进行，如每个礼拜天，基督徒是必须去教堂参加礼拜的。

基督教传播久远，支派繁杂，纪念节日在各国都有不同。各教派基本共同的、影响较大的节日有耶稣圣诞节、耶稣复活节和圣灵降临节。

（1）圣诞节。是基督教纪念耶稣“诞生”的节日，一般以12月25日为圣诞节。19世纪，圣诞卡的流行、圣诞老人的出现，使圣诞节开始渐渐流行起来，并衍生出了相应的圣诞文化。

（2）复活节。复活节是纪念耶稣“复活”的节日，是基督教仅次于圣诞节的最大节日。12世纪时，人们在复活节节庆中加入鸡蛋，此蛋多涂以红色，也有绘成彩色和笑脸，故一般称之为“复活节彩蛋”，复活节彩蛋是复活节里最重要的食物象征，意味着生命的开始与延续。

（3）圣灵降临节。亦称“圣灵降临瞻礼”，一般每年复活节后第 50 天为圣灵降临节，又称“五旬节”。

第四节　伊斯兰教

一、伊斯兰教的起源

伊斯兰教是世界上最重要的宗教之一，于公元 7 世纪创立于阿拉伯半岛，创立者为穆罕默德。伊斯兰教以安拉为真主，以穆罕默德为真主的使者。伊斯兰教名称中的“伊斯兰”为阿拉伯语音译，意思是“顺从”、“和平”。所有信仰伊斯兰教者均称为穆斯林，意即安拉旨意的“顺从者”。在伊斯兰教文化中，新月符号是伊斯兰教的标志，是伊斯兰教的象征。伊斯兰教的三大圣地分别是麦加、麦地那和耶路撒冷。

二、伊斯兰教派别

伊斯兰教主要分为逊尼和什叶两大派系，也有其他一些小派系。逊尼派被认为是主流派别，又被称为正统派，分布在大多数伊斯兰国家；什叶派的信徒主要分布在伊朗，还存在于其他一些国家和地区。

中国的回族、维吾尔族、塔塔尔族、柯尔克孜族、哈萨克族、乌孜别克族、塔吉克、东乡族、撒拉族、保安族等少数民族人口中，大多数信仰伊斯兰教。中国穆斯林大多数聚居在宁夏回族自治区、甘肃、青海、河南、云南、新疆维吾尔自治区等省和自治区，呈“大分散、小聚居”的分布特点。1953 年 5 月 11 日，中国伊斯兰教协会在北京成立。中国伊斯兰教协会是中国穆斯林全国性的宗教团体。

三、伊斯兰教的禁忌

伊斯兰教对饮食有严格的规定，他们一般都忌食猪肉，忌饮酒，忌食动物血液，忌食自死之物，并且忌食一切未按教规宰杀之物。非清真的一切厨具、餐具、茶具，均不得盛放招待穆斯林的食物或饮料。

伊斯兰教讲究衣着规矩，提倡衣着要符合自己的社会地位和身份。在服饰方面的基本原则是顺乎自然，不追求豪华，讲究简朴、洁净、美观。穆斯林男子要戴礼拜帽，男子禁止戴金饰，不允许穿戴华贵。穆斯林女子服装的准则是以遵照伊斯兰保护女子的精神为宗旨，禁止妇女显露美姿和妆饰，伊斯兰教认为女性除了脸和手，连头发也属于“羞体”，需要遮盖起来，所以穆斯林妇女有戴面纱、盖头的习惯。

非穆斯林与穆斯林见面，女士应尽可能避免穿着无袖、超短裙或透明的衣物，男士避免穿背心和短裤。未经本人许可，不得给穆斯林妇女拍照。按穆斯林习俗，男士不应与妇女有任何身体接触，一些受过西式教育的穆斯林妇女可能会主动伸手，此时可以轻握一下。穆斯林一般都认为左手是不洁的，因此与穆斯林接、送东西时，要注意用右手或者双手，切忌用左手，为穆斯林倒水送餐时只能用右手。

四、伊斯兰教的节日

伊斯兰教“三大节日”即开斋节、宰牲节和圣纪节。

（1）开斋节是穆斯林最隆重的节日，在伊斯兰教历10月1日。此前，9月全月封斋，最后一天寻看新月，见月的次日即举开斋，即是开斋节。

（2）宰牲节又称“古尔邦节”，在伊斯兰教历12月10日。庆祝活动以宰牲为主要内容。

（3）圣纪，在伊斯兰教历3月12日。这一天是穆罕默德的诞生日，为了纪念他而规定此日为节日。

第五节　道教与三教合一

一、道教礼仪

1. 道教的起源与发展

道教是中国主要宗教之一，发源于春秋战国的方仙道。道家从战国时代即为诸子百家之一，道教神化了原来的道德哲学家。东汉时五斗米道的创立标志着道教正式形成宗教，至南北朝时道教宗教形式逐渐完善。

李唐皇室自称是老子李耳（字聃）的后裔，尊老子为“圣祖”，奉道教为国教，采取措施大力推崇道教，提高道士地位。唐高祖规定“道大佛小，先老后释”。后来宋朝皇帝也仿效了唐朝做法。由于唐、宋皇室的尊崇，宫观大兴，信徒日增，道教的发展到达极盛。元、明期间道教的兴盛达到登峰造极的地步，至清朝、民国，道教步入衰落时期。

新中国成立后，在法律和政策上保证了人民的宗教信仰自由。1957年，中国道教协会在全真龙门派祖庭北京白云观成立，道教第一次有了自己的全国性组织。

2. 道教的派别

现在学术界所说的道教，是指在中国古代宗教信仰的基础上，承袭了方仙道、黄老道和民间天神信仰等大部分宗教观念和修持方法而逐步形成的。在12世纪中原地区，不愿与金朝统治者合作的汉族士人在山东、河北建立了新道教，即全真道。1382年，道教由明朝官方正式划为全真道、正一道两层次的道教。

3. 道教的经典、教义

道教奉老子为教祖，尊称他为“太上老君”，以《道德经》（即《老子》）为基本经典。“道”是道教的基本教义和根本信仰。道教认为，道是天地之元，是无所不包、无所不在的，它是一切的开始，天地万物都是由它化生的。

4. 道教的标志、圣地

道教的标志是太极八卦图，中间为太极，周围为八卦。

道教的第一所国家级道观位于洛阳上清宫。中国四大道教名山为中国四处最主要的道教圣地，分别是位于湖北十堰的武当山、位于江西鹰潭的龙虎山、位于安徽黄山的齐云山、位于四川都江堰的青城山。武当山闻名海内外，其古建筑群在 1994 年被评为世界文化遗产。

5. 道教的礼仪禁忌

服饰是道教宗教形态上的一个突出标志，人们可以从服饰上清楚地辨认出道教徒。道士在宫观都必须头上戴巾，身穿便服、白袜、布鞋。道人服饰，古有“羽服”、“羽衣”之称。道教服饰最早的统一定制是从南朝刘宋时的陆修静开始的。

道侣相逢或道俗相逢时，须行拱手礼或作揖礼。修道之人不可高声言语，保持良好道仪风范，言谈之中注意“净口”。

6. 道教的节日

常见的道教节日有三元节、三清节等。

二、“三教合一”

“三教”，指的是儒、佛、道三家（也有称儒释道三教）。魏晋南北朝梁武帝时期开始有三教的连称，不过彼此是独立的，儒、佛、道三者之所以相提并论，是偏重于它们社会功能的互补。唐宋阶段，主要在于彼此内在意识上的流通融合，逐步变成你中有我、我中有你，但就其主流而言，依然各树一帜。元明清阶段，才出现真正宗教形态上的三教合一。宋明理学作为“新儒家”，比道家、佛家更为一贯地坚持道家、佛家的基本观念。这样，以儒家思想为基调的三教合一思想影响着中国的宗教走向。

纵观三教合一的过程，可以察看到中国社会的发展动态。首先，自唐以后，专制集权程度的不断加强，越来越需要更为一致的含有宗教形态在内的社会意识形态，于是三教合一的呼声也越加强烈。其次，鉴于自春秋至秦汉思想趋向一致所形成的传统，三教在长期并存的过程中，内质上通过交流，彼此的认同越来越深，随着时间的推移，三教的真正合一就有了更充要的条件。再次，由于 13 世纪以后佛教在印度的瓦解，中国佛教再也难以吸收与中国文化异质的东西，这对加速与其他两家的同化，反而成了有利因素。最后，中国民众在宗教上一向是兼容并收的，儒、道、佛诸家的内容都早已司空见惯，三教合一把中国民众最熟悉的东西调和起来，推陈出新，民众是乐于其成的。这成了促成三教合一的重要社会条件。

中国宗教始终贯穿着一种仪式主义，即“礼”这一概念贯穿全局，尽管几经沉浮，但对现代中国人的影响不容忽视。新时期下，对于宗教礼仪的发展，同样应该持以扬弃的观点，使其积极的因素得以传承。

第十章　中外习俗礼仪

学习目的：

随着民航业的快速发展，乘客的来源日趋多元化，民航服务人员要接待来自不同国家，有着不同文化背景、民族特点、饮食习惯及礼仪禁忌的乘客。我国是一个多民族的国家，各民族有着绚丽多姿的民俗文化及礼仪，通过学习各民族习俗礼仪，使学员能系统了解汉族及部分少数民族的习俗礼仪。通过学习欧、美、澳、亚、非洲等主要客源国国家的概况、民俗文化、饮食习惯、礼仪及禁忌，使学员能更深层次地理解各国人民在人际交往、礼仪习惯及禁忌方面的差异，面对不同的乘客能约束自己的言行举止，在客舱服务中能尊重乘客之间的差异，更好地为乘客服务。

第一节　中国民俗礼仪

一、中国民族概况

我国自古以来就是一个多民族国家，汉族是中华民族的主体民族，形成于春秋战国时期，经历了魏晋南北朝时期、宋辽金元时期、明末与清朝等三次民族大融合，民族迁徙的不断对流使得少数民族融合于汉族，大量的汉族融合于少数民族，形成了我们今天人口繁衍的中华民族，汉族和各少数民族为中国的繁荣富强做出了巨大贡献。

目前我国由 56 个民族共同组成，汉族人口最多，少数民族人口虽然不多，但分布极广，生活区域占全国国土面积 50%~60%，且主要集中在西南、西北地区和东北地区。目前，中国各民族大杂居、小聚居，交错分布，各民族之间团结友爱，不断促进民族间经济文化的交流发展，共同创造了光辉灿烂的中华文明。

二、各民族习俗礼仪

在既有的社会规范如法律、纪律、道德中，民俗礼仪是产生最早、约束面最广的行为规范。民俗礼仪作为民族文化的结晶，传习了具有本民族鲜明特色、反映本民族礼仪禁忌的风俗习惯。尊重各民族的习俗礼仪，将民族文化与风俗习惯以特定方式予以肯定和强化，使之成为一种群体的标准模式，从而有利于社会生活有规则地进行。

由于地区、政治、历史、经济基础、宗教等方面的不同，民俗礼仪表现出丰富性和多样性。对于从事民航工作的一线工作人员，每天都在与不同国家、不同民族的人们沟通交往，所以学习和研究民俗礼仪有着十分重要的意义。第一，有利于维护民族团结。各民族的互相信任、互相尊重是民族团结的前提。第二，有利于弘扬民族文化。许多民族往往通过自己的风俗习惯和礼仪文化来保存和发展本民族的文化艺术。第三，有利于今后的职业发展。掌握必备的习俗礼仪知识可以帮助了解各民族的礼仪文化、风俗习惯，有利于民航服务工作的顺利开展。

1. 汉族

汉族是我国人口最多的民族，占全国总人口的 90% 以上。汉族伴随着古中国文明在黄河流域的发祥而逐步孕育成熟。汉语是中国通用语言，是世界特有的象形文字语言。汉族的宗教信仰呈多元化的特点。

汉族丰富的民族传统节日可以直观反映出本民族的传统礼俗、饮食习惯、宗教观念及中国传统文化内涵，汉族的传统节日有以下几个。

1）春节

春节即农历新年，是全世界华人最重要的节日，百姓俗称“过年”。春节时，少不了贴春联、穿新衣等多种活动。除夕之夜，全家人要团团圆圆吃“年夜饭”，并且要燃放鞭炮，以爆竹声“除旧迎新”。春节期间，人们走亲访友，相互拜年。直到正月十五元宵节，又是一个中国传统节日中的重要节日，因在这一天要吃传统食品元宵而得名。元宵节是新年中第一个十五月圆之夜，人们喜欢在夜里点灯、观灯，又被称为“灯节”，民间有猜灯谜、舞狮子、耍龙灯、踩高跷、打腰鼓、扭秧歌等传统活动，非常热闹。

2）清明节

清明节不仅是人们祭奠祖先、缅怀先烈的节日，也是中华民族认祖归宗的日子。清明节的习俗除了讲究禁火、扫墓，还有踏青、荡秋千、蹴鞠、打马球、插柳等一系列风俗体育活动。

3）端午节

端午节在农历五月初五，是我国汉族人民古老的传统节日。端午节民间习俗主要有赛龙舟，吃粽子、咸蛋，挂菖蒲、蒿草、艾叶，喝雄黄酒，采茶、制凉茶等。端午节吃粽子，在魏晋时代已经盛行，现已成为节日的化身，随着时代发展，粽子品种也越来越多，成为时令佳品。

4）中秋节

农历八月十五，是我国传统的中秋节。按传统习俗，中秋节晚上要进行祭月、赏月、拜月的活动。中秋节的传说非常丰富，如嫦娥奔月、吴刚伐桂、玉兔捣药、玄宗谱曲、月饼递密等神话故事和民间传说流传甚广。

除了以上传统节日，二十四节气及其礼仪文化，不仅是汉民族指导农耕的口诀，更是中国农耕文明的宝贵遗产，2016 年，二十四节气被正式列入世界教科文组织人类非物质文化遗产代表作名录。

礼仪小资料

2018 年 6 月 21 日，国务院新闻办举行发布会，从 2018 年起，将每年农历秋分设立为“中国农民丰收节”。这是我国第一个在国家层面专门为农民设立的节日。它的设立，能够营造重农强农的氛围，凝聚爱农支农的力量，推动乡村振兴战略实施。广大市民也有回归乡村，参与农事体验、品味农村情调的需求和田园梦想，这为设立“中国农民丰收节”提供了广阔市场空间。

在我国香港、澳门和台湾地区生活的居民，95% 以上是炎黄子孙，他们的语言文字、饮食习惯、礼俗禁忌等方面与我国汉族基本相同，通行的礼节为握手礼，也有拱手礼、鞠躬礼等传统的见面礼节。与港澳台同胞交往时，应避免用“4”来做标志，送礼品也不送 4 种。逢年过节，香港人习惯说“恭喜发财”，而不说“新年快乐”和“节日快乐”，因为“快乐”的谐音为“快落”，比较忌讳。在台湾还忌讳把扇子送人，因为有送扇不相见的说法，也忌讳把伞、手巾、糖果、刀、剪赠送给人。

2. 藏族

1）简介

藏族主要分布在西藏、青海、四川、云南、甘肃五省的部分地区。藏族人信仰藏传佛教。

藏族生活在气候寒冷的世界屋脊上，以牧业、农业为主。藏族服装基本特征是厚重保温，宽大暖和的肥腰、长袖长裙。天热或劳作时，根据需要可袒露右臂或双臂，将袖系于腰间，夜晚睡觉，解开腰带，脱下双袖，铺一半盖一半，成了一个暖和的大睡袋，可谓一物多用。

藏族习惯上有名无姓。名字多取自佛教经典，重名的人很多，因此往往在名字之前加注出生地、居住地或本人特征等，以示区别。

唐卡指用彩缎装裱后悬挂供奉的宗教卷轴画，是藏族文化中一种独具特色的绘画艺术形式，具有鲜明的民族特点、浓郁的宗教色彩和独特的艺术风格。

2）饮食习俗

糌粑、卓花包子是藏族农区的主要食物。藏族人一日三餐都有糌粑，它是以青稞为主要原料制成的面食。卓花包子又名藏包子，制作简单方便。用卓花包子招待客人，是一种盛情的表示。藏族人喜欢用酥油茶和青稞酒招待客人。肉食也是藏民的重要食品，风干的牛羊肉和手抓羊肉是颇具特色的藏族传统美食。

3）礼仪

敬献“哈达”是藏族对客人最普遍、最隆重的礼节，敬献的哈达越长越宽，表示的礼节也越隆重。哈达有蓝、白、黄、绿、红五种颜色，最常见的为白色哈达，象征纯洁、吉利。五彩哈达是最为隆重的礼物，是献给菩萨和迎亲做彩礼用的特定礼物。对尊者、长辈献哈达时要双手举过头顶，微微躬身，将哈达捧到座前或足下，献后后退数步方能转身离去，以示尊敬；对平辈只要将哈达送到对方手中或腕上即可；长辈给晚辈赠送哈达可直接挂在对方颈上。不鞠躬或单手送都是不礼貌的。接受哈达的人通常与献哈达的人采取一样的姿势，并表示感谢。

客人到藏族家庭做客，主人会敬青稞酒三杯。无论客人会不会喝酒，都要用右手无名指蘸酒弹一下。按习惯，在酒壶嘴上和酒杯沿上要抹一小块酥油，以示吉祥。

4）禁忌

藏民一般不吃鱼、虾、蟹等水产品，忌食驴肉、骡肉、狗肉等肉类，甘肃南部、青海等部分藏族地区藏民还忌食鸡和鸡蛋。

凡骑马的行人经过寺庙、金塔、玛尼堆等圣物时，都必须下马，并遵守从左边绕行的规定。信仰藏传佛教的人则从右边绕行。

进入藏民帐房后，男的坐左边，女的坐右边，不能坐错位置或混杂而坐。主人倒茶时，客人须用双手把茶碗向前倾出，以示敬意。不能用单手接、递物品。

3. 蒙古族

1）简介

蒙古族主要分布在内蒙古自治区、东北三省、新疆、河北、青海等地。蒙古族有自己的语言文字。“蒙古”其意为“永恒之火”。蒙古族人有一个特点，就是离不开马，人们把蒙古族称为“马背上的民族”，蒙古族多信仰藏传佛教。

蒙古族服饰具有浓厚的草原风格，蒙古族人不论男女都爱穿长袍。蒙古族人民热情好客，能歌善舞。蒙古族招待来客的佳宴有手抓羊肉和全羊席。如果你是贵客，主人会设全羊席来款待你，表示主人对你的尊敬。马头琴是蒙古族最具特色的传统乐器。蒙古族在牧区多住圆形的毡房，俗称蒙古包。

2）饮食习俗

作为以畜牧和狩猎为主的蒙古族人民，饮食习俗的一大特点是离不开奶和肉。奶制品是蒙古牧区的传统食品，蒙古族人民喜欢自己熬制香浓的奶茶，常配上炒米一起享用。

蒙古族肉食以牛、羊肉为主，也吃猪肉、鹿肉和黄羊肉等，作为肉食辅助品的是酸奶熬成的饮料，如马奶子、牛奶和羊奶。

3）礼仪

蒙古族很讲礼仪，对长者很尊重，禁止有不敬长者的行为。当接受长者的东西时应稍屈或单腿跪下，伸出双手去接受。蒙古族传统礼节，具有浓郁的游牧风情和草原文化特色，主要有献哈达、递鼻烟壶、装烟和请安等，当然现在还有鞠躬礼和握手礼。

蒙古族一年一度的“那达慕”大会，会上有民族形式的摔跤、赛马、射箭和歌舞等各种游艺活动，并进行物资交流。

4）禁忌

蒙古族人忌讳吃狗肉，不吃鱼虾等海味以及鸡鸭的内脏和肥肉。

送接礼品、敬茶斟酒均要用双手，以示尊重。送任何礼品，都要成双成对。

敬酒时，通常主人将美酒斟在银碗、金杯或牛角杯中，托在长长的哈达之上，客人若是推让不喝酒，就会被认为是瞧不起主人，不愿以诚相待。

进蒙古包以前，要将马鞭子放在门外，如带入蒙古包内，会被看作是对主人的不尊敬。进门要从左边进，进入蒙古包后在主人陪同下坐在右边。出蒙古包后，不要立即上马或上车，要走一段路。见到蒙古包前挂有红布条或缚绳子等记号时，表示这家有病人或产妇，来访者就不应进去。

4. 回族

1）简介

回族是我国人口较多、分布较广的一个少数民族。大分散、小集中和民族杂居是回族分布的特点。回族信仰伊斯兰教。

2）饮食习惯

回族人民在主食方面，主要有蒸饺、包子、馕、饺子、馄饨、汤面、拌面（称拉条子）等，每逢节假日还炸油香、散子及各式各样的油炸食物。回族喜欢的蔬菜种类很多，如白菜、韭菜、茄子、辣椒等。

回族喜欢喝茶并用茶待客，云南的回族喜欢喝绿茶；西北地区回族的盖碗茶非常有名；宁夏回族还饮用八宝茶，宁夏山区回族的罐罐茶也很有特色。家家户户都备有茶具，有的非常讲究，为了招待非伊斯兰教的客人，各家都另外备有一套茶具。茶叶和红糖是回族人的节日佳品。

3）礼仪

回族人很重视卫生，凡有条件的地方，饭前饭后都要用流动的水洗手。

回族人注重尊敬长者。众人同桌聚餐时，洗手以后，谦让年长的人上席，要等他动筷子以后，其他人再动。

4）禁忌

在饮食方面，忌食猪肉、狗肉、驴肉、骡肉、马肉及一切凶猛禽兽，也不吃动物的血和自死的非伊斯兰教徒屠宰的牲畜。有回族人在席，严禁一切与猪有关的食品上桌。

禁止用食物开玩笑，不能用禁忌的东西比喻，例如不能说某某东西像血一样红，甚至在谈话中也不能带“猪”字或同音字。禁止居室里面放猪皮、猪鬃等制品。

忌讳在饮用水旁洗澡、洗衣服、倒污水。忌用左手递送物品。禁止背后诽谤别人和议论别人的短处，反对放高利贷、赌博、游手好闲、崇拜偶像等。

5. 维吾尔族

1）简介

维吾尔族是一个历史悠久的古老民族，“维吾尔”是民族自称，意为“团结”、“联合”，主要生活在新疆地区。维吾尔族信仰伊斯兰教，主要从事农牧业。维吾尔族礼仪既具有鲜明的宗教色彩，又具有游牧民族特有的文化风俗。

维吾尔族是一个能歌善舞的民族，每逢节日或高兴时，欢乐的群众不分男女老少都尽情地载歌载舞，充分表现出维吾尔族人民开朗、活泼、乐观的性格。

2）饮食习惯

维吾尔族很讲究主食，主食种类很多，平时主要以馕为主食。用羊肉、清油、胡萝卜、葡萄干、葱和大米等做成具有民族风味的“帕罗”，是节日或待客不可缺少的珍贵食品，以手抓食，因此也称手抓饭。

3）礼仪

维吾尔族以好客著称，当过路人进饭店、旅馆进餐和住宿时，只要向主人说明来意，即使素不相识，也会殷勤招待。

维吾尔族人待人接物很讲礼貌。对长者很尊敬，走路让长者先行，谈话让长者先说，坐下时让长者坐在上座。亲友相见，必须握手问候，然后右臂扶胸，身体前倾 30°，躬身后退一步。

维吾尔族的民族节日也和回族一样，主要是肉孜节（又称开斋节）和古尔邦节（又称宰牲节）这两大伊斯兰教节日。

4）禁忌

在饮食方面，禁止吃猪肉、狗肉，在新疆南部还禁食马肉、禽类。

在维吾尔族家中做客时，不可随便到锅灶前面去，不要剩食物于碗中，不要让饭屑落地。如不慎落地，可以拾起来放在一边。吃抓饭时，如果烫手，也不要再将饭粒放进盘里，吃饭时要跪坐，不要盘坐，否则会被认为是对主人的不尊敬。

维吾尔族人睡觉，禁忌头东脚西或四肢平伸直仰。在屋里就座的时候，要跪坐，忌双腿直伸、脚朝人。院落的大门禁忌朝西开，忌随便走近灶台、水缸等。在屋内或与人交谈时，禁忌吐痰、擤鼻涕和打哈欠等，否则便认为是对人极大的不敬。接受物品时要用双手，禁忌单手接东西。

6. 壮族

1）简介

壮族是我国少数民族中人口最多的一个民族，主要居住在广西和我国西南地区。壮族历史悠久，文化灿烂，有本民族的语言文字，信仰多神教，以巨石、老树、高山、土地等自然物为崇拜对象，崇拜祖先占有重要地位。虽然在长期历史演进和民族融合中，壮族同胞已和汉族的生活习惯渐渐趋同，但壮族礼仪仍表现出本民族的鲜明特色。

2）饮食习惯

大米、玉米是壮族地区盛产的粮食，自然也是他们的主食。甜食也是壮族食俗中的又一特色。糍粑、五色饭和水晶包等均要用糖，连玉米粥也往往加上糖。壮族对任何禽畜肉都不禁止吃，如猪肉、牛肉、羊肉、鸡肉、鸭肉、鹅肉等。

3）礼仪

客人来访时，必由主人出面热情招待，让座递烟，双手捧上香茶。茶不能太满，否则视为不礼貌。壮族人接待宾客还喜欢用槟榔，有客人在家时，不得高声讲话，进出要从客人身后绕行。与客人共餐，不可跷起二郎腿。客人告辞时，主人会将另留的鸡肉和客人盘中的剩余肉用菜叶包好，让客人兜着带回去，给亲人品尝，客人绝不能拒绝。

尊重老人，办事多听老人的意见；窄路相逢，主动给老人让路；赴宴做客，让上座给老人，要将上等菜留给老人。用餐时，菜要一次夹起。

三月三歌圩是壮族人民盛大的节日，相传是为了纪念壮族歌仙刘三姐而形成的节日，故又称歌仙节。每年农历三月三的壮乡山寨到处都是歌的海洋。人们精心打扮，这也是男女青年进行交际的好时机。

4）禁忌

壮族人忌讳正月初一这天杀生；有的地区的青年妇女忌食牛肉和狗肉；登上壮族人家的竹楼，一般都要脱鞋。忌讳戴着斗笠和扛着锄头或其他农具的人进入自己家中，所以到了壮族家门外要放下农具，脱掉斗笠、帽子。

火塘、灶塘是壮族家庭最神圣的地方，禁止踩踏火塘上的三脚架以及灶台。

壮族青年结婚，忌讳怀孕妇女参加，怀孕妇女尤其不能看新娘。怀孕妇女不能进入产妇家。妇女生孩子后的头三天（有的是头七天）忌讳外人入内。

忌筷子跌落地上，否则认为不吉利。吃饭时忌用嘴把饭吹凉，更忌把筷子插到碗里。夜间行走忌吹口哨。

壮族是稻作民族，十分爱护青蛙，有些地方的壮族有专门的“敬蛙仪”，所以到壮族地区，严禁捕杀青蛙，也不要吃蛙肉。

7. 傣族

1）简介

傣族是我国西南地区一个著名的少数民族，散居在云南省境内，主要居住在西双版纳和德宏两州。傣族的通用语言是傣语，全民信奉佛教，因此傣族文化受佛教的影响最大，傣族礼仪中也处处可见佛教思想文化的影子。

2）饮食习惯

傣族人大多有日食两餐的习惯，以大米和糯米为主食。他们常食酸味菜肴，据说是因常吃不易消化的糯米食品，而酸味食品有助于消化。以青苔入菜，是傣族特有的风味菜肴。

傣族善饮酒，但酒的度数不高，是自家酿制的，味香甜。

3）礼仪

傣族人能歌善舞，热情好客。傣族妇女一般喜欢穿窄袖短衣和筒裙，无论走路做事，都给人一种婀娜多姿、潇洒飘逸的感觉，因此素有“金孔雀”的美称。

傣族自古以来就是一个讲究礼仪的民族。无论男女老少，对客人总是面带微笑，说话轻声细语，从不大喊大叫，不骂人，不讲脏话。妇女从客人面前走过，要拢裙躬腰轻走。每户人家都备有几套干净被褥，供待客使用。

礼仪小资料

泼水节

泼水节是傣历新年，是傣族一年中最重要的节日。泼水节一般为三到四天。第一天为除夕，是送旧岁的日子，常有赛龙舟、放高升等活动。第二天（或加上第三天）为空日，它不属于旧的一年，也不属于新的一年，而是旧年和新年之间的空日子。所以，这一天（或两天）人们可自由活动。第三天为傣历元旦，也是傣历新年中最热闹的一天。泼水是泼水节最主要的传统活动，人们相互泼水，相互祝福。

4）禁忌

傣族忌骑马进寨。祭寨时忌外人进寨，寨里的人出来也必须等祭寨完毕。进入傣族住房时，到楼口要脱鞋，进门后忌用脚跺楼板。

忌从家中火塘上面跨过。忌客人进卧室，忌头朝向主人家内室睡觉。忌在傣族家中剪指甲，忌在室内吹口哨和玩响乐器。忌从妇女脚上跨过或触摸妇女头上的发髻。忌女招待男客、男招待女客。

8. 朝鲜族

1）简介

朝鲜族是我国东北地区一个勤劳、勇敢，有着悠久历史的少数民族，主要分布在东北三省，多聚居于吉林延边朝鲜族自治州。朝鲜族是一个能歌善舞的民族，而且还都十分酷爱传统体育活动。

朝鲜族有自己的语言和文字。朝鲜族绝大多数使用朝鲜语，属于阿尔泰语系。朝鲜族没有统一的全民性宗教，信仰基督教、天主教、儒教、佛教等多种宗教，信徒较多的是基督教。

2）饮食习惯

朝鲜族喜欢食米饭，擅长做米饭，用水、用火都十分讲究。各种用大米面做成的片糕、散状糕、发糕、打糕、冷面等是朝鲜族的日常主食。朝鲜族泡菜做工精细，享有盛誉。

3）礼仪

朝鲜族历来喜欢穿白色素衣，以示清洁、干净、朴素、大方，有"白衣民族"之称。

尊老爱幼是朝鲜族的优良传统，老人在家庭和社会上处处受到尊敬，儿孙晚辈都以照顾体贴祖辈为荣。朝鲜族热情好客，家中如有来客，家庭成员都要起立让座，躬身相迎，热情接待。节日的饮食，不管多少，多与邻居分尝。

朝鲜族日常进食及餐具的摆放都有一定的规范。餐桌上，匙箸、饭汤都有固定的位置。如匙箸应摆在用餐者的右侧，饭碗摆在桌面的左侧，汤碗摆在桌面的右侧，带汤的菜肴摆在近处，不带汤的菜肴摆在其次的位置上，调味品摆在中心等。

4）禁忌

朝鲜族人一般不吃稀饭，不喜欢吃鸭肉、鹅肉、羊肉、肥猪肉和河鱼。虽喜欢吃狗肉，但婚丧、佳节期间不杀狗、不食狗肉。

陪客人吃饭时，主人不能先把匙子放下，否则认为是严重失礼。

9. 满族

1）简介

满族主要居住在我国东北地区。满族文化在清王朝时期兴盛一时，后随着中国的改朝换代与历史发展渐渐式微，无论是日常生活还是文化习俗都与汉族通融。尽管如此，满族至今仍然沿袭着很多带有本民族传统的礼仪规范。

2）饮食习惯

饽饽是满族的特色食品。冬天，满族民间常以秋冬之际腌的大白菜（即酸菜）为主要蔬菜。东北大部分地区的满族还有吃水饭的习惯，这种吃法多在夏季。

满族人爱吃猪肉，常用白煮的方法烹制。逢年过节均要杀猪。满族人还喜欢吃手扒肉和"萨其马"。

3）礼仪

满族的传统服饰最大的特点是束装紧袖，充分体现了我国北方骑射民族的生活特色和审美喜好。

满族十分重视礼节，许多传统的生活礼节经世代传承，已经到了相当规范的程度。尊上、敬老、好客、守信是满族的优良传统。在路上遇见长辈，要侧身微躬，垂手致敬，等长辈走过再行；过年时还要行跪拜礼。今天，满族社交礼仪大为从简，晚辈对长辈多以鞠躬致礼，平辈以握手礼为常见。

4）禁忌

满族忌讳杀狗，忌讳戴狗皮帽子或用狗皮袖头，因为传说中狗对满族有过大功。

满族人视艾蒿为吉祥草，不准任意践踏。在年、节、喜庆日子里说吉祥话，平时也忌讳说丧气话、倒霉话。

10. 苗族

1）简介

苗族是一个发源于中国的国际性民族。苗族礼仪，不仅流行于中国西南地区苗族同胞聚集区，而且在东南亚国家同样盛行。苗族文化具有悠久的历史，在生活习惯和传统礼节上都刻有本民族的深刻烙印。

2）饮食习惯

苗族的菜肴种类繁多，常见的蔬菜有豆类、瓜类和青菜、萝卜。大部分苗族都擅长做豆制品，作为下饭的日常菜。各地苗族普遍喜欢酸味菜肴，酸汤家家必备。此外，苗族也用熏腊肉的方法保存各种家畜肉、家禽肉。

3）礼仪

苗族是我国和世界上服饰种类最多、保存最好的民族，其服饰有200余种，被称为“苗族服饰博物馆”。

苗族人勤劳朴实、开朗大方、热情好客。苗族人在有客人来访时，必杀鸡宰鸭盛情款待，若是远道来的贵客，有的地方还要在寨前摆酒迎接。

苗族人非常注重见面礼仪。凡是晚辈见了长辈，不管是男是女，是熟识还是初次相见，都必须说话诚恳、行为恭敬、笑脸相迎，并要用一定的尊敬词语相称。凡是平辈见面，必须点头招呼。

4）禁忌

做客的时候不能去夹鸡头吃。客人一般也不能夹鸡肝、鸡杂和鸡腿，鸡肝、鸡杂要敬老年妇女，鸡腿则是留给小孩的。忌跨小孩头顶，否则孩子长不高。禁忌妇女与长辈同坐一条长凳。忌杀狗、打狗，不吃狗肉；不能坐苗族祖先神位的地方，火炕上三脚架不能用脚踩；不许在家或夜间吹口哨；遇门上悬挂草帽、树枝或婚丧祭日，不要进屋；路遇新婚夫妇，不要从中间穿过等。

第二节　亚洲习俗礼仪

亚洲国家位于世界的东方，各国的传统礼仪与风俗习惯皆有着明显的东方文化色彩。由于种族和地域的不同，亚洲各国的礼仪也都有着本国、本民族的鲜明特色。近年来，亚洲国家之间交往频繁，来往亚洲各国旅游的游客也越来越多，亚洲各国作为我国的主要客源国，了解他们的饮食习惯、宗教文化、习俗礼仪及禁忌内容，对日常生活和民航乘客服务都显得至关重要。

一、日本

1. 概况

日本是位于亚洲东部、太平洋西侧的一个群岛性国家，日本国名的含义是“日出之国”。大和族是日本的主体民族，传统的神道教和佛教是日本的主要宗教。

日本国旗的正式名称为日章旗。习惯上日本国徽是一枚皇家徽记“十六瓣八重表菊纹”，日本内阁所使用的代表徽章“五七梧桐花纹”，也常在国际场合及政府文件作为国家的徽章而使用，例如日本入境许可贴纸的底纹。日本护照的封面上使用的是“十六瓣一重表菊纹”。日本的国歌是《君之代》。国花为樱花。

2. 饮食习惯

日本人以食米为主，每逢喜事，日本人爱吃红豆饭，不加任何调料，只在碗里撒一些芝麻盐，清香适口。“寿司”在日本是最受欢迎的传统食品之一。

日本人爱吃鱼，如蒸鱼、炸鱼片、鱼片汤等，但都要把骨刺去掉，日本人还有吃生鱼片习惯，吃生鱼时一定要配解腥杀菌的“日本芥末”，一种由山葵酱以及用辣根研磨而成的辣根酱，被人们称为“绿芥末”。

日本人喜欢吃清淡甜酸味的菜，稍带辣味亦可，也喜欢吃拌生菜和中国的甜酱菜。

礼仪小资料

“茶道”一词，最早见诸中国唐代史籍中。在中国茶的影响下，日本人结合本民族的特点，孕育了具有日本特色的茶道。“茶道”是日本文化的结晶，它又是日本人生活的规范，是日本人心灵的寄托，千姿百态的茶道已成为日本美的象征。

茶道仪式可分为庆贺、迎送、叙事、叙景等不同内容。友人到达时，主人已在门口敬候：茶道开始，宾客依次行礼后入席，主人先捧出甜点，供客人品尝，以调节茶味；之后主人严格按一定规程泡茶，按照客人的辈分，从大到小，依次递给客人品饮。点水、冲茶、递接、品饮都有规范动作。

另外，日本茶道非常讲究茶具的选配，一般选用的多是历代珍品或比较贵重的瓷器。品饮时，还须结合对茶碗的欣赏，连声赞美，以示敬意。此时，主人宽慰点头，把茶碗端走。茶道完毕时，女主人还会跪在茶室门侧送客。

3. 礼俗

日本传统的服装称“和服”，穿和服时，一般还需要穿布袜、木屐和草鞋。日本最隆重的传统节日是春节。

一般而言，日本人在行鞠躬礼时鞠躬的度数大小、鞠躬的时间长短以及鞠躬的次数多少，往往会同对对方所表示的尊敬的程度成正比。

日本人等级观念很重，上、下级之间，长辈、晚辈之间界限分得很清楚。凡是对长者、上司、客人都用敬语说话，以示尊敬。

在日本，进入室内时，都要求脱鞋，换上拖鞋，以便保持室内干净。日本和许多亚洲国家一样，没有给小费的习惯。

4. 禁忌

日本人不喜欢紫色，认为这是悲伤的色调；最忌讳绿色，认为是不祥之色。日本人忌讳荷花，认为荷花是丧花。日本人不愿接受有菊花或菊花图案的东西或礼物，因为它是皇室家族的标志。他们忌 9、4 等数字；他们还忌讳三人一起合影，认为中间的人被左右两人夹着，是不幸的预兆。日本人讨厌金银色的猫，认为看到这种猫的人要倒霉；他们也不喜欢狐狸。忌“八筷”，即用筷子不可舔筷、迷筷、移筷、扭筷、剔筷、插筷、跨筷、掏筷。

二、韩国

1. 概况

大韩民国，简称“韩国”，位于亚洲东北部、朝鲜半岛南部，与我国山东半岛隔海相望。通用韩国语。居民多信奉佛教和基督教。

韩国国旗通称太极旗，国徽为圆形，圆面为五瓣的木槿花，中间为阴阳图案。国歌是《爱国歌》。国花为木槿花。

2. 饮食习惯

韩国人饮食以食米面为主，早上不喝粥，上菜定要一起上，汤要浓，调料要多些，有汤泡饭之说，饭后有喝凉白开水的习惯，烈性酒喝得较少，喜欢喝啤酒和汽水。

韩国泡菜是最具韩国代表性的传统料理之一，也是典型的发酵食品。每年秋季的泡菜制作活动已经成为韩国年度的重要活动。

3. 礼俗

韩国是一个礼仪之邦，韩国人以其文化悠久为荣。韩国人的常规礼仪既保留了自己的民族特点，又受到了西方文化与中国儒家文化的双重影响。

在与长辈握手时，长辈伸出手来以后，晚辈要先以右手握手，随后再将自己的左手轻置于长辈的右手之上。男人见面打招呼互相鞠躬并握手。女人一般不与男子握手，而往往代之以鞠躬或者点头致意。韩国人之间无论多么熟悉，一般都不直呼其名，而是使用尊称，或称职务。无论在什么场会，韩国人都不会大声说笑。

4. 禁忌

禁止捕食喜鹊和虎，因为喜鹊为国鸟，老虎为国兽。忌讳数字“4”，认为“4”是个不吉利的数字，韩国人在交谈时，忌讳说“私”、“事”等字，因为它们的发音与“死”同音；忌讳称他们为“朝鲜人”，而宜称为“韩国人”。用餐时，不可边吃边谈。

逢年过节相互见面时，不能说不吉利的话，更不能生气、吵架。由于韩国人的餐桌是矮腿小桌，放在地炕上，用餐时，宾主都应席地盘腿而坐。若是在长辈面前应跪坐在自己的脚底板上，无论是谁，绝对不能把双腿伸直或叉开，否则会被认为不懂礼貌或侮辱人。

三、泰国

1. 概况

泰王国，简称“泰国”，是一个位于东南亚的君主立宪制国家。旧名暹罗，1949年5月11日，泰国人用自己民族的名称，把“暹罗”改为“泰”，主要是取其“自由”之意。

佛教是泰国代代相承的传统宗教，95%以上的人信奉佛教，首都曼谷便有“佛庙之都”之称。由于泰国历代国王都护持佛教，所以佛教成为泰国国教，泰国宪法规定，国王必须为佛教徒。泰国素有“黄袍佛国”、“千佛之国”之称。佛教泰国并不排斥其他信仰，多个宗教在这片国度上与佛教和谐共存。官方语言为泰语。

泰国国旗是一面三色旗，由红、白、蓝、白、红五条横带组成，蓝带比红白带宽一倍。国徽是一个极富宗教神秘色彩的图腾图案，深红色的大鹏鸟，鸟背上蹲坐着那莱王，是泰国民间传说中鹰面人身的神灵。今日在泰王国有两首起国歌作用的歌曲，一首叫《泰王国歌》，另一首叫《颂圣歌》。国花为金链花。

2. 饮食习惯

泰国盛产稻米、绿色蔬菜、甘蔗、椰子，海产也很丰富。因此，泰国菜用料以海鲜、水果、蔬菜为主。泰国菜的特点是酸辣、开胃，因为泰国菜的调料比较特别，主要有柠檬、鱼露、泰国朝天椒、咖喱酱、香茅等。

3. 礼俗

佛教对泰国的风俗习惯有很大的影响，泰国人见面时不握手，而是双手合十放在胸前。泰国的男子，一般在二十岁左右的时候，都要削发为僧出家一次。泰国人民的婚礼必须邀请德高望重的僧人主持仪式，新郎新娘还要接受僧人的祝福。泰国人的出生和死葬也都要按佛教的习俗去做。

泰国还有“大象之邦”的称号，是亚洲产象最多的国家。其中白象更为珍贵，被视为佛教圣物，佛的化身，只能由王室饲养。

4. 禁忌

泰国人非常重视头部，认为头颅是神圣不可侵犯的。喜欢红色、黄色，忌讳褐色。由于左手被视为不洁净，所以交换名片，接受物品，都必须使用右手。狗在泰国是禁忌图案。泰国人不用红笔签名，因为泰国人死后，会用红笔在棺材写上姓氏。

四、印度

1. 概况

印度共和国简称印度，位于南亚次大陆，是世界四大文明古国和世界宗教发祥地之一。印度是个多民族国家，83%的居民信仰印度教。

印度国旗自上而下由橙、白、绿三个相等的横长方形组成，白色长方形中心绘有24根轴条的蓝色法轮。国徽图案是来源于孔雀王朝阿育王石柱顶端的石刻，圆形台基上站立着三只金色的狮子，象征信心、勇气和力量。泰戈尔的《人民的意志》被定为印度国歌。国花是荷花。

2. 饮食习惯

在印度，牛是印度教主神湿婆神的坐骑，印度人敬牛如敬神。

他们一般都用右手吃饭，左手洗下身，因此他们认为左手是不洁的，递取别人的东西，尤其是食品，都不用左手，也不用双手。

印度人一般都不喝酒，他们认为喝酒是违反宗教习惯的。他们喜欢清淡，爱吃辣椒，不喜欢吃大油、大肉、大荤的东西。

3. 礼俗

印度人着装讲究朴素、整洁。纱丽是印度最具特色的国服。印度妇女有个习惯就是可以露肚脐，但大腿和小腿则万万不能露。

印度人平常表示同意或肯定的动作是摇摇头，或先把头稍微歪到左边，然后立刻恢复原状，与我们点头表示差别很大，最易使人误会。

印度人喜爱数字3、7、9。

在生活和服装色彩方面喜欢红、黄、蓝、绿、橙色及其他鲜艳的颜色。

4. 禁忌

忌食牛肉，忌讳用左手上菜。不喜欢玫瑰花。任何牛皮制品，都不得入寺门，被视为犯了禁戒。走进寺庙或厨房之前，要脱掉鞋子放在门口，赤脚进去。若穿鞋进去，既不礼貌，也不圣洁。切莫抚摸小孩的头。

五、马来西亚

1. 概况

马来西亚位于亚洲东南部，是个多民族国家，国语为马来语，华人的比例是世界上除中国和新加坡以外华人占总人口比例最高的国家。伊斯兰教为国教，其他宗教有佛教、印度教和基督教等。

马来西亚国旗又被称为“辉煌条纹”，由十四道红白相间的横条所组成，左上角为蓝底加上黄色的新月及十四芒星图案。国徽图案中间为盾形徽，盾徽上面绘有一弯黄色新月和一颗14个尖角的黄色星，象征伊斯兰教和君主是至高无上的。国歌是《我的祖国》。国花是扶桑花。

2. 饮食习惯

马来西亚主体民族马来人大多是穆斯林，他们的饮食习惯与伊斯兰教有着密切的联系。禁食猪肉和动物血液，可食用牛、羊、鸡、鸭、鹅、鸽子等，但是这些必须经阿訇之手宰杀后方可食用。

马来人禁酒，用餐时不能喝酒，多以热茶、咖啡或白开水代替，平时喜欢喝咖啡、红茶等饮料。

3. 礼俗

在马来西亚，不同民族的人采用不同的见面礼节。马来人的常规做法是向对方轻轻点头，以示尊重。

马来人用餐不是围桌而食，而是席地而食。既不用刀叉也不用筷子，而是用手抓。马来人用餐有两个“必须”：餐前必须洗手，进餐必须用右手。

4. 禁忌

马来人认为人的头部和背部是神圣不可侵犯的，因此严禁触摸。跷腿、双腿分开坐、露出脚底，或者用脚开门、挪动物品都是极其不文明的表现。马来人忌讳乌龟。一律不可以膜拜人像一类的东西。

六、新加坡

1. 概况

新加坡是马来半岛南端的小国，风景优美，气候宜人，有“花园城市”之称。新加坡以马来语为国语，大部分新加坡人都会使用英语和华语。新加坡是多宗教国家。

新加坡国旗，又称星月旗，由红、白两个平行相等的长方形组成，左上角有一弯白色新月以及五颗白色小五角星。国徽中央为一红盾，盾面有一轮白色新月和 5 颗白色五角星，红盾的左侧有一只狮子，右侧有一只老虎支扶着红盾。国歌为《前进吧，新加坡》。卓锦万代兰为新加坡国花。

2. 饮食习惯

新加坡人早餐喜欢吃西餐，午餐和晚餐偏爱中国的广东菜。饮茶是新加坡当地人的普遍喜好，其嗜茶习惯与中国的闽粤人相似。他们每日以茶为主要饮料，每逢客人光临，总要以茶敬宾。

3. 礼俗

新加坡人见面打招呼，通常是鞠躬 60°，拱手作揖，面带微笑。马来人相遇时，先用双手相互接触，然后指向各自的胸前，表示衷心的问候。新加坡的印度族人，亲朋相见，行合十问候礼，不宜握手或拥抱，男女之间更忌握手或拥抱，年轻一代则大多采用通用的握手礼。

新加坡政府十分重视文明礼貌的教育，社会风气良好。在待人接物方面，新加坡人特别强调笑脸迎客，彬彬有礼。他们时间观念极强，认为准时赴约是对对方的尊重和礼貌。

4. 禁忌

在新加坡进清真寺要脱鞋。新加坡人非常讨厌男子留长发，对蓄胡子者也不喜欢。新加坡人忌讳黑色和黄色，忌讳宗教词句和象征性标志。数字上忌讳 4、7、8、13、37

和69。忌乌龟图案，认为乌龟是不祥之物。忌讳说“恭喜发财”之类的话，认为这有教唆他人发“横财”和“不义之财”的意思。

七、沙特阿拉伯

1. 概况

沙特阿拉伯是阿拉伯半岛最大的国家，是伊斯兰教的发源圣地。伊斯兰教为其国教，穆斯林中逊尼派穆斯林占85%，什叶派穆斯林占15%。沙特阿拉伯以“石油王国”著称。

沙特阿拉伯国旗为绿色的旗面上用白色字体的阿拉伯文写着伊斯兰教的清真言，下方绘有一把白色的宝刀。国徽中心是一棵椰枣树，椰枣树的根部是两把交叉的阿拉伯金柄宝刀。国歌是《我们敬爱的国王万岁》。国花为乌丹玫瑰。

2. 饮食习惯

沙特阿拉伯人在饮食习惯上严格执行伊斯兰教规，爱吃的是羊肉、骆驼肉。饭后喝茶或咖啡，也吃水果，最喜欢喝的是骆驼奶。他们禁酒很严格，不准制造，不准出售，不准喝酒，把酒视作万恶之源。

3. 礼俗

沙特阿拉伯人很讲仪表仪态，出门穿得整整齐齐，讲究公德，人们多自觉排队，公共汽车上为老年人让座，见到亲朋好友时，沙特阿拉伯人通常还会将自己的左手放到对方的右肩之上，然后轻吻对方的面颊。这种见面礼节，体现交往双方的关系非同寻常。

在人际交往中，沙特阿拉伯人大都表现得热情友好、落落大方。受伊斯兰教教规的限制，沙特阿拉伯的妇女极少抛头露面，并且不得与异性进行接触。沙特阿拉伯人男女有别，男子通常穿的是长袖、高领、镶里子的外套，戴的是方形白绸帽子。沙特女子一般身裹长袍、头戴面纱，头发和皮肤不能外露，声音也不能让陌生的男子听到，更不能昂首挺胸而行，必须低头无声疾行。

4. 禁忌

沙特阿拉伯人认为，娱乐令人堕落，所以切莫与之谈论休闲、娱乐或是邀其参加舞会、去夜总会玩乐。沙特阿拉伯与以色列两国矛盾重重，所以回避谈及以色列。沙特阿拉伯人禁止偶像崇拜。沙特阿拉伯人是不下国际象棋的，因为他们认定，国际象棋的规则对国王有失恭敬。与沙特阿拉伯人交谈时，切莫提及中东政治、宗教问题、女权运动、石油政策等。

第三节　欧美澳习俗礼仪

欧洲、美洲、大洋洲的很多国家一直是我国的主要客源国，不同国家有着不同的风土人情和民俗文化，在宗教禁忌、饮食习惯、社交礼仪等方面都有着很大差异，这里分别选取英国、法国、美国等八个国家进行介绍。

一、英国

1. 概况

大不列颠及北爱尔兰联合王国，简称英国。英国是由大不列颠岛上的英格兰、威尔士和苏格兰以及爱尔兰岛东北部的北爱尔兰以及一系列附属岛屿共同组成的一个西欧岛国。除本土之外，其还拥有十四个海外领地，总人口超过6500万，其中以英格兰人（盎格鲁－撒克逊人）为主体民族，主要宗教是基督教新教和天主教，圣公会是英国国教会，教徒约占全国人口的一半。

作为一个历史悠久的国家，英国的传统文化偏重保守，习惯上中规中矩，讲究绅士风度，其尊贵、庄重、严谨的礼仪风范影响了东西方各国。

英国的国旗由蓝色背景、红色“米”字构成，因此也称为“米字旗”。国徽，即英王徽。国歌是《天佑女王》，是称颂英国国王的歌曲。英国的国花是玫瑰。

2. 饮食习惯

传统的英式早餐有煎培根、香肠和煎吐司。英国人的午餐很简单，多为三明治，或烤马铃薯。一般下午三四点之间，英国人会陆续放下手边的工作，喝杯咖啡或地道的英国奶茶。正统的英式下午茶，除了有讲究的茶具、茶叶外，精致的糕点不可或缺。晚餐是一天中的主餐，通常是肉或鱼加蔬菜，之后是甜点。晚餐后通常要来一杯奶茶。英国人不但爱喝茶、咖啡，还喜欢喝酒，尤其爱喝啤酒，也喜欢喝威士忌等烈性酒。

礼仪小资料

英国的茶文化

英国人嗜茶，把喝茶当作每天必需和不可缺少的享受。正如英国的一曲民歌所唱：“我最高的愿望，乃是好茶一杯。”对英国人而言，任何时候都是“喝茶有理”的时间。

英国人沏茶有许多规矩，由于英国一年中大半时间是寒冷季节，所以他们习惯在置茶前先烫壶，而且沏茶的水一定要煮沸，并马上冲进壶中，否则就认为泡出的茶不香。英国家庭中泡茶时常用的一种小匙称为“茶匙”。通常是每位饮者一匙茶叶，另再加一匙作为壶底消耗。英国人饮茶的浓淡各有所好，但一般爱在茶汤中加牛奶。

3. 礼俗

英国人讲文明、重礼节，彬彬有礼、举止得当。

讲话十分客气，“谢谢”、“请”字不离口。英国人对于妇女是非常尊重的，在英国，“女士优先”的社会风气很浓。英国人见面时互相握手，男性间拥抱被视为笑话。他们喜欢别人称呼他们的荣誉头衔，无头衔也要称先生、夫人、阁下等尊称。

英国人注重服饰礼仪，穿着要因时而异，讲究传统的绅士、淑女风度。如英国大文豪莎士比亚所讲："一个人的穿着打扮，其实就是其自身修养的最好的说明。"现在，英国人在正式场合，男士会穿三件套的深色西服，打传统的条纹领带，以显保守庄重。女士穿深色套裙或者穿素雅的连衣裙。庄重、肃穆的黑色服装往往是英国人的优先选择。在出席宴会或晚会时，习惯穿黑色礼服，衣裤必须烫得笔挺。在重视传统服饰的同时，英国人的现代服装也趋向舒适和多样，在非正式的情况下，英国人的穿着还是比较随意的。

英国人性格内向，不善表达，不爱张扬，在公共场合和社交场合，英国人往往显得沉默寡言。他们感情轻易不外露，很少发脾气，能忍耐，不愿意与别人作无谓的争论。与外人交往时，英国人一般都非常善解人意，懂得体谅人、关心人、尊重人。英国人做事很有耐心，任何情况之下，他们绝不面露焦急之色。

英国人有排队的习惯。插队是一种令人不齿的行为。在拥挤的地方，人们习惯尽量保持距离，避免碰撞。

4. 禁忌

对英国人避免使用 English（英格兰人）这个称呼，而要用 British（不列颠人）这个称呼。他们忌讳谈个人私事、婚丧、家事、年龄、职业、收入、宗教等问题。忌下班后在餐桌上谈工作，尤其是假期。与英国人谈话，若坐着应避免两腿张得过宽，更不能跷起二郎腿；若站着谈话不可把手插入衣袋。忌讳四人交叉握手，认为这样会招来不幸。

在英国购物，最忌讳的是砍价，认为这是很丢面子的事情。他们忌讳一根火柴点三支烟。忌讳"13"和"星期五"，尤其是 13 日和星期五相遇更忌讳。忌讳墨绿色。忌黑猫，尤其是黑猫从面前穿过。他们不喜欢大象及其图案，认为大象笨拙。他们忌讳送百合花、菊花，认为百合花和菊花意味着死亡。

二、法国

1. 概况

法兰西共和国，简称法国，为欧洲国土面积第三大、西欧面积最大的国家。法国为当代世界八大贸易国之一，素有"浪漫之都"、"时尚之都"、"建筑之都"、"奶酪之国"等美称，是一个以时装、法国大餐、红酒闻名于世的国家。

法国主要宗教是天主教，其次是基督新教、东正教、伊斯兰教和犹太教。法国是拥有穆斯林、犹太教徒和佛教徒最多的欧洲国家。

法国的国旗旗面由三个平行且相等的竖长方形构成，从左至右分别为蓝、白、红三色。法国没有采用正式国徽，传统上采用大革命时期的纹章作为国家标志。国歌为《马赛曲》。法国的国花是鸢尾花。

2. 饮食习惯

法国作为举世皆知的世界三大烹饪王国之一，十分讲究饮食。法国人平时爱吃面食和奶酪，擅长做各种面包。在肉食方面法国人爱吃牛肉、猪肉、鸡肉、鱼子酱、蜗牛、鹅肝等等。法国人做菜喜欢肥浓，不但选料要新鲜，而且烹饪也大多半生不熟，有不少菜甚至还直接生食。

法国人特别善饮，白兰地、香槟与红白葡萄酒，几乎餐餐必喝，而且讲究在餐桌上要以不同品种的酒水搭配不同的菜肴。

礼仪小资料

从产区带你走进浪漫的葡萄酒王国

法国的葡萄酒文化是伴随着法国的历史与文明成长和发展起来的，并且渗透进法国人的宗教、政治、文化、艺术及生活的各个层面。法国有名的葡萄酒产区有：

波尔多：法国葡萄酒的“国王”。一直以来，波尔多都是鼎鼎大名的世界葡萄酒之都，出产了数之不尽的顶级美酒。2007 年，波尔多被联合国教科文组织正式列入世界遗产名录。

香槟：香槟产区位于法国巴黎的东北部，是法国最北的一个葡萄酒产区，气候寒冷，也正是这寒冷的气候赋予了香槟别样的清新之感。只有出自法国香槟产区，按照规定方法酿造的起泡酒才能称为香槟。

普罗旺斯：浪漫的桃红葡萄酒圣地。当地流传着一句谚语：“薰衣草是普罗旺斯美丽的衣衫，而桃红葡萄酒才是普罗旺斯的血液。”得天独厚的风土让普罗旺斯成为葡萄酒的天堂，这里的葡萄酒如同薰衣草谚语，散发着无限魅力。

勃艮第：法国葡萄酒的“王后”。勃艮第的干红和干白都非常优秀，是全世界最优质的干红和干白葡萄酒产区之一，典型的葡萄品种是霞多丽和黑皮诺。

阿尔萨斯：法国最佳白葡萄酒产区。阿尔萨斯位于法国的东北部，毗邻德国，堪称全法国最美丽的葡萄酒乡，它出产的白葡萄酒被称为“阿尔萨斯之泪”。

3. 礼俗

法国人性格开朗、语言明快、待人热情。他们喜欢交谈，特别爱好音乐、舞蹈。社交场合，法国人衣着讲究，尤其是妇女，早、午、晚的服饰都要有变化。

法国人非常尊重妇女，以在公开场合恭敬妇女、保护妇女、服侍妇女为荣。法国人见面打招呼，十分简单，说一声早上好就行了。会面时常行握手礼。男女之间、女子之间见面时，也常以吻面或贴面颊为礼。在一定的社会阶层中“吻手礼”也颇流行。

法国人探亲访友，应邀赴会时，经常要带上一束美丽的鲜花给女主人。

在人际交往方面，法国人对礼物十分看重，但又有其特别的讲究，他们更注重礼物的象征意义而非其价值。

法国人说话习惯用手势表达自己的意思，如拇指食指伸开表示“二”，指自己胸表示 “是我”，拇指朝下表示“坏”或“差”的意思。

4. 禁忌

法国人很忌讳“13”这个数，认为“星期五”也是不吉利的。他们忌讳别人打听他们的政治倾向、工资及个人私事等，女子尤其忌讳问她们的年龄。也忌讳称老年妇女为“老太太”，认为这是污辱性语言。忌男士向女士赠香水，因为这有“图谋不轨”之嫌。

法国人忌讳孔雀与仙鹤。忌讳黄色，对墨绿色也极反感。喜爱蓝色、白色和红色。对于色彩，法国人有着自己独特的审美观。

法国人认为菊花、杜鹃花、纸花和黄色的花都是不吉利的。康乃馨和核桃也被视为不祥之物。法国人喜爱公鸡，把它看作“光明”的象征。

在饮食上，法国人不爱吃无鳞鱼，也不爱吃辣味重的菜肴。

三、德国

1. 概况

德意志联邦共和国，简称“德国”，以德意志人为主体民族。德语是通用语言。德国的主要宗教信仰是基督教。国家对宗教信仰持一种中立态度。德国有“经济人”、“酒花之国”、“酒王国”、“运河之国”等美称。

德国的国旗自上而下由黑、红、金（黄）三个平行相等的横长方形相连而成。国徽的图案为一枚土黄色盾徽上绘一只风格独特的黑色雄鹰，鹰的喙、爪均为红色。国歌为《德意志之歌》。德国的国花是矢车菊。

2. 饮食习惯

德国菜不像法式菜那样复杂，也不像英式菜那样清淡，有朴实无华、经济实惠的特点。比起午餐和晚餐，德国的早餐是最丰盛的。德国是世界上著名的啤酒王国，德国人均啤酒消费量居世界首位。

3. 礼俗

德国人讲究秩序和信誉。约好的时间，无特殊情况，绝不轻易变动，若因故推迟或取消，必须通知对方。德国人非常勤劳，工作极其认真负责，十分讲究工作效率，工作踏实。在人际关系上严肃拘谨，但态度诚实可靠，重实惠不尚虚荣，他们许下的诺言必定准确无误地付诸实施。

德国人待人热情，十分好客。德国人很重感情，他们的家庭观念极强，视亲人团聚为最幸福的时刻。他们群体观念强，邻居间相互帮助，关系融洽。德国人很讲究清洁和整齐，不仅注意照顾自己生活的小环境，也十分重视大环境。

德国人很重视礼仪，与朋友打招呼时须加上他们的头衔，一般情况下称呼他们的姓，不要随意称呼名字。朋友见面以握手为礼，告别时亦如此。十分要好、长时间未见的朋友相见或长期分开时可以相互拥抱。与他们谈话最好谈原野风光、个人的业余爱好和足球之类的体育活动。

应邀去德国人家做客时，一般都带礼物。德国人收到礼物会马上打开观看，并向送礼人表示感谢。

4. 禁忌

在德国，跟别人打招呼时，切勿身体立正，右手向上方伸直，掌心向外。这一姿势是过去纳粹的标准行礼方式。

德国人对礼品的包装纸很讲究，但忌用白色、黑色或咖啡色的包装纸装礼品，更不要使用丝带作外包装。应邀到德国人家中做客，千万别带葡萄酒去，因为此举足以显示你认为主人选酒的品位不够好。

吃饭时不能大声交谈。德国人也忌讳“13”和星期五。忌讳在公共场合窃窃私语，不喜欢他人过问自己的私事。

四、意大利

1. 概况

意大利共和国，简称意大利，原意为牧羊场，是个古老而美丽的国家，有“欧洲花园”“旅游之国”“航海之国”等美称。意大利首都罗马，几个世纪以来一直都是西方文明的中心。

意大利是全球拥有世界遗产最多的国家，在艺术和时尚领域也处于世界领导地位。意大利的雕塑、绘画和歌剧在世界上享有极高的声誉。意大利人90%以上信仰天主教。

意大利的国旗旗面由三个平行相等的竖长方形相连构成，从左至右依次为绿、白、红三色。国徽呈圆形，中心图案是一个带红边的五角星，五角星背后是一个大齿轮，齿轮周围由橄榄枝叶和橡树叶环绕，底部的红色缦带上用意大利文写着“意大利共和国”。国歌为《马梅利之歌》。意大利的国花一般认为是雏菊。

2. 饮食习惯

意大利有精美可口的面食、奶酪、火腿和葡萄酒，是世界各国美食家向往的天堂。各式意大利面和比萨饼都是意大利独具特色的食物。

3. 礼俗

意大利人相见时一般是握手或招手示意。亲朋好友久别重逢时他们会热情地相互拥抱，有时也会贴对方的面颊。熟悉的人之间一般直呼其名，但对长者、有地位的人和不太熟悉的需呼其姓，并冠以先生、太太、小姐和荣誉职称。意大利妇女对“太太、小姐”的称呼颇为计较。

和意大利人交谈要注意分寸，不要谈论政治和美式橄榄球。

平时他们穿着随便，在正式场合穿着十分讲究。意大利人很重视生日，每逢生日总要与亲朋好友热闹一番。意大利人热情好客，但约会要事先联系。

礼仪小资料

读懂意大利人的手语

意大利人喜欢充分运用各种手势表达意愿。如用手轻捏下巴表示不感兴趣，快走等；大拇指和食指圈成“0”形，其余三个手指竖起，表示“好”、“行”或“一切顺利”；

竖起食指来回晃动，表示“不”、“不行”或“不是”；一边耸肩，一边摊开手掌，再加上撇嘴，表示“无可奉告”、“不清楚”；用食指侧面碰击额头，是骂别人“傻瓜”、“笨蛋”；五指并拢，对着腹部来回转动表示“饥饿”。

4. 禁忌

意大利人忌讳交叉握手，忌讳数字“17”和“33”。

忌讳当着别人面打喷嚏或咳嗽，被认为是不礼貌的。

意大利人忌菊花，因为菊花是葬礼上用的。还忌讳以手帕送人，认为手帕是惜别时擦泪水用的，令人伤感。

意大利人忌讳别人用目光盯视他们，认为这是对人的不尊敬，还可能有不良企图。给意大利人倒酒时，切忌反手倒，这意味着“势不两立”。

意大利人忌讳把盐撒在地上。

五、美国

1. 概况

美国位于北美洲中部，幅员辽阔。美国是一个多民族多种族的国家，多元文化并存，有“大熔炉”、“山姆大叔”的别名。美国人大多信奉基督教新教和天主教。

美国的国旗俗称“星条旗”，旗面由13道红白相间的宽条构成，左上角还有一个包含了50颗白色小五角星的蓝色长方形。国徽主体为一只胸前带有盾形图案的白头海雕。国歌是《星条旗之歌》。国花是玫瑰。

2. 饮食习惯

美国人讲究吃得是否科学、营养，讲究效率和方便，典型的美国快餐风靡世界。快餐的种类常有汉堡包、热狗、馅饼、炸面圈等。美国人喜欢喝各种饮料。

3. 礼俗

美国人性格外向，不拘礼节。与人交际时，惯于实事求是，坦率直言。美国是一个时间观念很强的国家，各种活动都按预定的时间开始，迟到是不礼貌的。

美国人见面，有时只是微笑说一声“嘿”或“哈喽”。他们在称呼别人时，常直呼其名，以示友好、亲热。他们很健谈，说话时喜欢用各种手势。在特别正式的场合，以握手致意。

跟美国人相处时，与之保持适当的距离是必要的。美国人认为个人空间不容冒犯，与美国人交往时，与之保持50厘米至150厘米之间的距离比较合适。

为表示友好，他们一般乐意在自己家里宴请客人，而不习惯在餐馆请客。请美国人用餐，他们一般不提前到达。

美国人着装较随便自由，但不同的场合穿不同的衣服却仍有规范和要求。美国人喜欢白色以及白猫、白头鹰，也喜欢蓝色和红色，认为是吉祥如意的象征。

礼仪小资料

感恩节的由来

感恩节是美国人民独有的一个节日，也是美国人合家欢聚的节日。美国独立后的1863年，林肯总统宣布感恩节为全国性节日 。1941年，美国国会正式将每年11月第四个星期四定为“感恩节”。感恩节假期一般会从星期四持续到星期天。

像中国的春节一样，成千上万的人们不管多忙，感恩节都要和自己的家人团聚。美国人一年中最重视的一餐，就是感恩节的晚宴。丰盛的家宴很早就开始准备。烤火鸡是感恩节的传统主菜。火鸡的吃法有一定的讲究。它需要整只烤出，鸡皮烤成深棕色，肚子里还要塞上许多拌好的食物，如碎面包、核桃仁、玉米、香肠、洋葱、葡萄干等。

4. 禁忌

美国人忌讳“13”和“星期五”，讨厌蝙蝠，认为是凶神恶煞的象征。也忌讳黑色的猫，认为黑色的猫会给人带来厄运。美国人十分重视隐私权，忌讳打听别人的私事，还忌讳见面时说他们胖了。忌讳向妇女送香水、衣物、化妆用品。他们也不喜欢服务人员给他们送香巾擦脸。老人上楼、爬山等不要去扶他们。忌与同性跳舞，因有同性恋之嫌。还忌讳送带有公司标志的礼物，因有做广告之嫌。

六、加拿大

1. 概况

加拿大为北美洲最北的国家，领土面积世界第二，是英联邦国家之一。素有“枫叶之国”的美誉，首都渥太华。官方语言有英语和法语两种，是典型的双语国家。加拿大人多信奉天主教和基督教新教。

加拿大的国旗旗面自左至右由红、白、红色组成，中央绘有一片11个角的红色枫树叶。国徽的中心图案为盾徽，盾面下部有一枝三片枫叶，上部的四组图案分别为三头金狮、一头红狮、一把竖琴和三朵百合花，盾徽之上的狮子举着一片红枫叶，左边的狮子举着英国国旗；右边的独角兽举着原法国的百合花旗。国歌：《啊，加拿大》。枫叶是加拿大的国花，枫树是加拿大的国树，也是加拿大民族的象征。

2. 饮食习惯

加拿大人对法式菜肴比较偏爱，从总体上讲，他们以肉食为主，特别爱吃奶酪和黄油。加拿大人重视晚餐。饮食上讲究菜肴的营养和质量，注重菜肴的鲜和嫩。口味一般不喜欢太咸，偏爱甜味。对煎、烤、炸等烹调方法制作的菜肴偏爱。习惯饭后喝咖啡和吃水果。

3. 礼俗

加拿大人最大的特点是既讲究礼貌又喜欢无拘无束。加拿大人性格开朗，对人友好，行动上比较随便，十分容易接近。加拿大人相遇时，都会主动向对方打招呼、问好。

加拿大人在生活起居方面比较讲究，住房要求整洁、舒适，卫生设备齐全。在他们举行的宴会上，一般都是双数的席次。他们喜欢过圣诞节，节日活动的内容则与欧洲其他国家相似。

在加拿大，人们酷爱枫叶，对其怀有特殊的深厚感情，并视其为国宝和祖国的骄傲，还将其喻为友谊的象征。传统节日“枫糖节”是其最具标志性的民间节日。

4. 禁忌

加拿大人通常都很忌讳“13”这个数。

加拿大人忌食的东西，主要有肥肉、动物内脏、动物头部、腐乳、虾酱、鱼露，以及其他一切带有腥味、怪味的食物。

在加拿大，不要送白色的百合花，白色的百合花只有在葬礼上才用。

在与加拿大人交谈时，不要插嘴，不要打断对方的话，也不要随意去补充对方的话或与对方强词夺理。

七、澳大利亚

1. 概况

澳大利亚位于南太平洋和印度洋之间，占大洋洲的绝大部分。澳大利亚人兴趣广泛，冲浪、帆板、赛马、钓鱼等活动都有众多的热衷者。澳大利亚有“骑在羊背上的国家”、“牧羊之国”、“南方大陆”、“淘金圣地”等别称。

澳大利亚是一个宗教信仰自由的国家，各种宗教信仰并存，居民中超过六成信奉基督教。

澳大利亚的国旗为深蓝色旗面，左上角为英国国旗，表明澳大利亚与英国的关系。国徽中心图案为一盾形，盾形上方为一枚七角星，盾形两旁的红袋鼠和鸸鹋是澳大利亚特有动物，为国家的标志、民族的象征。国歌为《前进的澳大利亚》。澳大利亚的国花是金合欢花。

2. 饮食习惯

澳大利亚人在饮食上习惯以吃英式西餐为主，其口味喜清淡，忌食辣味菜肴。他们的菜肴以烤、焖、烩的烹饪方法居多，就餐时大都喜爱将各种调味品放在餐桌上，任其自由选用调味。澳大利亚的食品素以丰盛和量大而著称，尤其对动物蛋白的需求量较大。他们通常爱喝牛奶，喜食牛羊肉、精猪肉、鸡鸭、鱼、鸡蛋、乳制品、新鲜水果及蔬菜，还爱喝咖啡。

3. 礼俗

澳大利亚人的习俗接近美国人，喜欢直截了当地说出心里话。办事风格认真，但不像英国人那样斯文和墨守成规。澳大利亚人相见时喜欢热烈握手，彼此以名相称。他们喜欢与陌生人交谈，并且能很快交上朋友。澳大利亚人时间观念很强，约会必须事先联系，一定要准时赴约。在澳大利亚，女士比较保守，因此，与她们接触时要谨慎。

4. 禁忌

受基督教的影响，澳大利亚人对数字“13”和星期五普遍反感。平时交谈尽量避免谈及宗教与个人私生活等话题，也不要谈及关于袋鼠数量控制等敏感的话题。

澳大利亚人对兔子特别忌讳，认为兔子是一种不吉利的动物，人们看到它都会感到倒霉。

八、俄罗斯

1. 概况

俄罗斯联邦，简称“俄罗斯”，位于欧亚大陆北部，地跨欧亚两大洲，是世界上面积最大的国家，也是一个统一多民族国家，主体民族为俄罗斯族。主要宗教为东正教。首都莫斯科。俄语为官方语言。

俄罗斯国旗，即俄罗斯联邦国旗，旗面由三个平行且相等的横长方形组成，由上到下依次是白、蓝、红三色。国歌为《俄罗斯，我们神圣的祖国》。国花为向日葵。

2. 饮食习惯

俄罗斯人讲究烹调，菜肴丰富多彩。俄式菜享誉世界，著名的罗宋汤是俄罗斯人爱吃的汤菜。俄罗斯人在喝汤时有吃面包的习惯，不同于西方人，餐桌上除白面包外必须有一碟黑面包。俄罗斯人爱吃用研碎和蒸过的燕麦或荞麦米煮的干饭，儿童常食牛奶熬的稠麦片粥。

俄罗斯人爱喝茶，一般下午 5~6 时为喝茶时间，他们喝茶时茶中放糖。俄罗斯人嗜饮，特别喜欢喝烈性酒。俄罗斯人喜欢冷饮，即使在严冬时刻也是如此，“格瓦斯”是俄罗斯人钟爱的一种清凉饮料。

3. 礼俗

俄罗斯是一个重礼好客的多民族国家，其礼俗兼有东西方礼仪的特点。俄罗斯人注重礼貌、见面时互相致意问好。熟人相遇若不问好，不仅不礼貌，还表示双方的友谊已不存在。

俄罗斯人见面礼是亲吻与拥抱，即使在商务活动中也是如此。贵客到来，献出面包和盐，以表示崇高的敬意。俄罗斯人很守时，赴约准时。俄罗斯人爱整洁，外出时总是衣冠楚楚，不扣好应扣的扣子或将外衣搭在肩上被认为是不文明的表现。他们爱清洁卫生，家中总是井井有条，在街上不乱丢东西。

4. 禁忌

俄罗斯人忌讳“13”，称“13”为“鬼数”，请客从不请 13 个人，结婚避开 13 日。如果一个月中的 13 日碰巧又是星期五，则被看成是最不吉利之日。

俄罗斯人认为提前祝贺生日是不吉利的，所以不要提前过生日。不要送刀、手绢和空钱包。在俄罗斯，空钱包被认为是一文不名，一贫如洗。如果要送钱包，里面一定要放点儿钱，意思是祝愿对方永远有钱。

第四节　非洲习俗礼仪

非洲是文化历史古老而悠久的地区，受地域文化和本民族文化传承的深刻影响，非洲各国的礼仪风俗具有明显的当地文化色彩，与欧、美等西方国家有着很大的不同。近年来，我国与非洲的经贸往来越来越频繁，“一带一路”建设为加强中非各领域合作提供了前所未有的历史机遇。本节选取两个典型的非洲国家来介绍其饮食习惯、礼仪风俗和禁忌等。

一、埃及

1. 概况

埃及位于非洲的东北部，地跨亚、非两大洲，是中东地区典型的沙漠之国。绵长的尼罗河养育了埃及人民，并且创造了与中国、印度、古巴比伦齐名的文明。今日埃及，已经成为古老与现代融合的旅游胜地，并且形成了民族色彩强烈的文明礼仪。埃及的官方语言是阿拉伯语。由于历史的原因，英语、法语在埃及也被广泛使用。埃及宪法规定伊斯兰教为国教。

埃及的国旗自上而下由红、白、黑三个平行的长方形组成，中央绘有一只金黄色的萨拉丁雄鹰图案。埃及国徽图案是一只昂首挺立、展开双翅、注视西方的金黄色萨拉丁雄鹰。国歌是《阿拉伯埃及共和国国歌》。国花是睡莲。

2. 饮食习惯

在饮食方面，埃及人对礼仪极为讲究。埃及人口味清淡，不喜油腻，爱吃又甜又香的东西。冷菜、带馅的菜以及用奶油烧制的菜都很受欢迎。埃及人尤其爱吃甜点。蚕豆是他们食用最多的食品之一。烤全羊是埃及和阿拉伯国家的一道大菜，是在婚礼喜宴和款待嘉宾时推出的最名贵的珍馐。埃及人不喜欢吃整条的鱼和带刺的鱼。在饮料上，埃及人酷爱酸奶、茶和咖啡。遇到节日，人们总是要吃上几个鸡蛋，吃点腌鱼和生菜，寓意万事如意，连年有余，充满生机。

3. 礼俗

埃及人的交往礼仪既有民族传统的习俗，又通行西方的做法。

一般而言，埃及人见面时非常热情。如果是老朋友，特别是久别重逢，就会拥抱并行贴面礼，即用右手扶住对方的左肩，左手搂抱对方腰部，先左后右，各贴一次或多次。女性之间更多地采用温柔的贴面礼，一般是先右边贴一次后左边一次。异性之间通常是握手，只有亲戚之间行贴面礼。

每周的工作日是从星期六到星期四，星期五是穆斯林的休息日。埃及人进入清真寺之前要脱掉鞋子。

埃及人非常好客，应邀去吃饭，习惯要带鲜花或巧克力作为礼物。

4. 禁忌

递送和接受礼物时要用双手或右手，切忌用左手。

去埃及人家里做客时，事先需预约，并要主人方便为宜。通常在晚上六点以后以及斋月期间不宜进行拜访。到埃及人家吃饭，酒足饭饱就将右手掌放于左胸，说声“感谢真主”，而不要说“吃饱了，不要了”，吃光盘子里的食物是不礼貌的。按惯例，穆斯林家里的女性，尤其是女主人是不待客的，切勿对其打听或问候。就座之后，切勿将足底朝外，更不要朝向对方。

二、南非

1. 概况

南非全名南非共和国，是举世闻名的“钻石之国”。南非分黑人、白人、有色人和亚洲人四大种族。大多数人信奉基督教新教和天主教。南非有着丰富多彩的文化历史传统。

南非的国旗由红、绿、蓝、白、黑、黄六种颜色组成，呈横Y形。国徽的中心图案为绘有两个互相问候的人的盾徽，外面以象牙、麦穗装饰，下方的绶带书有国家格言“在多元中合一”，盾上方绘有矛和棒，帝王花、一只秘书鸟和升起的太阳。国歌是《南非的呐喊》。国花为帝王花，又名普蒂亚花。

2. 饮食习惯

南非黑人以玉米、高粱和小麦为主食，主要副食品是牛、羊肉，一般不吃猪肉和鱼类。南非白人以吃西餐为主，牛肉、鸡肉、鸡蛋和面包是主要食品，以红茶和咖啡为饮料。被称为“南非国饮”的如宝茶是南非著名的饮料，本意是“健康美容的饮料”，它与钻石、黄金一道，被称为“南非三宝”。虽然南非的饮食多种多样，但是南非人每天却只有一顿正餐，即晚餐。

3. 礼俗

在见面场合，南非人所采用的见面礼节主要是握手礼、亲吻礼。在行见面礼时，握手一定要用全力，用力的程度跟对方的好意是成正比的。有些黑人会行一种形式独特的握手礼，即先用左手握住自己的右手手腕，然后再用右手去与人握手。亲吻礼是南非的日常礼节，久别重逢、送别、过年过节、红白喜事等都有可能亲吻。

前往南非黑人家做客时，十分好客的主人一般都要送上刚刚挤出来的新鲜的牛奶或羊奶，诚心诚意地请客人品尝。到南非人家里拜访时，要了解交往对象的宗教禁忌。

礼仪小资料

南非人的手势语

南非人用不同的手势来表达喜怒哀乐：举起和挥动右手并竖起大拇指，双目注视，表示尊敬；五指握拳不停地挥动，表示诅咒和谩骂；用拇指和食指拈出“达达”的声音，表示对话题很感兴趣，完全同意对方意见；用手指头迅速地刮自己的耳朵，表示话不投机或完全不同意对方的见解；一只手摸另一只手的手背，表示此事与己无关；两手手掌朝上，表示疑问；一只手掌拍另一只手掌表示惊异和奇怪；伸出手并张开五指，或是用手指刮别人的鼻子，双方势必有一场激烈的争吵甚至斗殴。

4. 禁忌

跟南非黑人交谈时，有四个方面的话题切莫涉及。其一，不要为白人评功摆好。其二，不要评论不同黑人部族或派别之间的关系及其矛盾。其三，不要非议黑人的古老习俗。其四，不要为对方生了男孩而表示祝贺。

南非文明程度较高，遇有排队时一定要自觉排队，不要争先恐后。在有禁止吸烟标记的公共场所不能吸烟，在公共场所也不要大声喧哗。打招呼忌用左手；Negro 和 Black 是禁句；不要拍摄反映南非社会生活落后面的镜头。

世界各国、各民族文化习俗的多样性，构成了世界文化的独特性和丰富性。在这个多彩的地球，现代科技迅速发展，缩小了地球上的时空距离，国际交往日益频繁便利。在服务交往中，知习俗、懂礼仪，是完善服务工作的必要条件，每一位民航服务人员都应该学习中外礼俗知识，为更好地服务民航乘客打下坚实的基础。

参考文献

[1] 赵颖 . 社交礼仪 . 北京：中国人民大学出版社，2017.

[2] 木子 . 超实用的职场礼仪书 . 北京：中国纺织出版社，2018.

[3] 金源 . 职场与礼仪 . 南昌：江西人民出版社，2018.

[4] 邢志勤，王淑娟 . 公关礼仪与口才 . 北京：清华大学出版社，2017.

[5] 向国敏 . 会议学与会议管理 . 北京：首都经济贸易大学出版社，2011.

[6] 杨茳，赵梓汝 . 礼仪师培训教程 . 北京：人民交通出版社，2007.

[7] 卓新平 . 基督教小辞典 . 上海：上海辞书出版社，2002.

[8] 纪亚飞 . 空姐说礼仪 . 北京：北京邮电大学出版社，2008.

[9] 舒静庐 . 少数民族礼仪 . 上海：上海三联书店，2015.

[10] 中国民用航空局职业技能鉴定指导中心 . 民航乘务员 . 北京：中国民航出版社，2016.

[11] 纪亚飞 . 优雅得体中西餐礼仪 . 北京：中国纺织出版社，2014.

[12] 徐克茹 . 商务礼仪标准培训（第三版）. 北京：中国纺织出版社，2014.

[13] 周思敏 . 你的礼仪价值百万 . 北京：中国纺织出版社，2009.